# 教科書ガイド

## 第一学習社 版

## 高等学校
## 論理国語

TEXT BOOK GUIDE

文研出版

# はしがき

本書は、第一学習社発行の教科書「高等学校　論理国語」に準拠した教科書解説書として編集されたものです。

教科書内容がスムーズに理解できるよう工夫されています。

予習や復習、試験前の学習にお役立てください。

## 本書の特色

### 《理解編》

**●冒頭・教材解説**

それぞれ、各教材の冒頭に学習のねらいや要旨、段落構成などを解説しています。

教材解説では、まず段落ごとの大意をまとめ、その後、重要語句や文脈上押さえておきたい箇所の意味を解説しています。

教科書下段の脚問については、解答(例)を示しています。

**●手引き**

「学習の手引き」・「活動の手引き」・「言葉の手引き」について、課題に対する考え方や取り組み方を示すとともに、適宜解答(例)を示しています。

### 《表現編》

**●教材解説**

確認しておきたい語句について、まず解説しています。

提示された活動についての考え方や取り組み方を中心に示しています。

# 目次

## 理解編Ⅰ



## 理解編Ⅱ

評論（一）

# 天然知能として生きる

郡司《ぐんじ》ペギオ幸夫《ゆきお》

教科書P.12〜20

## ●学習のねらい

筆者が定義する「天然知能」について把握し、これからの人間の知性のあり方について考えを深める。

## ●要　旨

世界に対する対処のしかたのうち、天然知能は、外部に対して開かれ、自分らしく生きることや創造を楽しむことができる唯一の知能である。今はまさに天然知能を全面展開するときである。

## ●段　落

一行空きで区切られた三つの段落に分ける。

一　〔教〕P12・1〜P15・8　人工知能・自然知能・天然知能の定義

二　〔教〕P15・9〜P18・1　天然知能が持つ創造性

三　〔教〕P18・2〜P19・4　天然知能と自分らしく生きること

## 段落ごとの大意と語句の解説

**第一段落　〔教〕12ページ1行〜15ページ8行**

世界に対する対処のしかたは、人工知能の「自分にとっての」知識世界を構築する対処、自然知能の「世界にとっての」知識世界を構築する対処、天然知能のただ世界を受け入れるだけという対処のしかたの三つに大別できる。暗がりや見えないものに興奮するのは、天然知能だけの特権である。

**〔教〕12ページ**

4 **害虫《がいちゅう》**　人間や家畜、農作物などに害を与える昆虫。

〔対〕益虫

4 **駆除《くじょ》**　害になるものを追い払って取り除くこと。

5 **用途《ようと》**　使いみち。

5 **規定《きてい》**　物事の手続きやしかたに、ある定めを設けること。

6 **相当《そうとう》**　当てはまること。

**1**　「反《そ》りが合《あ》わないようにも思《おも》え」る理由は何か。

**答**　自分にとっての用途や評価が明確に規定され、そのうえで対処するという人工知能の対処のしかたが、ひと昔前の日本でよく見られたものであり、動物的な気がするから。

「反りが合わない」＝考え方や性格、好みなどが違っていて、気心が合わない。

9 **帰属《きぞく》** つき従うこと。

**教13ページ**

4 **典型《てんけい》** 同類のもののなかで、そのものの特色を最もよく表しているもの。

4 **博物学《はくぶつがく》** 動植物、鉱物などの自然物を扱う総合的な学問分野。

4 **分類学《ぶんるいがく》** 生物を分類することを目的とした学問。

6 **毒瓶《どくびん》** 昆虫採集の際に使われる瓶。薬品を染み込ませた綿などが入っていて、その中に採集した昆虫を入れる。

8 **構築《こうちく》** 建築物を組み立てて、作ること。ここでは、理論や体系をつくり上げること。

12 **評価軸《ひょうかじく》** 評価するときの規準となるもの。

12 **場当《ば》たり的《てき》** その場の思いつきで、物事を行うさま。

12 **恣意的《しいてき》** 自分勝手な考えや思いついたままの考えで物事を行うさま。

**教14ページ**

1 **棲息《せいそく》** 生物がある場所にすむこと。

4 **淀《よど》み** 水などが流れないでたまっているところ。

5 **無上《むじょう》の** この上ない。

8 **同定《どうてい》** あるものとあるものが同一であると見極めること。ここでは、生物の分類上の所属を決定すること。

15 **流線型《りゅうせんけい》** 流動的な気体や液体の中にあるとき、抵抗が少なくなるような曲線で構成された形。

**教15ページ** 2

**「魚《さかな》が向《む》こう側《がわ》との接点《せってん》である」とは、どういうことか。**

**答** 魚が、目に見えない、どうなっているかわからない場所のことを考える際の手掛かりになるということ。

「接点」＝異なる物事どうしが触れ合う点。

4 **客観的《きゃっかんてき》** 自分の考えをいれないで、誰が見ても納得できるような立場から物事を考えるさま。 **対** 主観的

7 **特権《とっけん》** 特定の身分・階級などにある人に特別に与えられる権利。

**第二段落　教15ページ9行〜18ページ1行**

創造とは外部からやってくるものを受け入れることであり、知覚できないものの存在を許容できない人工知能や自然知能は創造性を持たないと言える。一方、天然知能は外部からやってくる知覚できないものを受け入れることができる。だからこそ唯一創造を楽しむことができる知性であると言える。

**教15ページ**

9 **真理《しんり》** 変わることのない正しい事実や法則。

9 **依拠《いきょ》** よりどころとすること。

10 **愚直《ぐちょく》** 融通が利かず、正直すぎること。

11 **底抜《そこぬ》け** 程度が並外れているさま。

11 **楽天的《らくてんてき》** 物事を深刻に考えず、くよくよしないさま。

**教16ページ**

4 **許容《きょよう》** 許して認めること。

4 **刷新《さっしん》**　これまでの良くない点を改めて、すっかり新しくすること。
10 **たちどころに**　すぐに。直ちに。

**3**　「**創造的《そうぞうてき》な**」にカギカッコを付けた筆者の意図は何か。

**答**　人工知能の創造性が、外部から勝手に評価基準を与えた擬似的創造性にすぎないため、それによってできたものは真に創造的なものだとはいえないことを表現しようとしている。

14 **擬似的《ぎじてき》**　本物とよく似かよっていて、紛らわしいさま。

**教17ページ**

**4**　「**今《いま》までなかったものを創《つく》る**」とは、どういうことか。

**答**　自分の知らない向こう側である外部からやってくるものを受け入れること。

6 **時々刻々《じじこっこく》**　時の経過とともに。
15 **降臨《こうりん》**　神仏などが天から人間の世界に降りてくること。
16 **平凡《へいぼん》**　特別優れたところもなく、当たり前であるさま。
対 非凡

**第三段落　教18ページ2行～19ページ4行**

周囲を気にせず外部を受け入れることは、自分らしく生きることであるため、自分らしく生きる者は知覚し得ない他者を受け入れることができる。私たちは人工知能的な部分も、自然知能的な部分も持ち合わせているが、今はまさに天然知能を全面展開するときである。

**教18ページ**

7 **利己的《りこてき》**　自分だけの利益をはかり、他人のことは考えないこと。
対 利他的

**5**　「**逆《ぎゃく》です。**」**と言える理由は何か。**

**答**　実際には、自分らしく生きる者だけが、外部に対して開かれており、知覚し得ない他者を受け入れることができるから。

9 **所詮《しょせん》**　(多く否定的な語を伴って)結局は。つまるところは。
15 **課《か》する**　務めとして割り当てる。

## 手引き

**学習の手引き**

**一**　**本文は一行空きで区切られた三つの段落で構成されている。各段落の要旨をまとめ、それぞれの段落がどのような関係でつながっているか、説明してみよう。**

**考え方**　各段落の要旨は「段落ごとの大意」を参照。第一段落では、人工知能・自然知能・天然知能のそれぞれの世界への対処のしかたを具体例を挙げて説明している。第二段落では、そのうちの天然知能について創造という点から説明している。第三段落は、今こそ天然知能を展開するときであるという筆者の主張が述べられている。

**解答例**　第一段落…世界に対する対処のしかたという話題が示されている。
第二段落…第一段落で示した対処のしかたのうち、天然知能について説明されている、本論の部分である。
第三段落…まとめとして筆者の主張が述べられている。

**二**　**「人工知能」「自然知能」「天然知能」について、次の観点から内容を把握しよう。**

1　それぞれの知能の、「世界に対する対処のしかた」の違いを、具体例を用いて説明してみよう。

2　「外側(外部)」という語を用いて、それぞれの知能の、「創造性」の有無の違いを説明してみよう。

3　それぞれに対する、筆者の評価の違いを整理しよう。

**考え方**　1　「身近な虫や魚に対する向き合い方」(一三・2)をもとに、それぞれの「対処のしかた」の違いを説明する。

2　「外側(外部)」と「創造性」の関連について、「創造とは、外部からやってくるものを受け入れること、なのです」(一七・14)とあることに注目し、この段落の内容を押さえる。

3　「人工知能」や「自然知能」に対しては、「知覚できないものの存在を許容できません」(一六・4)、「創造性を楽しむことができない」(一七・1)と、やや否定的に表現している。一方、「天然知能」に対しては、「天然知能だけの特権」(一五・7)や、「底抜けに明るい、楽天的な、生きることへの無条件の肯定」(一五・11)、「創造を楽しむことができる知性である」(一五・14)と、肯定的に表現していることを押さえる。

**解答例**　1　「人工知能」は、自分にとって有益か有害かを決め、益虫として利用するか害虫として駆除するかなどの評価に照らし合わせて対処している。「自然知能」は、虫を採集し、標本を作り、生物事典で調べるなど、自然科学的に思考し対処する。「天然知能」は、対処の基準がなく、興味を持てば受け入れ、持たなければ受け入れないといった、その場の思いつきで対処する。

2　「人工知能」と「自然知能」は、知覚できるものだけ自分の世界に取り込み、知覚できないものの存在を許容できないため、外部を取り込むことができず、創造性を持たず、創造性を楽しむことができない。一方、「天然知能」は、外部の知覚できないものの存在を感じ、それを取り込もうとするため、創造性を持ち、創造性を楽しむことができる。

3　「人工知能」や「自然知能」に対しては、世界に対する対処のしかたが規定されていて、知覚できないものを許容できず、創造性を持たないものと述べている。一方、「天然知能」に対しては、知覚できないものを受け入れ、自分らしく生きることができ、創造性を持つ唯一の知能だとして、三つの中では最も評価している。

**三**　**「人工知能」「自然知能」「天然知能」の三つの知能に対する筆者の定義をどのように評価するか、各自の考えを話し合ってみよう。**

**考え方**　筆者が、創造性の有無という点から「天然知能」を最も評価していることを押さえる。しかし、最終段落に「私たち」には「人工知能的な部分も、自然知能的な部分」もあると述べていることもふまえよう。

## 活動の手引き

**一**　**「今はまさに天然知能を全面展開するときなのです。」(一九・4)と筆者は結論づけているが、天然知能として生きるとい**

う考えは、今後の自分の生き方にどのようなヒントとなり得るか、各自の考えを文章にまとめて発表し合おう。

**考え方** 筆者は、天然知能が「外部に対して開かれ」(二八・14)、「他者を受け入れ」(二八・8)、「自分らしく生きる」(二八・6)ようになることを評価している。これをふまえて、今後、どのように他者と関わっていくべきかということについて考える。

## 言葉の手引き

**一** 次のかたかなを漢字に改めよう。

1 木材の新しいヨウトを見いだす。
2 イキョすべき文献が豊富にある。
3 人事のサッシンを行う。
4 宇宙空間のギジ体験をする。
5 社会から完全にコリツする。

**解答** 1 用途 2 依拠 3 刷新 4 擬似(疑似) 5 孤立

**二** 「優劣」(二六・12)と「時々刻々」(二七・6)の意味と熟語としての構造を考え、それぞれに似た構造を含む熟語を探してみよう。

**解答例**
・「優劣」 意味…優れていることと劣っていること。
　構造…意味の対立する二字を重ねたもの。
　熟語…「善悪」・「長短」など。
・「時々刻々」 意味…「語句の解説」を参照。
　構造…同じ字を重ねたもの。
　熟語…「平々凡々」など。

**三** 次の言葉の意味を調べ、それぞれを使って短文を作ろう。

1 場当たり的(二三・12)
2 恣意的(二三・12)
3 楽天的(二五・11)
4 利己的(二八・7)

**解答例** 意味…省略(「語句の解説」を参照)
短文…1 彼はいつも場当たり的な発言ばかりする。
2 法律を恣意的に解釈してはならない。
3 妹は私と違って楽天的な性格だ。
4 利己的な行動は慎む。

**四** 「できます」や「開かれます」ではなく、「できるのです」(二七・2)、「開かれるのです」(二八・14)といった言い回しが多用されていることから受ける印象を考えてみよう。

**考え方** 「のです」は、準体助詞の「の」に断定の助動詞の「です」がついたもので、「のだ」の意味の丁寧な表現。主に「強調」して「断定」する意味で用いられる。

**解答例** 丁寧な印象を受けると同時に、筆者の強い主張が感じられる。

# 自他の「間あい」

鷲《わし》田《だ》清《きよ》一《かず》

教科書P.22〜27

## ●学習のねらい

言い換えや比喩を用いながら、自他の関係性について論じる叙述の方法を理解する。

## ●要旨

他者とのコミュニケーションを行ううえで最も重要なことは、自分とは異なる他なる存在を感受することだ。他者との差異に思いを致すことで、自分という存在の輪郭を知ることができる。自他の間には、ある程度伸縮が可能な、緩衝帯のような「間《ま》」が必要だ。適切な「間あい」を取ることで、わたしたちは、他人との関係の少々の齟齬《そご》やずれが決定的なダメージにならずにすんでいる。自分の存在を確かなものとして感じ得るには、自分自身のかけがえのなさを自らにおいて感じることができる他者の存在が必要だ。他人のなんらかの関心の宛て先になっていることが、人の存在証明になる。

## ●段　落

本文は論の展開によって、三つの段落に分けられる。

一　教P22・1〜P23・11　「間」というものの役割

二　教P23・12〜P25・5　「間」の必要性

三　教P25・6〜P26・16　自己の存在を知るための他者の必要性

## 段落ごとの大意と語句の解説

**第一段落　教22ページ1行〜23ページ11行**

「間」はそこに自分を預けることによって、自分を見直したり、自己調整を行ったりする場である。他者とのコミュニケーションにおいて最も重要なことは、自分とは異なる他者の存在を感受することであり、その差異を考えることによって自分という存在の輪郭を知ることができる。

**教22ページ**

**1**　「間《ま》」が「自己調整《じこちょうせい》の場《ば》」であるとはどういうことか。

**答**　他者との関係性において、自分がどのような存在なのかを見直せる場であると同時に、今までの自己認識から自己を解放させることのできる場であるということ。

5　**動機《どうき》づけて**　行動や意思を決定する直接の原因やきっかけを持たせて。

7　**そこ**　他者の存在の前に存在するものとしての自分を感じること。

8　**ありありと**　はっきりと。あきらかに。

8　**感受《かんじゅ》する**　外界の刺激を受け入れる。

9　**思《おも》いを致《いた》す**　考えを及ばせる。心を向ける。

9 **輪郭《りんかく》** そのものを形作る線。だいたいのありさま。

**教23ページ**

3 **息《いき》せき切《き》ったように** 激しく息を切らしたように。

「息せき切る」＝激しい息づかいをする。非常に急いで行動する。

3 **そのことによって** 自分が発した言葉で自他の隙間を埋めようとすることによって。

4 **集積《しゅうせき》** 集まって積み重なったもの。

5 **自己《じこ》を侵犯《しんぱん》して** 自分の権利などをおかして。

「侵犯する」＝他の領土や権利をおかすこと。

7 **弾力性《だんりょくせい》** 外力により変形した物体が、もとに戻ろうとする性質。

8 **欠如《けつじょ》** あるべき物事が欠けていること。

8 **間《ま》がもてない** 時間をもてあます。

8 **間《ま》が取《と》れない** 適切な間隔を取れない。

**第二段落 教23ページ12行〜25ページ5行**

なぜ自他の間には、人と人との間の緩衝帯の役割を担う「間」というものが必要となるのか。それは、「間」の持つ隙間や柔性が人の存在にしなやかな強さを与えるからだ。人は「間あい」があるおかげで、他人との関係の齟齬やずれが生じたとしても、決定的なダメージを負わずにすんでいるのである。

**教23ページ**

**2** **「なぜ、『間《ま》』というものが自他《じた》の間《あいだ》には必要《ひつよう》となるのだろうか。」という問いの答えは何か。**

**答** 「ある『間あい』のおかげで、他人との関係の少々の齟齬やずれが、決定的なダメージにならなくてすんでいる」（教25ページ3行）の部分。

13 **緩衝帯《かんしょうたい》** 対立するものの間にあり、不和・衝突を和らげる部分。

14 **緊密《きんみつ》** 物と物とが隙間なくくっつき、関係が密接なこと。

15 **たわんだ** 弾力のあるものが、曲がった。しなった。

**教24ページ**

**3** **「こういった建造物《けんぞうぶつ》とのアナロジー」とあるが、「建造物」と「自他《じた》」との共通点はどういうものか。**

**答** 「建造物」「自他」とも、緩衝帯がないと些細《ささい》なことでもひびやひずみが入ってしまうが、揺らぎを許容する隙間があれば、少々のことでは折れないしなやかな強さが備わる点。

3 **微細《びさい》な** きわめて細かく小さな。

4 **反作用《はんさよう》** かかった力と同じ大きさで反対方向に力がはたらくこと。

10 **撤退《てったい》する** その場から退く。

12 **同一性《どういつせい》** 時や場所を越えても同じであるという性質。

15 **隔離《かくり》する** 距離を置いて離したり隔てたりしておく。

16 **堂々巡《どうどうめぐ》り** 同じ場所をぐるぐる回るように、果てしなく続く状態。

**教25ページ**

4 **齟齬《そご》** 物事がかみ合わないこと。食い違うこと。

**第三段落 教25ページ6行〜26ページ16行**

わたしが「誰か」を知るためには、他者の存在が必要である。そして、わたしが他人にとっての、なんらかの関心の宛て先になっているという実感は、人の存在証明になる。

**教25ページ**

6 **不可避《ふかひ》** どうしてもさけることができないこと。

13**かけがえのなさ**　代わりや予備がないこと。唯一のもの。

**教26ページ**

5**相互補完的**《そうごほかんてき》　お互いの立場で、欠けているところや不十分なところを補い完全なものにするさま。

7**端的**《たんてき》**に**　遠回しでなく、はっきりと。明白に。

**4** **「そういう意味《いみ》での他者《たしゃ》」とは、どういうものか。**

**答**　社会的役柄に関係なく自己の同一性を補完する、自分以外の「誰」という固有の存在としての単独的な存在である他者のこと。

10**思**《おも》**いにとらわれた**　ある考えにつかまり、自由な発想を妨げられた。

13**無視**《むし》**し得**《え》**ない**　無視することができない。

14**占**《し》**めている**　占有している。ここでは、自分だけで満たしているということ。

**5** **「誰《だれ》もわたしに話《はな》しかけてくれない」とは、どういうことを意味しているのか。**

**答**　自分が、他者の誰一人にとってもなんらの関心の対象になっていないということ。

## 手引き

### 学習の手引き

**一** **本文全体を、書かれている内容から三つの段落に分け、各段落がどのような関係でつながっているか、説明してみよう。**

**解答例**　段落の分け方は省略(「段落」を参照)

第一段落…「間」というものの役割を示し、話題の提示をしている。

第二段落…第一段落の内容を受け、「間」の必要性を考察している。

第三段落…第一・二段落の内容をふまえて論を発展させ、アイデンティティにおける他者の必要性を説き、まとめとしている。

**二** **次の場合に生じる問題を、それぞれ整理してみよう。**

1　自他の間に「あそびの間がない」(二三・13)場合。

2　自他の「間」の「隔てがほとんど壁のようになっている」(二四・7)場合。

**考え方**　1　「鉋《かんな》くずの間に卵を並べた箱」(二三・6)がヒントになる。「間」=「鉋くず」だと考えた場合、「鉋くず」が入っていないとすると、卵はどうなってしまうのだろうか。

2　直後の文章がヒントになる。隔てが大きすぎると、相手との距離もまた遠くなるのである。

**解答例**　1　すべての言葉や振る舞いがお互いにぶつかり合い、相手に影響を与え、同時に自分を縛ることになるという問題。

2　言葉が形式だけのやりとりとなり、その居心地の悪さから自己を他者から隔離してしまい、「自己」を見つけることができずに、自分の中で堂々巡りをしてしまうことになるという問題。

**三** **「アイデンティティ」(二五・15)と同じ意味で用いられている語句を、本文中から抜き出してみよう。**

**考え方**　「アイデンティティ」とは、自分は自分であって、一個のものとして存在すると認識することを意味する。

解答例　自分という存在の輪郭(三・9)、存在感情(三・10)、なにかこれが自分だ、と言えるようなもの(二四・11)、自己の同一性、自己の存在感情(二四・12)、「自己」(二四・16)、自分というものの存在を確かなものとして感じ得る(二五・8)、わたしが「誰か」であるという、その特異性を、そのかけがえのなさを、わたしが自らにおいて感じること(二五・12)、「それによって、この時この場所でも、……自分が同一人物だと感じるところのもの」(二五・16〜二六・1)、「誰」としてのこの自己の同一性(二六・7)、存在証明(二六・14)

四　「自己の同一性」が「他者によって……与えられる」(二四・13〜14)とはどういうことか、説明してみよう。

考え方　「自己の同一性」とは「わたしが『誰か』であるという、その特異性を、……自らにおいて感じることのできる」(二五・12〜13)ことである。わたしたちはそれを自分で知ることはできない。自分の言動に対する他者の反応を見てそれを知るのである。

解答例　わたしが誰であるのかということは、他者との関係の中でしか知り得ないので、他者の存在を欠くことはできないということ。

活動の手引き

一　「アイデンティティには必ず他者が必要だ。」(二五・15)という筆者の主張を自身の経験から考えた場合、どのような例があげられるか、文章にまとめて発表し合おう。

考え方　次の行にある「つまり」以降の「　」でくくられた「アイデンティティ」の説明をふまえて考える。周りの人との関係により、自分のかけがえのなさを感じた経験がないか、思い返してみよう。

言葉の手引き

一　次のかたかなを、訓読みの語は送り仮名を含む表記で漢字に改めよう。

1　基準をユルメル。
2　自他のスキマを埋める。
3　他者の面前からノガレル。
4　前線からテッタイする。

解答　1　緩める　2　隙間　3　逃れる　4　撤退

二　次の語句の意味を調べ、それぞれを使って短文を作ろう。

1　堂々巡り(二四・16)
2　齟齬(二五・4)

解答例　意味…省略(「語句の解説」参照)

短文…1　議論が堂々巡りになり、なかなか結論が出ない。
2　友人から、発言と行動に齟齬があると指摘された。

三　「鉋くずの間に卵を並べた箱」(三三・6)、「ウロボロスの蛇」(二四・16)という比喩について、①どういう状況をたとえたものか、②どのような表現上の効果があるか、それぞれ説明してみよう。

解答例　鉋くず…①自他の間に「間」がある状態。②「間」がないと自己が傷つきやすいことをわかりやすく伝える効果。

ウロボロスの蛇…①人が「自己」を求めて堂々巡りに陥っている状態。②自分自身が何者であるか、自己の内へその答えを求めてもその答えは得られず、袋小路に入り込むことを理解しやすくする効果。

評論（二）

# 「私」中心の日本語

森《もり》田《た》良《よし》行《ゆき》

教科書P.30〜35

## ●学習のねらい

具体例と主張との関係を整理して論理構成を把握し、筆者が主張する日本語の特徴を理解する。

## ●要旨

日本語は人称に関する語彙が豊かである。日本人は常に己との関係で自分を取り巻く対象を把握する。「私」中心の観念を持ち、己を中心に据えたうえでの〝他人との関係〟として社会を据えていた。「公」「世間」「世の中」「人」は「私」から見て対立的に捉えられた他人を意味する。日本語の「人」を含む表現には、他人に見られていることへの神経質なまでの意識や受動的な態度が見られる。これは、「世の中」「世間」対「己」の関係における受けの姿勢、受けの視点の現れである。このように、日本語の「人」は〝己の目で捉える他人〟の意味で、「人」には、その対象である人物（他人）を見る〝人の目〟がつきまとっている。

## ●段落

本文は内容によって、四つの段落に分けられる。

一　教P30・1〜P30・7　序論・人称に関する語彙の豊かさ

二　教P30・8〜P32・3　本論1・「私」の視点で捉えられる対象

三　教P32・4〜P34・2　本論2・周囲の目を気にする受けの視点

四　教P34・3〜P34・9　結論・「人（他人）」につきまとう〝人の目〟

## 段落ごとの大意と語句の解説

**第一段落　教30ページ1行〜30ページ7行**

日本語では「私、あなた、彼、彼女」などの代名詞があり、とくに自分自身をさす言葉は数多くある。外国人から見れば、驚くほど人称に関する語彙が豊かであるが、それはなぜだろうか。

**教30ページ**

3 **派生語《はせいご》**　独立した単語であったものに接頭語や接尾語などがついてできた語。

4 **拙者《せっしゃ》**　一人称の代名詞。多く、武士が改まって自分をへりくだっていう語。あるいは、尊大な態度を示していることもある。

6語彙《ごい》　ある言語の特定の範囲についての単語の総称。

**1** 「外国人《がいこくじん》が聞《き》いたら驚《おどろ》き腰《こし》を抜《ぬ》かすであろう」から、どのようなことがわかるか。

**答** 日本語は、外国語に比べて、人称に関する語彙が驚くほど多く豊かであるということ。

「腰《こし》を抜《ぬ》かす」＝驚いて立ち上がる力をなくす。精神的な打撃を受けて気力を失う。

**第二段落　教30ページ8行～32ページ3行**

日本人は「私」の視点で周りの事物や人物を捉え、常に己との関係で自分を取り巻く対象を把握する。古代社会では、「私」とは「公」に対する概念で、社会を、己を中心に据えたうえでの〝他人との関係〟として捉えていた。「公」「世間」「世の中」に対して「私」はその一員ではなく、「人」は私から見て対立的に捉えられた〝他人〟を意味する。

**教31ページ**

5ドライ　ここでは、感傷や人情などに動かされないで、合理的に割り切ったさま、の意。

**2** 「それ」は、それぞれ何をさすか。

**答** 31ページ12行目の「それ」は、天皇ないしは朝廷を、13行目の「それ」は、国家・社会を意味する「公」のことをさす。

**第三段落　教32ページ4行～34ページ2行**

「世間」や「人」は、自分の周囲の人々を呼ぶ言葉で、他人の意味で使われる。日本語の「人」を含む表現には、他人に見られていることへの神経質なまでの意識があり、きわめて受動的な態度がある。これは、「世の中」「世間」対「己」の関係における受けの視点の現れである。

**教32ページ**

7顰蹙《ひんしゅく》を買《か》う　不快な思いをさせるようなことをして嫌われる。

7人聞《ひとぎ》きが悪《わる》い　他人が聞いて受ける感じがよくない。

9人目《ひとめ》にさらす　世間の人の目につくようにする。

10人目《ひとめ》に余《あま》る　他人の目を引いて他人を不快な気持ちにさせる。

10人目《ひとめ》がうるさい　他人に見られると、あれこれ言われたりしてやっかいである。

10人目《ひとめ》に立《た》つ　他人の注意を引く。目立つ。

11人目《ひとめ》につく　他人の注目を集める。目立つ。

11人目《ひとめ》をはばかる　他人に見られるのを恐れる。世間に知られないようにする。

11人目《ひとめ》を盗《ぬす》む　他人に見られないようにこっそりと行う。

**3** 「これ」とは何をさすか。

**答** 「人目」を嫌い、あるいは気にし、「人目」を恐れるときは、「人目を盗む」という態度になるというように、「人目」に関する表現に見られる、他人がどのように「私」を見るかという意識。

13人目《ひとめ》を忍《しの》ぶ　他人に見られないように気をつける。

14人前《ひとまえ》を繕《つくろ》う　体裁を整えて他人の目をごまかす。

14急場《きゅうば》　差し迫っていて、すぐに対処しなければならない場面。

15 **神経質《しんけいしつ》** 気にしなくてもいいようなことまでいちいち気にしてあれこれ悩む性質。

**教33ページ**

3 **因果応報《いんがおうほう》** 前世や過去の善悪の行為が原因となり、その報いが結果として現在に及ぶこと。仏教の思想から生まれた言葉。

4 **一蓮托生《いちれんたくしょう》** 死後、極楽の同じ蓮華の上に生まれること。また、結果はどうなっても行動や運命をともにすること。仏教の思想から生まれた言葉。

7 **戒《いまし》めの言葉《ことば》** 過ちを犯さないように前もって注意する言葉。

12 **皮肉《ひにく》って** 遠回しに意地悪く相手を非難したり、当てこすりを言ったりして。

12 **嫌味《いやみ》** 人を不快な思いにさせる言動。あてつけや皮肉。

13 **当意即妙《とういそくみょう》** すばやくその場面に適応して機転をきかせること。また、そのさま。

**第四段落 教34ページ3行〜34ページ9行**

日本語の「人」はほとんどが〝己の目で捉える他人〟の意味で、慣用的な句から複合語まで、日本語の「人」には、その対象である人物（他人）を見る〝人の目〟が常につきまとっている。

**教34ページ**

4 **人《ひと》の褌《ふんどし》で相撲《すもう》をとる** 他人のものを利用して、自分のことに役立てること。

4 **人《ひと》を食《く》った話《はなし》** 人を馬鹿にした話。

「人を食う」＝人を人とも思わないずうずうしい態度を取ったり言動をしたりする。

5 **人《ひと》を立《た》てる** 人を自分より上位に置いて敬う。

6 **人《ひと》を担《かつ》ぐ** からかって人をだます。一杯食わせる。

6 **人《ひと》を人《ひと》とも思《おも》わぬ** 思い上がって他人を一人前に扱わない。

7 **人手《ひとで》にかかる** 他人の手で殺される。

7 **人手《ひとで》に渡《わた》る** 他人の所有になる。

8 **複合語《ふくごうご》** 独立した単語が二つ以上結合して、新しく一つの単語としての意味や機能を持つようになった語。

9 **つきまとっている** ここでは、ある事柄や事情などが、ついてまわって離れないでいる。

## 手引き

### 学習の手引き

**一** 本文は、初めの形式段落が序論（話題の提示）、終わりの形式段落が結論の役割を果たしており、それを除く本論が二つに分かれる構成になっている。各段落で何が述べられているか、それぞれ一文でまとめよう。

**解答例** 序論・本論1・本論2・結論の分け方は省略（「段落」を参照）

第一段落…日本語は人称に関する語彙が豊かであるが、なぜそうなのであろうか。

第二段落…日本人は、「私」の視点で周りの事物や人物を捉えるため、自分を取り巻く世の中や人々を〝他人〟を意味する「人」として対立的に把握する。

第三段落…日本語には、他人の意味を表す「人」を使った表現が多いが、それは「世の中」「世間」対「己」の関係における受けの姿勢や周囲の目を気にする受けの視点の現れだろう。

第四段落…日本語の「人」のほとんどは〝己の目で捉える他人〟の意味で、日本語の「人」には、その対象たる人物(他人)を見る〝人の目〟が常につきまとっていると言える。

**二 筆者が説明する「私」と「公」(世の中・人々)との関係を、表や図などを用いて整理してみよう。**

考え方　「私」と「公」の関係について説明している第二段落に、「『私』は『公』(世の中・人々)の中の一員ではなく、周りの世間の人々に囲まれ、それらを他人として対立的に把握する主体、己自身ということになる」(三一・15)とある。この内容を基に表や図に示す。ポイントとしては、「私」が「公」の中の「一員」ではない点、「私」が周囲を「他人として対立的に把握する主体」である点を押さえて図式化する。

**三 「人はいさ」(三三・10)の歌は、筆者の主張のうちのどのような点の論拠としてあげられているのか、説明してみよう。**

解答例　日本語の「人」は「私」から見た〝他人〟を表しているという点と、「人」を使った表現に周囲の人々の目を気にする受けの視点が現れるという点。

**四 「日本語の『人』には、……〝人の目〟が常につきまとっている」(三四・8~9)とはどういうことか、説明してみよう。**

考え方　同じ段落の最初の「日本語の『人』はほとんどが〝己の目で捉える他人〟の意味で」(三四・3)を手掛かりにしよう。

解答例　日本語の慣用句的な表現や複合語などで一般的に用いられる「人」には、その対象である人物を他人として見て、その人物を意識する「私」の目があるということ。

**五 日本語は「人称に関する語彙が豊かである。なぜそうなのであろうか。」(三〇・6)という問いの答えを、本文から論拠を抜き出しながらまとめてみよう。**

考え方　第二段落に「常に己との関係で自分を取り巻く対象を把握する。そのような対象とは……『私』中心の観念であったと言ってよい。」(三〇・8~11)とあるのを手掛かりに考えてみよう。

解答例　日本人は「常に己との関係で自分を取り巻く対象を把握する」とあるように、日本語では、対象と「私」の関係は常に定まったものではない。そのため、その関係のあり方によって、「私—あなた」となったり、「おれ—お前」となったりというように、さまざまに人称の使い分けをするから。

## 活動の手引き

**一 ある場面、話し手、話す相手を設定して、自分自身をさす際にどのような語を選択するか、次の条件に合う形で自分の考えを文章にまとめて発表し合おう。**

**八十字以上百二十字以内で書くこと。一文目に設定した場と選択した語を書き、二文目に選択した理由を書くこと。**

考え方　場面を想定するときに、具体的に自分の身の回りの人物を思い浮かべるとよいだろう。その設定で、自分自身をさす語は何がふさわしいかを思い浮かべ、なぜその語を選んだのか、話し手と話す相手との関係をふまえながら考えてみよう。

## 言葉の手引き

**一 次のかたかなを傍線部の字の違いに注意して、漢字に改めよう。**

1 世間イッパンの傾向。
　荷物をハンニュウする。

2 ハクジョウな仕打ち。
　彼女はハクシキだ。

**解答** 1 一般・搬入　2 薄情・博識

**二 次の四字熟語の意味を調べてみよう。**

1 因果応報（三・3）
2 一蓮托生（三・4）
3 当意即妙（三・13）

**解答例** 省略（「語句の解説」を参照）

**三 本文中から「人」を用いたことわざを抜き出し、その意味を調べてみよう。**

**解答例**
・「人の口に戸は立てられない」（三・7）＝世間のうわさや評判は止められない。
・「人の噂《うわさ》も七十五日」（三・8）＝世間のうわさは長く続かないもので、しばらくすれば忘れられる。
・「人を見たら泥棒と思え」（三・2）＝他人をたやすく信じてはいけない。
・「人を呪わば穴二つ」（三・3）＝人を不幸にしようとすると、その自分にも不幸が降りかかるということ。人を呪い殺そうとすると、自分の身にも報いがあり、墓穴が二つ必要になることから。
・「我が身をつねって人の痛さを知れ」（三・4）＝自分から苦しみを味わって人の苦しみを思いやらなければならない。
・「人の振り見て我が振り直せ」（三・5）＝他人の行いの善悪を見て、自分の行いを反省し、改めよ。
・「人の蠅《はえ》を追うより自分の頭の蠅を追え」（三・5）＝他人の世話を焼くよりも、まず自分のすべきことをしっかりやれ。
・「人のことより我がこと」（三・7）＝他人の世話を焼く前に、自分のことをしっかりしなければならない。
・「人は人、我は我」（三・8）＝他人のことは気にせず、自分の信念で行動すべきである。
・「人の褌で相撲をとる」（四・4）＝意味省略（「語句の解説」を参照）

**四 「日本語の『人』はほとんどが〝己の目で捉える他人〟の意味」（四・3）とあるが、これに当てはまらない「人」の用例を次から一つ選び、その意味を説明してみよう。**

1 人の気も知らないで勝手なことを言うな。
2 人まねばかりで個性が感じられない。
3 人に何を言われても平気だ。

**解答** 1

**解答例** 意味…ここでの「人」は、相手から見た「他人」を表し、話し手本人を意味している。

# 日本人の「自然」

木《き》村《むら》　敏《びん》

教科書P.37～45

## ●学習のねらい

筆者の述べる西洋と日本の「自然」を対比的につかみ、筆者の問題意識や執筆意図に目を向ける。

## ●要旨

今日、私たちは、「自然」という言葉を「自然環境」を意味する英語の nature と同じ意味に解しているが、それ以前から「自然」という言葉は日本語としてあり、「おのずから」という意味や「万一、もしも、不慮のこと」という意味で用いられていた。西洋語の「自然《ネイチュア》」は、客体的・対象的なもの、主体的自己に対して外部から対峙《たいじ》するものであり、日本語の「自然」は、自己の主観的情態性の面に反映させて感じ取るものであった。西洋の自然は人間の心に安らぎを与え、緊張を解除する外的実在であるとすれば、日本の自然は自己の一種の緊張感の中で自在性において感じ取っているという事態、あるいは、その契機となっている事物である。

## ●段落

本文は内容によって、五つの段落に分けられる。

一　教P37・1～P38・3　問題提起・今日の「自然」の意味
二　教P38・4～P41・1　考察1・古来の日本語の「自然」の意味
三　教P41・2～P42・16　考察2・西洋語の「自然《ネイチュア》」と古来の日本語の自然の違い
四　教P43・1～P43・13　考察3・西洋の庭園と日本の庭園との差異
五　教P43・14～P44・4　結論・日本人特有の「自然」の語の意味内容

## 段落ごとの大意と語句の解説

**第一段落　教37ページ1行～38ページ3行**

今日、私たちは「自然」という言葉を英語の nature と同じ意味に解しており、それは私たちを取り囲む環境から一切の人為的なものを引き算した余りのことである。また、私たちが「自然」という言葉を名詞として受け止めているのも、西洋語の「自然」に由来している。

教37ページ

4 **及《およ》ぼしている**　作用や影響が達するようにしている。
4 **マクロ**　巨大であること。巨視的であるさま。
対　ミクロ
5 **ミクロ**　非常に小さいこと。微視的であるさま。
6 **目《め》を向《む》ければ**　視線を向けると。着目すると。

6 **分子《ぶんし》**　原子の結合体（一つの原子よりなる場合もある。）。物質の化学的性質を失わない最小の構成単位。

6 **原子《げんし》**　物質の基本的構成単位。化学元素としての特性を失わない最小の微粒子。

7 **極微《ごくび》の世界《せかい》**　きわめて微小な世界。

10 **いささかの**　ほんの少しの。わずかの。

10 **抵抗《ていこう》**　素直に受け入れがたい気持ち。ここでは、「自然」という言葉を名詞として用いることに違和感を感じること。

**教38ページ**

2 **「自然《しぜん》というもの」**　外部に実在するものとしての自然。

**第二段落　教38ページ4行～41ページ1行**

「自然」という語は、西洋語の訳語として使われる以前から日本語として定着していた。中国でも日本でも名詞として用いられることはなく、中国では「おのずからそうであること」を意味し、日本では「おのずから」という意味の用例が『万葉集』に見られる。親鸞《しんらん》の「自然法爾《じねんほうに》」では「自然」を「じねん」と読み、「人為の加わらないままに、おのずからそうなっていること」という意味で用いられている。また、「おのずから」としての「自然」のヴァリエイションとして、「万一、もしも、不慮のこと」という意味でも用いられた。

**教38ページ**

5 **たかだか**　高く見積もっても。せいぜい。

5 **……にすぎない**　……以上のことではない。ただ……だけである。

答　1

**筆者がここで「癒着《ゆちゃく》する」という表現を用いた意図は何か。**

「自然」という語を西洋語の訳語である「自然環境」の意味として使うことは、本来の意味とは違う意味が付加されているのだという状況を説明する効果を狙っている。それに加え、その状況に対して批判的である筆者の考えも示している。

「癒着」＝本来離れているべきものが、強く結びつくこと。

11 **「人《ひと》は地《ち》に法《のっと》り、地《ち》は天《てん》に法《のっと》り、天《てん》は道《みち》に法《のっと》り、道《みち》は自然《しぜん》に法《のっと》る。」**　人は大地を規範とし、大地は天を規範とし、天は道を規範とし、道はおのずからなるあり方を規範とする。

15 **「おのずからそうであること」**　もとからあった状態そのままであること。

**教39ページ**

4 **同化《どうか》**　知識などを取り込んですっかり自分のものにすること。性質や考え方などが異なるものが影響を受けて同じようになること。

5 **いわば**　言ってみれば。たとえてみれば。

7 **「非名詞性《ひめいしせい》」**　名詞らしさがないさま。

10 **しからしむ**　そのような結果にさせる。そうさせる。マ行下二段動詞「しからしむ」の終止形。口語形は「しからしめる」。

11 **はからひ**　考え。判断。取り計らうこと。現代仮名遣いでは「はからい」。

13 **育《はぐく》まれてきた**　養い育てられてきた。かばい守られてきた。ここでは、「自然」を「じねん」と呉音読みする伝統が守られてきたということ。

15 **人為**《じんい》　人の力で何かを行うこと。人のしわざ。

**教40ページ**

3 **不慮**《ふりょ》　思いがけないこと。不意。

4 **しきりに**　しばしば。ひっきりなしに。むやみに。熱心に。ここでは、たびたび、の意。

5 **編纂**《へんさん》　いろいろな材料を集め、整理し、書物にまとめること。

10 **軍記物**《ぐんきもの》　軍記物語。合戦を主題としてその時代や人物を叙事的に描いた作品のこと。『保元《ほうげん》物語』、『平治《へいじ》物語』、『平家《へいけ》物語』、『太《たい》平記《へいき》』などをさして言う。

12 **左右**《さゆう》**できない**　思うままに動かすことができない。「左右する」＝思うままに動かす。大きな影響を与える。

14 **ヴァリエイション**　基本の形から少し変化したもの。

15 **現今**《げんこん》　いま。現在。

**第三段落　教41ページ2行〜42ページ16行**

西洋語の「自然《ネイチュア》」は、客体的・対象的なもの、内なる主体的自己に対して外部から対峙するもので、古来の日本語の「自然」は、自然のひとこまひとこまをいわば自己の主観的情態性の面に反映させ、「自然さ」という情感において心で感じ取るものである。西洋の自然が人間の心に安らぎを与え、緊張を解除するものだとすれば、日本の自然は自己の一種の緊張感において成立している。

**教41ページ**

2 **対象的**《たいしょうてき》　主観・意識に対してあるもので、認識や意思などの作用が向けられるもののようであるさま。

---

3 **対峙**《たいじ》　向き合って立つこと。

3 **恣意**《しい》　自分勝手な考え。自分の思うままに振る舞うこと。

5 **合法則性**《ごうほうそくせい》　自然や歴史社会の現象が一定の法則に従って起こるものであること。

6 **趣**《おもむき》**を異**《こと》**にしている**　様子が違っている。

8 **大変重要**《たいへんじゅうよう》**な意味**《いみ》**を含**《ふく》**んでいる**　「自然」そのものの認識のしかたが現在とは異なっていたことを示しているということ。

**2**　**「古代**《こだい》**の日本人**《にほんじん》**にとっては、『自然一般**《しぜんいっぱん》**』という対象世界**《たいしょうせかい》**は存在**《そんざい》**しなかった。」とは、どういうことか。**

**答**　古代の日本人にとっては、山や川や草木はそれぞれ個別に意識されたのであって、それらを下位概念として包摂する上位概念や枠組みとしての「自然」が普遍的対象概念として形成されることはなかった。したがって、日本人は自然のひとこまひとこまを、自己の主観的情態性の面に反映させて「自然さ」という情感において、心で感じ取ってきたということ。

11 **実践的行為**《じっせんてきこうい》　実際にする行い。

12 **あくまでも**　徹底的に。どこまでも。全く。ここでは、どこまでも、の意。

13 **下位概念**《かいがいねん》　二つの概念のうち一方が包括される関係にあるとき、包括されるほうの概念。

13 **包摂**《ほうせつ》　ある概念をより一般的な概念で包み込むこと。

13 **上位概念**《じょういがいねん》　二つの概念のうち一方が包括される関係にあるとき、包括するほうの概念。

14 **枠組**《わくぐ》**み**　物事のおおよそのしくみ。

14 **普遍的対象概念**《ふへんてきたいしょうがいねん》 認識や意思などの作用を向けるものとして広く行き渡った考え。

15 **一括**《いっかつ》**する** 多くの物事を一つにまとめる。

16 **主観的情態性**《しゅかんてきじょうたいせい》 その人の見方による心のあり方。

**教42ページ**

**3** **日本語の「自然《しぜん》」が、「どこまでも述語的《じゅつごてき》に、自己《じこ》の内面的《ないめんてき》な心《こころ》の動《うご》きを巻《ま》き込《こ》んだあり方《かた》を示《しめ》している。」とは、どういうことか。**

**答** 人為的なはからいを超えて、おのずから、ひとりでにそうなるもので、個人個人が内面的に感じ取ることで成立するものであるということ。

5 **情感**《じょうかん》 物事に接して起こる感情。人の心に訴えるしみじみとした感じ。

6 **「あはれ」** しみじみと心を動かされること。しみじみとした情趣があること。

7 **見**《み》**て取**《と》**っていた** 見て感じ取っていた。
「見て取る」＝見てそれと知る。認める。見抜く。

9 **「不測**《ふそく》**の偶発事**《ぐうはつじ》**」** 思いがけず偶然に起こること。

11 **きわめて** この上なく。非常に。きっと。必ず。とても。

11 **摂理**《せつり》 自然界を支配している法則。

12 **椿事**《ちんじ》 思いがけない重大な出来事。

13 **自然**《しぜん》**は常**《つね》**に……促**《うなが》**すというところがある** 日本人にとって自然は、いろいろな事態を想像させるところがあるということ。

**第四段落 教43ページ1行～43ページ13行**

イギリス式庭園が写実的であるとすれば、日本の庭園は自然に対して表意的である。

**教43ページ**

2 **フランス式庭園**《しきていえん》 十七世紀のフランスで発達した幾何学的な庭園。および、その影響により十八世紀にかけてヨーロッパ諸国に造られた同様の庭園。

2 **イギリス式庭園**《しきていえん》 風景式庭園、自然式庭園とも呼ばれる。十八世紀のイギリスで生まれ、非対称や曲線を積極的に用い、理想の風景を目ざした。

4 **人工**《じんこう》**を排**《はい》**して** 人工を退けて。イギリス式庭園はフランス式庭園のような人工的装飾を遠ざけた。

4 **旨**《むね》**としている** 主な目的としている。

5 **象徴的**《しょうちょうてき》**に** シンボルとして表すために。

6 **人為**《じんい》**の極致**《きょくち》 人のすることの極み。

6 **人為**《じんい》**を人為**《じんい》**として、……感**《かん》**じさせず** 日本の庭園が、本来は人工物であるのにそれを感じさせず、自然らしくあるということ。

8 **写実的**《しゃじつてき》 現実を主観を入れずにありのまま表現しようとするさま。

**4** **「自然**《しぜん》**に対**《たい》**して表意的**《ひょういてき》**である。」とは、どういうことか。**

**答** 日本の庭園には、鋭敏に感じ取る主体の側の感受性を期待して、自然の真意が表れるように作られているということ。
「表意的」＝ある意味を表すさま。

10 **代用的自然**《だいようてきしぜん》 本物の代わりとしての自然。

11 **感受性**《かんじゅせい》 外界の刺激や印象を感じ取る能力。

13 **私的《してき》・閉鎖的《へいさてき》な芸術作品《げいじゅつさくひん》**　日本の庭園が、特定の人々だけが鑑賞することのできる芸術作品であるということ。

13 **という性格《せいかく》を帯《お》びる**　という性格を傾向的に持つ。

「帯びる」＝ある性質や傾向を持つ。

**第五段落　教43ページ14行〜44ページ4行**

西洋の自然は誰にとっても一様に外的実在であるが、日本の自然は、一人一人の個人が心の一種の緊張感の中での自在性において感じ取っているという事態、あるいは、そのような事態を出現させる契機となっている事物である。

**教43ページ**

15 **外的実在《がいてきじつざい》**　人間の外部に実際に存在すること。日本の自然との対照性を述べたもの。

**教44ページ**

2 **束縛《そくばく》**　制限を加えて行動の自由を奪うこと。

2 **自在性《じざいせい》**　思いのままである性質。

3 **契機《けいき》**　きっかけ。動機。

## 手引き

### 学習の手引き

**一　本文全体を五つの段落に分け、それぞれの段落のはたらきを押さえながら要旨をまとめよう。**

**解答例**　省略（「段落」「段落ごとの大意」を参照）

**二　「自然」という言葉の意味内容について、それぞれ説明してみよう。**

1　英語の nature の訳語としての「自然」。
2　中国の『老子』の例に見られる「自然」。
3　『万葉集』や親鸞の例に見られる「自然」。
4　中世の軍記物などに見られる「自然」。

**考え方**　1　第一段落の最初の形式段落（三七・1〜9）で述べられている内容を中心に説明しよう。2　第二段落で述べられている『老子』の言葉の英訳を「反訳」している部分（三八・13〜三九・1）を基に考えよう。3　第二段落で述べられている『万葉集』の場合（「おのずから」）と親鸞の場合（「人為の加わらないままに、おのずからそうなっていること」）についての内容（三九・2〜16）を中心に説明しよう。4　第二段落の後半（四〇・1〜14）で「万一、もしも、不慮のこと」の意味という記述がある。

**解答例**　1　私たち人間を外部から取り囲む環境の全部から、一切の人為的なものを引き算した余りのこと。また、名詞として用いられ、「自然」という言葉によって、「自然というもの」を考えるようになっている。

2　英訳すると“self-so”や“what-is-so-of-itself”であり、「おのずからそうであること」という意味で、of itself（おのずから、ひとりでに）というあり方のことを意味している。

3　『万葉集』では、「おのずから」という意味で副詞として用いられている。親鸞の「自然法爾」では、「人為の加わらないままに、おのずからそうなっていること」という意味で用いられ、「じねん」

と呉音読みしている。

4 「おのずから」の意味のヴァリエイションで、「自然」を「しぜん」と漢音読みし、「万一、もしも、不慮のこと」という意味で用いられている。「自然」を、「人力で左右できない事態」と捉えていたことが読み取れる。

**二 筆者が考える「日本の自然」とはどのようなものか、「西洋の自然」との対比からまとめてみよう。**

**考え方** 第五段落で、筆者の考える「日本の自然」について述べられているので、その部分をまとめよう。

**解答例** 西洋の自然は誰にとっても一様に自然であり、人間一般に対しての外的実在である。一方、日本の自然は、一人一人の個人が心の中で集中という緊張をはらみながらも、自在性において感じ取っているという事態であり、そのような事態を出現させる契機となっている事物である。

## 活動の手引き

**一 本文中の表現からうかがえる筆者の問題意識や執筆意図を文章にまとめて発表し合おう。その際、根拠とした語句や表現を引用しながら、考えを述べよう。**

**考え方** 筆者が、西洋語としての「自然」と、古来の日本語としての「自然」を対比させながら、日本人にとっての「自然」の意味内容を考察している。そのような文章の展開をふまえてまとめよう。また、『もの』ではなくて『こと』」(三八・16)や「表意的」(四三・9)など、傍点をつけた言葉にも注目して筆者の意図を考えてみてもよいだろう。

## 言葉の手引き

**一 次のかたかなを漢字に改めよう。**

1 フリョの事故に遭う。
2 書類をイッカツして送る。
3 日本庭園をカンショウする。
4 施設をヘイサする。
5 一切のソクバクから逃れる。

**解答** 1 不慮 2 一括 3 鑑賞 4 閉鎖
5 束縛

**二 次の語の意味を調べよう。**

1 対峙(四一・3) 2 椿事(四二・12)

**解答例** 省略(「語句の解説」参照)

**三 次の傍線部の表現があることで、どのような意味が加わっているか、説明してみよう。**

1 名詞として用いることにいささかの抵抗も感じなくなっている。
2 訳語として使われるようになったのは、たかだか百年ぐらい前からのことにすぎない。

**解答例** 省略(「語句の解説」参照)

評論㈢

# 手の変幻

清岡卓行《きよおかたかゆき》

教科書P.48〜54

## ●学習のねらい

筆者の感性や着眼点、表現の特徴について整理し、主張に説得力を持たせるための論展開について考える。

## ●要旨

ミロのビーナスの魅力は両腕を失っていることにある。それは部分を失うことによる全体性への肉薄であり、無数の美しい腕を暗示する心象的な表現である。復元は表現の質の変化であり、夢をはらんだ無から限定された有への変化である。もう一つの興味は、失われているのが両腕であり、手であることである。人間存在における手は世界や他人や自己との交渉の手段であり、きわめて人間的なものだ。こうした手の欠落は、ミロのビーナス像のさまざまな手のあり方を夢想させるというアイロニーを呈示している。

## ●段落

本文は、空白行によって、三つの段落に分けられる。

一　教P48・1〜P50・14　失われた両腕

二　教P50・15〜P52・6　おびただしい夢をはらむ無

三　教P52・7〜P53・10　人間存在における手の象徴的な意味

## 段落ごとの大意と語句の解説

**第一段落　教48ページ1行〜50ページ14行**

ミロのビーナスが魅惑的であるためには、両腕を失っていなければならなかった。そこには制作者の知らない美術作品の運命が関わっている。彼女は発掘されたとき、自分の美しさのために両腕を無意識的に隠してきたのだ。それは特殊から普遍への跳躍であり、部分の放棄による全体性への肉薄と言える。ミロのビーナスの失われた両腕は、生命の多様な可能性の夢をたたえて無数の美しい腕を暗示する、心象的な表現なのである。

**教48ページ**

2 **不思議《ふしぎ》な思《おも》いにとらわれた**　一見理屈に合わないように思えることにこだわりを持った。

「とらわれる」＝こだわりを持つ。執着する。

3 **制作者《せいさくしゃ》のあずかり知《し》らぬ何物《なにもの》か**　創った人が関与しない何か。
「あずかり知る」＝関わって知る。関係する。

**1** **「生臭《なまぐさ》い秘密《ひみつ》の場所《ばしょ》」とは、どういうことか。**

**答** 誰にも知られない場所であるが、現実に存在する俗っぽい場所ということ。ここでの「生臭い」は、ミロのビーナスの持つ〝芸術〟の美と対比させて、俗っぽい、という意味で使われている。

**2** **「特殊《とくしゅ》」と「普遍《ふへん》」とは、それぞれどういうことか。**

**答** 「特殊」とは、両腕を持ち、ある特定の条件や状況に縛られ、均整的な美をたたえた美術作品としてのみ価値を持つビーナスの像のこと。「普遍」とは、両腕を失ったことで神秘性と生命の多様な可能性の夢をたたえ、国境や時代を超えて生き続けるビーナスの像のこと。

「普遍」＝広く全体に行き渡ること。
**対**　特殊

11 **巧《たく》まざる跳躍《ちょうやく》**　特殊から普遍への急激な展開が、意図してのことでなく、偶然にもたらされたこと。
「巧まざる」＝作為のない。「巧む」は、技巧を凝らすという意味。

**教50ページ**

1 **部分的《ぶぶんてき》な具象《ぐしょう》の放棄《ほうき》**　ここでは、ビーナスが両腕を失ったこと。
「具象」＝実際の姿や形。

1 **ある全体性《ぜんたいせい》への偶然《ぐうぜん》の肉薄《にくはく》**　ここでは、ビーナスが両腕を失うことによって、心象の領域をも含む広がりを獲得したこと。
「肉薄」＝真近に迫ること。

**3** **「逆説《ぎゃくせつ》」とは、ここではどういうことか。**

**答** 両腕という全体の一部を失ったことで、ミロのビーナスの全体性へと肉薄したという考え方。

「逆説」＝一見真理に反するようで、実は真理を言い表している説のこと。

2 **弄《ろう》しようとしているのではない**　いたずらに理屈をもてあそぼうとしているのではない。
「弄する」＝もてあそぶ。

4 **典型《てんけい》**　本質的なものを最もよく具体的に表している形象。

6 **均整《きんせい》の魔《ま》**　人の心を惑わせるほどつりあいがとれて美しいこと。
「均整」＝つりあいがとれていること。

7 **生命《せいめい》の多様《たよう》な可能性《かのうせい》の夢《ゆめ》**　ミロのビーナスの失われた両腕が、ないことによって逆に多様なあり方を夢想させる様子を表している。

**第二段落　教50ページ15行〜52ページ6行**

「僕」にとって、ビーナスの両腕の復元案はすべて滑稽なものに思われる。すべての復元の試みは正当だが、その試みで表現の次元がすっかり変わってしまう。問題は表現における質の変化であり、復元は夢をはらんだ無から限定された有への変化なのだ。もし原形が見つかったら、「僕」はそれを芸術の名において否認するだろう。

**教51ページ**

1 興《きょう》ざめたもの　おもしろみがうせたもの。

「興ざめる」＝感興がそがれる。しらける。

2 失《うしな》われた原形《げんけい》　ミロのビーナスの両腕がなくなる前のもとの形象。

**4**

「量《りょう》の変化《へんか》」と「質《しつ》の変化《へんか》」とは、どう違うか。

**答**

「量の変化」は、両腕の有無によって生じる物理的な変化のこと。「質の変化」は、両腕の有無によって表現される意味自体が変わってくること。

7 どうして他《ほか》の対象《たいしょう》へ……できるだろうか？　両腕が復元されたビーナスの像を愛することはできないということ。反語的表現。

8 おびただしい　数や量が非常に多い。

教52ページ

5 芸術《げいじゅつ》というものの名《な》において　真の原形は、芸術という観点から見れば、「僕」が感動したものとは全く異なる、ということ。

「〜の名において」＝……の名誉にかけて。……の点では。

**第三段落　教52ページ7行〜53ページ10行**

なぜ、失われたものが両腕でなければならないのかといえば、手は人間存在において象徴的な意味を持つものであるからだ。手が世界や他人や自己との交渉の手段であるからこそ、失われることによって逆に、考えうるさまざまな手への想像が広がるという、不思議なアイロニーを呈示するのである。

教52ページ

11 変幻自在《へんげんじざい》　変化が速やかで自由なこと。

14 切《き》り詰《つ》めて言《い》えば　簡単に言えば。

「切り詰めて言う」＝短く言う。

**5**

「手《て》というものの、人間存在《にんげんそんざい》における象徴的《しょうちょうてき》な意味《いみ》」とは何か。

**答**

人間の生活や意識の中で「手」の存在やはたらきがもたらす意味。

教53ページ

2 実体《じったい》と象徴《しょうちょう》のある程度《ていど》の合致《がっち》　人間の具体的な手と、手に象徴される意味とが、場面に応じて一致することがあること。

3 千変万化《せんぺんばんか》　さまざまに変化すること。

6 こよなく　この上なく。

7 厳粛《げんしゅく》な響《ひび》きを持《も》っている　おごそかに聞こえる。

「厳粛」＝おごそかであるさま。

8 美術品《びじゅつひん》であるという運命《うんめい》を担《にな》った　ミロのビーナスは両腕を失うことによって新たな可能性を獲得して、芸術作品として生きることになった。

**6**

「ミロのビーナスの失《うしな》われた両腕《りょううで》は、不思議《ふしぎ》なアイロニーを呈示《ていじ》するのだ。」とは、どういうことか。

**答**

人間的なものである大切な手を物理的に失うことによって、逆に、人間存在を象徴する手の無限の可能性を獲得したという逆説的な意味を出現させていること。

10 夢《ゆめ》を奏《かな》でる　不在の手が美しい夢を生み出す。

「奏でる」＝楽器などを演奏する。ここでは、比喩的な意味で使われている。

# 手引き

## 学習の手引き

**一　本文は、一行空きによって大きく三つの段落に分かれている。それぞれの段落中から、最も中心的な内容を示している一文を抜き出してみよう。**

解答例　第一段落…ミロのビーナスを眺めながら、……僕は、ふと不思議な思いにとらわれたことがある。(四八・1〜2)
第二段落…選ばれたどんなイメージも、……失われていること以上の美しさを生み出すことができないのである。(五三・2〜3)
第三段落…ほかならぬその欠落によって、逆に、可能なあらゆる手への夢を奏でているのである。(五三・9)

**二　筆者が「ミロのビーナスの失われた両腕の復元案」(五〇・15)を「興ざめたもの、滑稽でグロテスクなもの」(五一・1)と感じる理由を説明してみよう。**

考え方　第二段落の「なぜなら、……」(五一・5)と述べられている部分に注目し、両腕を失った状態のミロのビーナスと復元案とでは、何がどのように異なるのかを読み取ろう。

解答例　両腕の復元によって、これまで無であるからこそおびただしい夢をはらんでいたものが、固定され限定された他の対象に変わってしまい、それは筆者が感動していたミロのビーナスとは全く異なるものに思われるから。

**三　「もし、真の原形が発見され、……否認したいと思うだろう。まさに、芸術というものの名において。」(五三・3〜6)とあるが、筆者の言う「芸術」とはどういうものか、説明してみよう。**

考え方　芸術の名において「原形」を否認するのであるから、それと対比された両腕を失ったビーナスに注目し、表現の特質を捉える。

解答例　「おびただしい夢をはらんでいる無」(五一・8)とあるように、具体的な形によって制限されず、生命の多様な可能性の夢をたたえて、想像の領域に跳躍するものであり、他と取り替えることのできない唯一のもの、つまり、表現の質として固有性を持つものが、筆者の言う芸術である。

**四　筆者が「失われているものが、両腕以外の何物かであってはならない」(五三・7)と述べる理由を説明してみよう。**

考え方　筆者は、「たとえば、……」(五三・9)の一文で、両腕以外の部位が欠落していた場合を想像したうえで、「なぜ、失われたものが両腕でなければならないのか？」(五三・13)と疑問を投げかけ、理由を考察している。筆者が「手というものの、人間存在における象徴的な意味」(五三・15)に焦点を当てて論を展開していることに注目して、理由を読み取ろう。

解答例　両腕を失ったミロのビーナスに「生命の変幻自在な輝き」が感じられるのは、手に、世界や他人、自己などの相互の関係を媒介するという象徴的な意味があるためで、両腕以外の部位が欠落していてもそのような意味やイメージを持たせることはできないから。

**活動の手引き**

**一** 「ほかならぬその欠落によって、逆に、可能なあらゆる手への夢を奏でるのである。」(五三・9)とあるが、「欠落」や「無」が重要な役割を果たしている芸術作品の例を調べ、その「欠落」や「無」の役割を明らかにしながら、報告する文章を書いてみよう。

**考え方** 「欠落」や「無」が重要な役割を果たしていると考えられる芸術作品には、次のものなどがある。作品中の余白や欠落した部分から受ける印象をふまえて、なぜそのような印象を持つのか、その理由を考えてみよう。また、その作品について述べられた文章などを調べて、それを参考にしてもよいだろう。

・松林《しょうりん》図《ず》屏風《びょうぶ》…江戸時代の画家・長谷川《はせがわ》等伯《とうはく》の作品。松林を墨の濃淡のグラデーションのみで描いていて、余白も多い。

**言葉の手引き**

**一** 次のかたかなを漢字に改めよう。

1 ミワク的な大理石の像。
2 遺跡のハックツ調査が行われる。
3 遺産を相続する権利をホウキする。
4 駅でグウゼン友人と出会う。
5 神秘的なフンイキの持ち主。
6 ゲンシュクな響きを持つ。

**解答** 1 魅惑　2 発掘　3 放棄　4 偶然
5 雰囲気　6 厳粛

**二** 次の語の意味を説明してみよう。

1 実証的(五一・16)
2 象徴的(五二・15)
3 根源的(五三・1)

**解答例** 1 実証的…確実な証拠を基に証明できるさま。
2 象徴的…具体的なものによって観念などを表すさま。
3 根源的…物事のおおもととなる性質を持つさま。

**三** 「千変万化」の意味と熟語の構造を調べ、これと似た構造を持つ「千□万□」の形の四字熟語を探してみよう。

**解答例** 意味…省略(「語句の解説」参照)
熟語の構造…「千変」+「万化」
四字熟語…千客万来・千言万語・千差万別・千山万水・千思万考　など

**四** 「手」を用いた慣用句を集めて、それぞれの意味を調べよう。

**解答例** ・手に余る＝自分の能力以上の物事で、対処ができない。
・手を切る＝関係を絶つ。
・手を広げる＝仕事などをする範囲を広げる。

**五** 本文で筆者はミロのビーナスを「彼女」と呼んでいる。そのことによって本文にどのような効果が生まれているか、説明してみよう。

**解答例** 石像であるミロのビーナスを生命を持った存在として見ようとしているという筆者の姿勢を明らかにし、手が人間存在における象徴的な意味を持つという主題を理解しやすくする効果。

# 越境する動物がもたらす贈り物《ギフト》

矢野《や の》智司《さと じ》

教科書P.56～63

## ●学習のねらい

物語に描かれた人間と動物との関わりについて、筆者の主張とそれを支える根拠の関係に着目して理解する。

## ●要旨

人間と動物との婚姻である異類婚姻譚《たん》は、境界を越えて異類の者がやってくる恐ろしい物語であるとともに、純粋贈与のリレーであり、自己を無際限に差し出す、この上なく美しい物語である。

## ●段落

本文は、内容に従って、四つの段落に分けられる。

一 教P56・1～P56・12 動物が人間にもたらすもの
二 教P57・1～P58・13 人間と動物の境界線
三 教P58・14～P61・11 異類婚姻譚の特徴
四 教P61・12～P62・17 異類婚姻譚とはどのような物語か(筆者の解釈)

## 段落ごとの大意と語句の解説

**第一段落 教56ページ1行～56ページ12行**

人間が動物に関心を持つ理由は、動物が人間にとって有用だという次元だけではなく、人間に別の存在のあり方、別の世界の可能性、生の高次の次元をもたらしてくれるからではないだろうか。

**教56ページ**

**1 冒頭の問いに対する筆者の答えはどこに書かれているか。**

**答** 直後の形式段落の最後の文にある、「人間に別の存在のあり方、別の世界の可能性、生の高次の次元をもたらしてくれるからではないだろうか」(教56ページ11～12行)に書かれている。

6 **有用性**《ゆうようせい》 役に立つ性質が備わっているさま。
「有用」＝役に立つさま。 対 無用

6 **関心**《かんしん》**を払**《はら》**って** 注意して。心にかけて。

9 **夢想**《むそう》 現実味のない、夢のようなことを考えること。

12 **高次**《こうじ》 高い次元。

**第二段落 教57ページ1行～58ページ13行**

人間の始原の物語から現代の絵本、児童文学に至るまで動物が多く登場するのは、自然のうちにあらかじめ決まった場所を持たない不確定な人間の生のあり方が、動物という他なる存在者を不可欠としているからにちがいない。「人間とは何か」という問いとその答えは、人間と動物との境界線の引き方によって象《かたど》られていて、思想や文学や芸術では、この境界線に関わる思想的課題が描かれてきた。

**教57ページ**

1 **凌駕《りょうが》** 他のものを追い越して、上に出ること。
2 **驚異《きょうい》** 非常に驚くべき事柄。また、それに対する驚き。
2 **おぞましく** ぞっとするほど、不快な感じで。
2 **戦慄《せんりつ》** 恐怖に体が震えること。
6 **説話《せつわ》** 語り伝えられてきた神話や伝説・昔話などの総称。
6 **民話《みんわ》** 民間に伝承されてきた昔話や伝説。

**2** **「人間《にんげん》の始原《しげん》の物語《ものがたり》には必《かなら》ず動物《どうぶつ》が登場《とうじょう》する」のはなぜか。**

**答** 生命あふれる野生動物の存在によって、人間の祖先たちの思考が動き始め、自分たちについての自己理解も鍛えられていたため、人間が動物を不可欠のものと捉えていたから。
「始原」＝物事のはじめ。

7 **照《て》らし出《だ》す** ここでは、動物という存在を取り上げることで、人間の今までわからなかった部分が明らかになるということ。
11 **不可欠《ふかけつ》** なくてはならない様子。
12 **特性《とくせい》** そのものが持つ特別の性質。
14 **異類《いるい》** 種類の違うもの。

**教58ページ**

1 **象《かたど》られて** 何かの形に似せて作られて。ここでは、「人間とは何か」という問いや答えが、人間と動物との間に境界線をどのように引くかということに影響されるという意味。
「象る」＝何かの形に似せて作る。
6 **契約関係《けいやくかんけい》** 二人以上の当事者が、法律上の効果が生じるようにして、互いに約束を取り交わす関係にあること。
7 **合法的《ごうほうてき》** ある事柄が、法にかなっているさま。
7 **屠殺《とさつ》** 食肉用の家畜類を殺すこと。
7 **人《ひと》がよくて** 善良で、他人を疑うことがなくて。
8 **武装《ぶそう》** 戦闘のための武器を身につけること。
9 **襲撃《しゅうげき》** 不意に敵を攻撃すること。
9 **外套《がいとう》** 外出時に、防寒のために衣服の上に着る衣類。オーバー。コート。
9 **懲《こ》らしめようと** 悪いことをした者に制裁を加えて、二度と悪いことをしないようにさせようと。
12 **歓待《かんたい》** 喜んで、手厚くもてなすこと。
12 **交歓《こうかん》** 互いに打ち解けて楽しみながら交わること。
12 **贈与《ぞうよ》** お金や物などを贈り与えること。
12 **葛藤《かっとう》** ここでは、互いに対立し、憎み争うこと。また、相反する感情の間で迷う状態も表す。

**第三段落 教58ページ14行〜61ページ11行**

人間と動物との物語の重要な主題群の一つである異類婚姻譚は、純粋贈与とも言える無償の行為である。異類の者の行いは「恩返し」という「返済」ではなく新たな純粋贈与で、「贈与のリレー」というべき力がはたらいている。

**教59ページ**

1 **法外《ほうがい》** 常識の範囲を外れているさま。

1 **生起《せいき》** 現象や事件などが、現れ起こること。

類 発生

**3** **「純粋贈与《じゅんすいぞうよ》」と「贈与交換《ぞうよこうかん》」は、それぞれどのようなものか。**

**答** 「純粋贈与」とは、返礼を期待しない無条件の贈与。
「贈与交換」とは、贈与の前から返礼が義務的・儀礼的になされることが暗黙の前提となり、制度化されている交換。

3 **返礼《へんれい》** 他から受けた挨拶や贈り物に対して、挨拶や品物をお礼として返すことで、報いること。

4 **局面《きょくめん》** 物事の成り行き。ここでは、状況の意味。

4 **均衡《きんこう》** 二つ以上の物事の間のつり合いが取れていること。

5 **義務《ぎむ》** なすべき務め。

5 **儀礼《ぎれい》** 一定の形式にのっとった礼儀、礼法。

5 **暗黙《あんもく》** 言葉に出さず、黙っていること。

7 **受贈《じゅぞう》** 贈り物を受け取ること。

7 **サイクル** 周期。ここでは、贈与―受贈―返礼の義務が一定の周期で繰り返し起こることをいう。

7 **反復《はんぷく》** 何度も繰り返すこと。

8 **動的《どうてき》** 動きに富んでいるさま。また、変化・進展しつつあるさま。

対 **静的**

9 **冠婚葬祭《かんこんそうさい》** 成人式・結婚式・葬式・祖先の祭典。また、慣習として行われる慶弔の儀式。

12 **手《て》を差《さ》し伸《の》べる** 助力する。

14 **縁《えん》もゆかりもない** なんの関係もない。

15 **異邦人《いほうじん》** 異国の人。外国人。

16 **掟《おきて》** 守らなければならない決まり。

**教60ページ**

**4** **「前代未聞《ぜんだいみもん》の交通路《こうつうろ》が開《ひら》かれる。」とは、どういうことか。**

**答** 今までに誰もしたことのない、人間と動物の、境界を越えた交流が始まるということ。
「前代未聞」＝これまでに聞いたことがないような珍しいこと。

4 **慈悲《じひ》** いつくしみ、あわれむ心。

4 **無償《むしょう》** ある行為に対して報酬を求めないこと。

6 **はらむ** 中に含み持つ。

6 **過剰《かじょう》さ** 「過剰」は、必要以上に多いこと。「過剰さ」で、必要以上に多い状態を表す。

**5** **「なぜ無償性《むしょうせい》は過剰《かじょう》なのか。」という問いの答えは何か。**

**答** 人間と動物との間に引かれている境界線を乗り越えるには、自分の命を相手に差し出す必要があるが、その行為は、通常理解できないものであり、それが過剰なものと思われるから。

7 **限《かぎ》りある** ここでは、生命に限界があるということ。

8 **その日《ひ》** 自分が死ぬ日のことをさす。

15 **帯《お》びさえする** ある性質や傾向を持ちさえする。

16 **既成《きせい》** すでにでき上がっていること。

**17 越境《えっきょう》**　境界や国境を越えて他の領域や地域・国に入ること。

**教61ページ**

**2 譚《たん》**　物語。多くは「〜譚」の形で使う。

**2 報恩《ほうおん》**　恩に報いること。

**6**　**「初発《しょはつ》の一切《いっさい》の見返《みかえ》りを求《もと》めない純粋贈与《じゅんすいぞうよ》」とは、この場合何をさすか。**

**答**　民話「鶴女房」で、男が傷を負っていた鶴を助けたように、全くの慈悲による無償の行為。

「初発」＝物事のはじめ。

**3 なんの変哲《へんてつ》もない**　これといって変わったところがない。

**4 変質《へんしつ》**　物の性質が変わること。

**5 予期《よき》**　どうなるかを前もって予想し、期待すること。

**8 なそうとした**　行おうとした。

「なす」＝する・行うという意味。

**8 返済《へんさい》**　借りていた金銭や品物を返すこと。

**9 「贈与《ぞうよ》のリレー」**　ここでは、人間からの、慈悲による無償の行為という贈与を受けた異類の者が、自身も境界線を乗り越えるという自己の差し出しを行うことで、純粋贈与を引き継ぐこと。

**第四段落　教61ページ12行〜62ページ17行**

異類婚姻譚とは、高次の死の跳躍の物語、次元の異なる世界を貫く「贈与のリレー」の物語である。これは、恐ろしい物語であるとともに、自己を無際限に差し出す、この上なく美しい物語である。

**教61ページ**

**12 断絶《だんぜつ》**　これまでのつながりが絶えること。また、二つのものの結びつきを断ち切ること。ここでは、隔たりの意味。

**14 由来《ゆらい》する**　ある物事が何かに基づいて起こる。

**14 神道《しんとう》**　日本の伝統的な信仰。多神教で、祖先を尊ぶ宗教。

**14 生《い》きとし生《い》けるもの**　この世のすべての生き物。

**15 輪廻転生《りんねてんしょう》**　生あるものが、何度も生死を繰り返すこと。

**16 悉皆成仏《しっかいじょうぶつ》**　草木のように心を持たないものも含めて、万物が仏になること。

**教62ページ**

**4 とんでもないこと**　ここでは、人間と動物との境界線を越えることが、命を差し出す行為であることから、「とんでもない」という語にさらに傍点をつけて、その行為がいかに常識から外れたものであるかを強調している。

**10 アンデルセンの『人魚姫《にんぎょひめ》』がそうであるように**　『人魚姫』では、とある国の王子を助け、王子のそばにいたいと願った人魚の姫が、魔女に人間の姿にしてほしいと頼み、人間になることと引き換えに声を失う。さらに、王子が別の女性と結婚すれば、人魚の姫は海の泡となって消えるという条件も科される。

**11 代価《だいか》**　ある物事を成就させるために払うべき犠牲や損害。

**12 把握《はあく》**　物事を完全に理解すること。

**12 その意味《いみ》でも……異類《いるい》の者《もの》のほうがはるかに深《ふか》い**　初めに動物を助けた人間は、傷ついた動物を助けようとして境界線を越えただけで、他に代価を支払うようなことはないが、異類の者の行為は、本来の姿を捨てる、一度死ぬという法外な代価を支払うという点で、人間よりも多くの犠牲を払うことになる。

15 辞《じ》さない　ためらわない。

## 手引き

### 学習の手引き

**一　本文全体を、内容のまとまりから四つの段落に分け、各段落の位置づけを確認しよう。**

**考え方**　各段落の要旨は「段落ごとの大意」を参照。第一段落では、人が動物に関心を持つ理由を考察している。第二段落では、人間が動物という他者を必要としていることについて述べている。第三段落では、異類婚姻譚は純粋贈与・無償の行為であると述べている。第四段落では、異類婚姻譚は「贈与のリレー」であり、自己を無際限に差し出す美しい物語であると述べている。

**解答例**　段落の分け方は省略(「段落」参照)。位置づけは次のとおり。

第一段落…なぜ人間が動物に関心を持つのかという疑問とそれについての筆者の見解が示されている、起承転結の「起」の部分である。

第二段落…人間と動物との境界線に生じる諸相を描いた物語とともに、第一段落で示した理由について詳しく説明されている、「承」の部分である。

第三段落…第二段落で示された物語とは異なる異類婚姻譚をあげ、それが「純粋贈与」であることを説明している、「転」の部分である。

第四段落…第三段落で考察した異類婚姻譚について、「贈与のリレー」というべき、美しい物語であると結論づけている、「結」の部分である。

**二　本文で筆者は、異類婚姻譚に対する一般的な考え方に対して反論をしている。反論が書かれている形式段落を指摘し、要旨をまとめよう。**

**考え方**　「異類婚姻譚に対する一般的な考え方」が本文では、「人はこの事態をさして、……言う。」(六一・1)と述べられていることを押さえる。この考え方について筆者は、「なんの変哲もない単なる『交換』へと変質してしまう」(六一・3)、「贈与者の法外な行為の過剰さを見失う」(六一・4)、「むしろ新たな純粋贈与と解するべき」(六一・8)などと述べている。

**解答例**　筆者の反論は形式段落第十段落に書かれている。ここでは、異類の者の行いを「恩返し」であるとする一般的な考え方に対して、それでは単なる「交換」へと変質し、新たな贈与の力を生み出す無償の行為の過剰さを見失うことになるので、むしろ新たな純粋贈与と解するべきであると反論している。

**三　「異類婚姻譚というのは、……とても恐ろしい物語であるとともに、……この上なく美しい物語である。」(六三・13〜15)という筆者の主張を支える根拠にあたる部分を、本文中から探して内容を整理しよう。**

**考え方**　筆者は、「境界を越えて異類の者がやってくる」ことを「恐ろしい物語」といい、「自己を無際限に差し出す」ことを「この上なく美しい物語」であると考えている。この二点について述べている「異類婚姻譚とは、所属している世界から自分のものではない異なる世界へと、二つの異なる世界をまたぎ越す高次の死の跳躍の物語である。さらには次元の異なる世界を貫く『贈与のリレー』の物語だ。」(六二・6)の部分を押さえる。

**解答例**　筆者は、異類婚姻譚は、二つの異なる世界をまたぎ越す高次元の死の跳躍の物語であり、次元の異なる世界を貫く「贈与のリレー」の物語であると考えている。

## 活動の手引き

**一**　「異類婚姻譚では、仲間同士での結婚では描かれることのない、……『悲劇』が生まれることになる。」(六二・5〜6)とあるが、「異類婚姻譚」で描かれる「悲劇」にはどのようなものがあるかを調べ、文章にまとめて発表し合おう。

**考え方**　異類婚姻譚の「悲劇」の多くが、男に危機を救われた動物が人間の女性の姿になり、自らを助けた男の妻となるが、その後、夫となった男が女性との約束を破り、本来の姿を知られた女性が姿を消すという筋書きであることを押さえよう。

**解答例**　・魚の女房…捕りすぎた魚を海に返す心優しい漁師がいた。ある日、一人の女性がその漁師のもとを訪ね、頼み込んで漁師の女房にしてもらった。女房は、毎日おいしいみそ汁を作ったが、その作り方は絶対に教えようとしなかった。みそ汁の作り方をどうしても知りたくなった漁師がこっそりのぞき見をしたところ、女房の姿は魚となっていた。漁師に見られたことを知った女房は、「私はあなたに助けられた魚です。」と打ち明け、「でも、知られたからには、海に戻るしかありません。」と言って宝物の入った手箱を漁師に渡すと、海へと帰っていた。

## 言葉の手引き

**一**　次のかたかなを、送り仮名を含んだ漢字表記に改めよう。

1　落胆する友人をナグサメル。
2　運動をして身体をキタエル。
3　子供のカタワラで寄り添う動物。
4　悪党をコラシメル。
5　心をユサブル小説。
6　隣の学校は校則がユルイ。

**解答**　1　慰める　2　鍛える　3　傍ら　4　懲らしめる　5　揺さぶる　6　緩い

**二**　次の言葉を使って、短文を作ろう。

1　不可欠(五七・11)
2　法外な(五九・1)
3　縁もゆかりもない(五九・14)
4　なんの変哲もない(六一・3)
5　〜を(も)辞さない(六二・15)

**解答例**　1　水は人間が生きていくために不可欠なものだ。
2　法外な駐車料金を請求され、憤慨した。
3　彼とは同じ姓だが、縁もゆかりもない。
4　なんの変哲もない花瓶だが、私の一番のお気に入りだ。
5　退職も辞さない覚悟で、上司の意見に異を唱える。

論理研究

推論

# 推論とは何か

仲島《なかじま》ひとみ

教科書P.66～71

## ●要旨

根拠となる知識や証拠となる事実などの前提となる命題から結論を導き出す推論には、前提から結論まで一筋につながる強力な推論である演繹《えんえき》と、同種の事例を複数集めて一般化する帰納と、証拠と補助的な前提となる知識を用いて仮説を導き出す仮説形成の三種類がある。

## ●段落

本文は、内容に従って五つの段落に分けられる。

一　教P70・1～P70・3　前提から結論を導き出す推論
二　教P70・4～P70・13　演繹は強力な推論
三　教P70・14～P71・1　仮説を提示する帰納と仮説形成
四　教P71・2～P71・14　同種の事例を一般化する帰納
五　教P71・15～P71・19　補助的知識が必要な仮説形成

## 段落ごとの大意と語句の解説

**第一段落　教70ページ1行～70ページ3行**

根拠となる知識や証拠となる事実などから、「これが正しいならこれも言える」と考え得る結論を導き出すことを推論と言う。

**教70ページ**

1 **結論《けつろん》**　前提から導かれる判断。

1 **推論《すいろん》**　論理的に考えを進めて、まだわからない事柄を推し量り論じること。

1 **根拠《こんきょ》**　判断の理由・よりどころ。

1 **証拠《しょうこ》**　事の真偽を証明するよりどころとなるもの。

**第二段落　教70ページ4行～70ページ13行**

前提から結論まで一筋につながる、強力な推論のことを演繹という。情報量は少ないが、複数の前提を組み合わせて作業すれば、思わぬ結論にたどり着くことがある。

**教70ページ**

4 **個別《こべつ》ケース**　一つ一つの事例。

5 **一般論《いっぱんろん》**　特別な場合を考えに入れず、全体を同じように取り上げる議論。

6 **論理学《ろんりがく》**　正しい判断や認識を得るための、思考の形式や法則を研究する学問。

7 **数学の証明**《すうがくのしょうめい》 命題において、仮説から結論を論理的に導き出すこと。

8 **認**《みと》**めざるを得**《え》**ない** 認めないわけにはいかない。

11 **飛躍**《ひやく》 論理的な順序をふまないで、飛び越えてしまうこと。

**第三段落 教70ページ14行〜71ページ1行**

帰納と仮説形成は、証拠となる事実や前提となる知識をもとに、仮説を提示するもので、結論に唯一の正解があるとは限らない。

**教70ページ**

14 **必**《かなら》**ずしも〜** （下に「〜ない」などの否定表現を伴って）必ず〜なわけではない。〜とは限らない。

15 **仮説**《かせつ》 まだ経験的に確かめられていない事実を説明するために、仮に定めた仮定の理論。

15 **提示**《ていじ》 問題となる物事を特に取り上げて示すこと。

16 **唯一**《ゆいいつ》 ただ一つ。他にないこと。

**教71ページ**

1 **範疇**《はんちゅう》 分類や認識のもとになる根本的な枠組み。

**第四段落 教71ページ2行〜71ページ14行**

帰納は、同種の事例を複数集めて一般化するタイプの推論で、多くの場合、一般化して得られた仮説をもとに演繹し、物事を予測したり、仮説の妥当性を検証したりすることになる。

**教71ページ**

3 **妥当性**《だとうせい》 「妥当」は、判断や処置が道理によく当てはまっていること。

3 **検証**《けんしょう》 実際に調査し、証明すること。

7 **アルビノ** 生まれつき皮膚や髪の毛の色素が不足している人や動物。

8 **白化個体**《はくかこたい》 ここでは、「アルビノ」と同意。「個体」は、生物学の分野で、生存に必要な機能や構造を備えた、独立した一個の生物をさす。

8 **厳密**《げんみつ》 細部までよく注意して、手落ちのない様子。

8 **偽**《ぎ》 命題の内容が論理的に誤りであること。

**対** 真

9 **元**《もと》**アメリカ大統領**《だいとうりょう》**のビル・クリントン** 第四十二代アメリカ合衆国大統領。在任期間は一九九三年一月から二〇〇一年一月。

11 **リーズナブル** （値段などが）手ごろである様子。

13 **算段**《さんだん》 工夫して手段を考えること。

13 **こうやって** 「クリントン元大統領が訪れた店は安くてうまい」という仮説をもとに、安くてうまい店を見つけるために「都市名、クリントン」で検索して調べたことをさす。

**第五段落 教71ページ15行〜71ページ19行**

仮説形成は、証拠と補助的な前提となる知識を用いて、証拠をうまく説明できるような仮説を結論として導き出す推論である。

**教71ページ**

16 **補助的**《ほじょてき》 「補助」は、足りないところを補って助けること。

16 **動員**《どういん》 ある目的のために、多くの人や物を集めること。

推論

# 帰納法のワナ——一般化に対する疑問

谷岡《たにおか》一郎《いちろう》

教科書P.72～78

## ●要旨

真実であることを説明したり、証明したりすることは困難である。科学者たちは、帰納法と演繹法を組み合わせて、数々の理論や事象を説明してきた。しかし、こうして一般化された理論でさえも、絶対に正しいということを証明する方法論は存在しておらず、長い間否定されなかった分真実である可能性の高まった命題であるにすぎないのである。

## ●段落

本文は、内容に従って六つの段落に分けられる。

一 教P72・1～P72・12 真実とは何かを証明することは困難
二 教P72・13～P73・14 存在しないものが見えること
三 教P73・15～P74・16 理論の整合性を調べる方法
四 教P74・17～P76・4 理論が一般化されるプロセス
五 教P76・5～P77・3 相対性理論が一般化されるまで
六 教P77・4～P77・14 一般化された理論とは

## 段落ごとの大意と語句の解説

**第一段落 教72ページ1行～72ページ12行**

経験的に本人には真実であるとわかっていても、それを正しく説明したり、証明したりすることは難しいものである。

**教72ページ**

1 **定義**《ていぎ》 物事の意味や内容を明確に限定すること。
1 **事実**《じじつ》 実際に起こった事柄。現実に存在すること。
1 **自然科学**《しぜんかがく》 自然現象を研究対象とする学問の総称。
2 **社会科学**《しゃかいかがく》 人間社会に起こる諸現象を研究対象とする科学の総称。
4 **提起**《ていき》 問題などを提出すること。
5 **証明**《しょうめい》 正しいことを、根拠をあげて明らかにすること。
7 **現実**《げんじつ》 頭の中で考えるだけでなく、現にあるもの。
7 **経験**《けいけん》 実際に自分で行ったり見たり聞いたりすること。
7 **トートロジー** 同じような意味の言葉を繰り返しているだけで、説明になっていなかったり、新しい内容がなかったりすること。同語反復。
8 **むろん** 言うまでもなく。もちろん。
10 **してみると** 先に述べた事柄から判断すると。そうだとすると。
10 **いかに** どんなに。どれほど。
10 **この問題**《もんだい》 今、自分は夢を見ていないのだ、現実の空間にいるのだと証明できるかどうかということ。
10 **哲学**《てつがく》 宇宙・世界・人生などの根本原理を思索によって探究する学問。

11 **古典的《こてんてき》**　ここでは、古くからあるさま。

**第二段落　教72ページ13行～73ページ14行**

「信じたい」という思いが強ければ、自然科学の分野でさえ、存在しない物が見えてしまうことがある。

**教72ページ**

13 **ひらめき**　勘などが鋭くはたらくこと。
14 **過信《かしん》**　信用、信頼しすぎること。自信を持ちすぎること。
14 **惚《ほ》れ込《こ》んで**　心の底から夢中になり。
15 **恋《こい》は盲目《もうもく》**　恋をすると理性や分別を失うことを言い表した言葉。

**教73ページ**

2 **運河《うんが》**　主に船を通すために、人工的に造った水路。
3 **知的生命《ちてきせいめい》**　知性を持つ生命体。
3 **示唆《しさ》**　それとなくほのめかして示すこと。
5 **オーソン・ウェルズによる『火星人襲来《かせいじんしゅうらい》』というラジオ放送《ほうそう》**
一九三八年十月三十日、アメリカのラジオ番組の中で放送された。音楽中継の途中で、アメリカのとある地方に火星人が襲来したとの緊急ニュースが報じられたというもので、アメリカ各地でパニックが起こったと長年語られてきたが、近年、パニック現象が起こったという主張は否定されている。
6 **フィクション**　虚構。作り話。
**対**　**ノンフィクション**
6 **勘違《かんちが》い**　思い違い。
6 **パニック**　災害などが発生したときに起こる集団的混乱。
6 **陥《おちい》った**　はまり込んだ。

8 **権威《けんい》**　ある分野で極めて高い信頼性があること。
9 **追試《ついし》**　実験から導き出された結論を、同一の実験によって検証すること。
13 **目《め》を凝《こ》らした**　見ることに集中した。
14 **「裸《はだか》の王様《おうさま》の服《ふく》」**　「裸の王様」は、デンマークの童話作家アンデルセンが一八三七年に発表した童話。仕立て屋にばか者には見えない衣装だと言われ、裸で町を歩いた王様に、子どもが真実を指摘した物語。

**第三段落　教73ページ15行～74ページ16行**

「理論」と「現実社会の実態」との整合性を調べる方法には、「演繹法」と「帰納法」の二つがあるが、世の中での事実認定のプロセスは、帰納法と演繹法が交互に組み合わさって起こるものだ。

**教73ページ**

15 **プロセス**　過程。経過。手続き。
16 **理論《りろん》**　原理や原則に基づいて、筋道を立ててまとめられた知識や考え。
16 **実態《じったい》**　実際の状態。
16 **整合性《せいごうせい》**　きちんと合っていて、矛盾がないさま。
17 **合致《がっち》**　ぴったり合うこと。
18 **矛盾《むじゅん》**　論理的に、二つの物事のつじつまが合わないこと。
18 **華麗《かれい》**　華やかで美しいこと。
18 **構築《こうちく》**　ここでは、理論や体系を構成すること。

**教74ページ**

1 **一義的《いちぎてき》** もっとも根本的な意義であるさま。

3 **アプローチ** 学問や研究で、一定の対象に迫ること。また、その方法。

6 **もっともらしい** いかにも道理にかなっているさま。

7 **本能的《ほんのうてき》** 生まれつきの性質や能力であるさま。

8 **こじつけた** 関連のないことを、無理に理屈をつけて結びつけようとした。

9 **見解《けんかい》** ある物事についての価値判断や評価。

**第四段落 教74ページ17行〜76ページ4行**

地動説をもとに、たくさんの科学者が観察と推論を繰り返した。そして、ニュートンがそれらをふまえた自身の力学理論でさまざまな事象を説明したうえに、将来に対する予測もなしえたことで、その理論は「一般化」された。

**教74ページ**

17 **コペルニクス** 一四七三〜一五四三年、ポーランドの天文学者。

17 **提唱《ていしょう》** 意見や主義などを他人に説き、呼びかけること。

**教75ページ**

1 **転回《てんかい》** ぐるりと回るように方向が大きく変わること。

2 **カント哲学派《てつがくは》** 十八世紀のドイツの哲学者であるイマヌエル・カントの学説を支持する学派。

3 **唱《とな》えられた** 主張された。

4 **前提《ぜんてい》** ある物事が成り立つための基礎となる条件。

6 **フェニキア人《じん》やバイキングたち** 「フェニキア人」は、地中海東部、シリア沿岸地方にシドン・ティルスなどの都市国家を作り、地中海貿易を独占した民族。「バイキング」は、八世紀から十一世紀にかけて、ヨーロッパ各地を侵略したゲルマン民族の一支族であるノルマン人の異称。

9 **ガリレオ・ガリレイ** 一五六四〜一六四二年。イタリアの物理学者・天文学者。

9 **ヨハネス・ケプラー** 一五七一〜一六三〇年。ドイツの天文学者。

10 **試行錯誤《しこうさくご》** いろいろな試みを繰り返して、失敗を重ねながら目的に到達する方法。

10 **アイザック・ニュートン** 一六四二〜一七二七年。イギリスの科学者。

12 **事象《じしょう》** 事物の現象。

13 **万有引力《ばんゆういんりょく》を含《ふく》む力学理論《りきがくりろん》** 万有引力は、質量を有するすべての物体の間にはたらく、引き合う力。

13 **因果律《いんがりつ》** すべての事物・事象は、必ず原因があって生じ、存在するものだという法則。

14 **エレガント** 優雅なさま。

14 **のみならず** それればかりでなく。

17 **日蝕《にっしょく》や月蝕《げっしょく》** 「日蝕」は、月が太陽と地球の間に入って太陽光線を遮り、太陽の一部または全部を覆い隠す現象。「月蝕」は、太陽と月との間に地球が入って一直線に並び、太陽の光を遮るため、満月の一部または全部が地球の陰に隠れる現象。

17 **放物線軌道《ほうぶつせんきどう》** 「放物線」は、斜めに投げ上げた物が落ちるまでに描く曲線。「軌道」は、物体が運動する道筋のこと。

17 **推力《すいりょく》** 物体を運動している方向に進める力。

17 無重力《むじゅうりょく》 重力の作用がなく、重さが感じられないこと。

18 補強《ほきょう》 弱い部分を補い、強くすること。

**教76ページ**

1 **アダムスとルヴェリエ** アダムス（一八一九〜一八九二年）は、イギリスの数学者・天文学者。ルヴェリエ（一八一一〜一八七七年）は、フランスの数学者・天文学者。

**第五段落 教76ページ5行〜77ページ3行**

ニュートン力学で生じた矛盾は、アインシュタインの一般相対性理論という新たなパラダイム・シフトによって解決され、それが正しい事実（理論）として一般化された。

**教76ページ**

9 **衛星《えいせい》** 惑星の周りを公転する天体。

10 **追究《ついきゅう》** 学問・真理などを探り、明らかにしようとすること。

12 **疑問符《ぎもんふ》がつきます** 「疑問符がつく」は、〃疑義が生じる・疑問に思われる〃といった意味合いで使われる言い回し。

13 **アルバート・アインシュタイン** 一八七九〜一九五五年。ドイツ生まれの理論物理学者。

13 **一般相対性理論《いっぱんそうたいせいりろん》** アインシュタインが発表した、時間と空間に関する理論。

14 **突飛《とっぴ》** 常識を超えていて、変わっているさま。

17 **皆既日蝕《かいきにっしょく》** 日蝕で太陽が月に完全に覆われる現象。

**教77ページ**

1 **精密《せいみつ》** 詳しくて細かいさま。

2 **確固《かっこ》たる** しっかりして動かない。

**第六段落 教77ページ4行〜77ページ14行**

一般化された理論とは、間違っていることを証明されなかった分、真実である可能性の高まった命題（仮説）であるにすぎない。

**教77ページ**

7 **カール・ポパー** 一九〇二〜一九九四年。オーストリア出身のイギリスの哲学者。

## 活動の手引き

**一 『推論とは何か』を読み、演繹と帰納と仮説形成という三つの推論の違いについてまとめた次の文章の空欄1〜3に当てはまる内容を書き、それぞれの推論の妥当性を検討しよう。**

［演繹］ ある前提を認めると、前提から導かれる結論も認められる。
例：鳥は卵を産む。［1］。よって、ダチョウは卵を産むと言える。

［帰納］ 特定の現象や事例を複数集め、一般化する。
例：鳥であるツバメは空を飛ぶ。鳥であるカラスは空を飛ぶ。鳥であるインコは空を飛ぶ。よって［2］と言える。

［仮説形成］ 補助的な前提を用いて、特定の現象や事例を説明するための仮説を導く。
例：コーヒーを飲んだら眠くなくなった。［3］という前提となる知識がある。ということは、コーヒーにはカフェインが含まれているにちがいない。

**考え方** 1 「ダチョウは卵を産む」という事柄が「結論」である。すでに「鳥は卵を産む」という前提は明らかになっているので、結論を導き出すためには、ダチョウと鳥の関係を示す必要がある。

2 「鳥であるツバメは空を飛ぶ」、「鳥であるカラスは空を飛ぶ」、「鳥であるインコは空を飛ぶ」という三つの事例に共通する仮説を考える。

3 「コーヒーを飲んだら眠くなった」というのが、目の前の事実であり、「コーヒーにはカフェインが含まれているにちがいない」というのが仮説にあたる。この仮説を成立させるためには、カフェインと眠気との関係についての補助的な知識が必要となる。

**解答例** 1 ダチョウは鳥である

2 鳥は空を飛ぶ

3 カフェインを摂取すると眠くなくなる

## 二 『帰納法のワナ──一般化に対する疑問』を読み、次の点を整理しよう。

1 「あなたは、今、夢を見ていないのだと証明できるでしょうか。」(七三・5)という問いかけは、どういうことを述べるために提示されているのか。

2 ローウェルによる火星の運河発見と「N線事件」の二つの事例は、「あなたは、今、夢を見ていないのだと証明できるでしょうか。」という問いかけと、どのような点で共通しているか。

**考え方** 1 この問いかけについて筆者は、次の形式段落の後半で、「経験的に本人には真実であることがわかっていたとしても、それを正しく説明したり、証明したりするということは別の問題なのだ」と述べている。つまり、自分は「夢を見ていないのだ」と思っていても、他者に理解してもらうためにそれを正しく説明したり、証明したりすることは困難だということを示していると考えられる。

2 ローウェルによる火星の運河発見の事例と「N線事件」の事例は、どちらも、学者が「自分のひらめきに惚れ込んでしま」い、「存在しないものすら見えてしま」った実例としてあげられている。つまり、正しく説明したり、証明したりするということができなかった事例として提示されている。

**解答例** 1 自分が真実だと思っている事柄を他人に理解してもらうためにそれを説明したり、証明したりすることは困難だということを述べている。

2 経験的にどう考えても真実であると思えることも、思い込みであり誤りである可能性が残る、という点で共通している。

## 三 次の推論は誤っている。誤っている部分を指摘し、どういう点で誤っているか考えよう。

・私は早起きである。私は野球部員である。よって野球部員は早起きであると言える。

**考え方** 例文は演繹だが、「野球部員が早起きである」という結論を導き出すのに、前提が「私」について述べたものだけでは、他の野球部員が早起きでない場合を考えると、結論を認めることができない。

**解答例** 前提が「私」にしか言及していないので、野球部員全員が早起きであるという結論は正しいとは言えない。

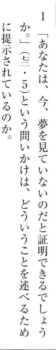

評論㈣

# 働かないアリに意義がある

長谷川《はせがわ》英祐《えいすけ》

教科書P.80〜87

## ●学習のねらい

アリの生態の紹介から人間社会の問題点へと展開する論の構造を読み取り、筆者の主張を理解する。

## ●要旨

何年もコロニーが続くムシの社会では、メンバーがいっせいに働く集団であると、全員が同時に疲れてコロニーが消滅してしまう。コロニーが存続するためには、メンバーの中に規格外のものがいることが必要で、働かないアリは変化に対応するための余力として存在し、状況に応じて活動する。このシステムがムシたちの用意した進化の答えであった。現在のヒトの社会では、効率のよさ、能力の高さを求めて余裕が失われているが、大学の研究も例外ではない。しかし、基礎的研究を行い、技術に応用できる新しい知識を見つけるシードバンクとしての機能は、大学の社会的役割の一つである。何の役に立つのかわからない研究も、人間社会全体のリスクヘッジから見ると意味のあることなのである。

## ●段落

本文は論の展開によって、四つの段落に分けられる。

一　教P80・1〜P82・2　労働頻度と寿命の関係性
二　教P82・3〜P84・6　働かないものの存在意義
三　教P84・7〜P85・6　ムシたちの採用するシステム
四　教P85・7〜P86・9　余裕のない人間社会と大学の役割

## 段落ごとの大意と語句の解説

第一段落　教80ページ1行〜82ページ2行

ミツバチやアリのようにコロニーが長く続く種類では、女王がワーカーに比べて長生きで、働いてばかりいるワーカーは早く死ぬようだ。ハウス栽培で受粉に使われたミツバチは、過剰労働で寿命が縮むらしく、数が足りなくなり、コロニーが壊滅する。動物は動くと疲れて仕事の能率も落ちる。しかし、これまでアリやハチの疲労が分業や労働パターンに与える影響を考えた研究はなかった。

**教80ページ**

6 **ワーカー個々《ここ》の寿命《じゅみょう》の違《ちが》いと労働《ろうどう》の量《りょう》を関連《かんれん》づけて調《しら》べた研究《けんきゅう》がなく**　あとの「疲労が分業や労働パターンに与える影響を考えた研究」（教81ページ17行）もないのと同様、ミツバチやアリの寿命と労働に関連する研究が少ないことをあげて残念がっている。

7 **経験的《けいけんてき》な例《れい》から、……推察《すいさつ》されています**　正確なデータはないけれど、経験したことから推察されている。

12 **散発的《さんぱつてき》**　まばらなさま。

**教81ページ**

1 **過剰《かじょう》**　度を過ぎて多いこと。

2 **補充《ほじゅう》**　不足を補い満たすこと。

3 **壊滅《かいめつ》**　組織などが崩れて滅びること。

**1** **「労働頻度《ろうどうひんど》と寿命《じゅみょう》の間《あいだ》」の関係とは、どういう関係か。**

**答**　ミツバチやアリの女王は、働いてばかりのワーカーに比べ長生きするというように、労働の軽重が個体の寿命に影響を及ぼす関係。

8 **収縮《しゅうしゅく》する**　ちぢまる。

8 **分解《ぶんかい》される**　乳酸が分解されれば疲労は溜《た》まらずにすむ。

11 **宿命《しゅくめい》**　生まれる前から定まっている運命。

14 **乳酸量《にゅうさんりょう》が増《ふ》えていく**　たくさん羽ばたかせるほど労働量が増えて乳酸が溜まり、ハチは疲れるのである。

17 **動物《どうぶつ》の宿命《しゅくめい》である疲労《ひろう》**　植物と違って動物は動くので乳酸が溜まって疲れる、という意味。

17 **今《いま》までありませんでした**　疲労が動物に与える影響についての研究がない理由を、「きっと機械のように動くムシたちも疲れるなど、想像できなかったのではないでしょうか。」（教82ページ17行）と推測している。

**第二段落　教82ページ3行～84ページ6行**

個体の疲労とコロニー維持の関係に注目した実験をした。メンバーの反応閾値《いきち》が同じで、仕事があれば全員が働くシステムと、反応閾値が異なり、働かない個体のいるシステムでは、疲労の有無で労働効率がどう違うかを比較した。その結果、全員が働くシステムのほうが労働効率はいいが、そこに仕事が一定期間以上処理されないとコロニーが死滅するという条件を加えると、働かないもののいるほうが、コロニーが長く存続することがわかった。これは、反応閾値が異なると、働いていたものが疲れたとき、今まで働けなかった個体が働き始め、誰も働けない時間ができないからだ。つまり、働かない働きアリが、コロニーの存続に関わる重要な存在なのである。

**教82ページ**

3 **維持《いじ》**　物事をそのままの状態で保ち続けること。

8 **反応閾値《はんのういきち》が個体《こたい》ごとに異《こと》なっていて**　働き始める条件が一匹一匹でみな違っているので、働くアリもいるが、同じ条件では働かないアリもいるのである。

11 **こうしたこと**　メンバーの条件の異なる二つのシステムで、労働効率の比較と、コロニーの存続時間を比較すること。

11 **仮想《かそう》の人工生命《じんこうせいめい》**　仮に想定された、コンピュータ上の生命。

12プログラムした　ここでは、コンピュータに設定した、の意。

12シミュレーション　模擬実験。現実に想定される条件を備えた、実際に近い状況をつくり出すこと。

13単位時間《たんいじかん》　比較するときの基準になる一定の時間の長さ。

15労働効率《ろうどうこうりつ》　実際にした仕事の量と、それに供給したエネルギーとの比率。一定の時間内での仕事のはかどり方。

16死滅《しめつ》する　死に絶える。残らず死んで滅びる。

**教83ページ**

2ダメージを与《あた》える　損害を与える。痛手となる。

2この仮定《かてい》　仕事が一定期間以上処理されない場合はコロニーが死滅するという条件を表す。

4そうなる　働かないものがいるシステムのほうが、コロニーが長い時間存続する。

13非効率的《ひこうりつてき》なシステム　効率のよくない組織。ここでは、働けない個体を含むコロニーをさす。

17ただ乗《の》り　料金を払わずに乗車すること。転じて、対価を払わずに他人のはたらきによる利益を享受すること。ここでは、何もしないでコロニーに加えてもらっている、の意。

**教84ページ**

1「働《はたら》きたいのに働《はたら》けない」　働こうとする意欲はあるのだが、疲労のためにそれがかなわない状態。

2有能《ゆうのう》　役に立つこと。能力のあること。

2先《さき》を越《こ》されてしまう　自分より先に、他者に行われてしまう。「先を越す」＝相手より先に行う。先手を打つ。

4そういう結果《けっか》　働かないアリは、コロニーを存続させるのに欠かせない存在だということ。

6存在意義《そんざいいぎ》　存在する意味。働かないアリがコロニーにいる意味。

**第三段落　教84ページ7行～85ページ6行**

ムシの社会がうまくいくためには、メンバーに個性が必要である。それは能力の高さではなく、状況の変化に応じる「余力」を意味する。働かないアリも働く意欲は持っており、状況が整えば働くことができるのだ。そういう規格外のものを抱え込んだ、効率の低いシステムを採用していることが、ムシたちの用意した進化の答えである。

**教84ページ**

7指令系統《しれいけいとう》　上級機関から下級機関への指揮命令を伝えるしくみ。

**2**　ここでの「おもしろい」とは、どういう意味か。

**答**　求められているものが能力の高さではなく、多様性であることが興味深いという意味。

13規格品《きかくひん》　定められた基準に従って作られた品物。

16刻々《こっこく》と変《か》わる状況《じょうきょう》　物事の様子が絶え間なく変化すること。

17余力《よりょく》　あまっている力。ゆとり。

**教85ページ**

2「働《はたら》きたくないから働《はたら》かない」わけではない　前の「働きたいのに働けない」（教84ページ1行）と同義。反応閾値が異なるメンバーと同じようには働けないのである。

5規格外《きかくがい》　基準から外れていること。

6 **進化《しんか》の答《こた》え**　ムシたちがつくり出した、生きのびるための方法のこと。

**第四段落　教85ページ7行〜86ページ9行**
ヒトの社会では、企業は効率のよさを追求しているが、余裕を失った組織がどのような結末に至るかは自明であろう。大学でも近年は役に立つ研究が求められるが、基礎的な研究を行い、技術に応用可能な知識を見つけるというシードバンクとしての機能は、大学の社会的役割の一つである。今は何の役に立つのかわからないさまざまなことを調べておくことは、人間社会全体の危機を回避するという観点から見て意味のあることである。

**教85ページ**

10 **尻《しり》をたたかれ続《つづ》けている**　するように要求され続けている。
「尻をたたく」＝やる気を起こすように励ます。催促する。

11 **その傾向《けいこう》に拍車《はくしゃ》をかけています**　組織のために最大限の能力を出すように要求される傾向を一段と強めている。
「拍車をかける」＝物事の進行にいっそう力を加える。

**3** **「自明《じめい》のこと」とは、どのような結末に対して述べたものか。**

**答**　人間の平均的能力はいつの時代もあまり変わらないにもかかわらず、効率のよさを追求し、各人が最大限の能力を出すことを求められた結果、その組織が余裕を失って機能不全に陥る、という結末。

**4** **「プリオン」の研究の例は、何を示すために提示されているか。**

**答**　その時点では何の役に立つかわからない「プリオン」に対して行っていた基礎的研究が、のちに狂牛病が現れたときに役に立った。このプリオンの例は、今は何の役に立つかわからない研究は、人間社会のリスクヘッジの観点から見ても意味あることだということの論拠を示すために提示されている。

**教86ページ**

4 **言《い》い換《か》えれば**　狂牛病が現れたとき、少数の基礎研究者たちが見つけておいた知識が役に立ったという具体例を、このあとで一般論として言い換えている。

7 **そういう「有用作物《ゆうようさくもつ》の候補《こうほ》の苗床《なえどこ》」**　今は何の役に立つかわからないものを、将来起こるかもしれない危機への備えとして保存し研究する機関、という意味。

# 手引き

## 学習の手引き

**一　本文全体を四つの段落に分け、次のことを考えよう。**

1 文章がどのように展開しているか、構造を把握しよう。

2 この文章で筆者が最も述べたいことは何か、まとめてみよう。

**解答例**　1 段落の分け方は省略（「段落」を参照）。
第一段落…ハチやアリにも「過労死」と呼べる現象があり、過剰労働の環境では、そのコロニーが壊滅しさえもするという話題を提示している。

第二段落…第一段落で提示した話題を受け、ムシの個体の疲労とコロニー維持の関係についての実験結果から、働かないものに存在意義を見いだしたという結論を導き出し、第一段落の話題を発展させている。

第三段落…第二段落までで導き出した結論を、ムシの社会の用意した進化の答えであるとしてまとめている。

第四段落…第三段落でムシの社会についての述べたシステムをヒトの社会に照らし合わせて考察し、本文の主題となる筆者の考えを述べている。

2 効率重視の社会では余裕がなくなり、社会がうまく回らなくなる。大学でも近年は役に立つ研究が求められるが、本来大学の社会的役割の一つは、基礎的な研究を行い、技術に応用可能な新しい知識を見つけるというシードバンクとしての機能であり、今は何の役に立つかわからないさまざまなことを調べておくことは、人間社会全体のリスクヘッジの観点から見ても意味のあることだ。

**二** **「個体の疲労とコロニー維持の関係に注目した実験」**（八二・3）**の結果、筆者は「働かない働きアリは、……きわめて重要な存在だと言えるのです。」**（八三・15〜16）**と結論づけている。実験内容と結果を表形式でまとめ、筆者がこの結論に至った論理の展開を整理しよう。**

**考え方** 筆者は、まず次の二つの状況で実験をしている。

・「コロニーメンバーの反応閾値がみな同じで、刺激（仕事）があれば全個体がいっせいに働いてしまうシステム」（八二・7）

・「反応閾値が個体ごとに異なっていて、働かない個体が必ず出てくるシステム」（八二・8）

この二つの状況下における「疲労のあるときとないときの労働効率」「コロニーの存続時間」を比較し、「その結果、……みんながいっせいに働くほうが常に労働効率はいい」という結果を出している。

その後、「仕事が一定期間以上処理されない場合はコロニーが死滅する、という条件」を加えた実験では、逆に「働かないものがいるシステムのほうが、コロニーは平均して長い時間存続する」という結果になっている。まずは、ここまでの内容を、実験内容と結果の項目に分けて表に整理しよう。

実験結果を受け、筆者は「なぜそうなるのか」（八三・4）の段落で実験結果の理由を考察し、「つまり」（八三・13）で始まる一文でその考察の結果を述べ、「働かない働きアリは、……きわめて重要な存在だと言えるのです。」と結論づけている。

**三** **「働かない働きアリ」と『シードバンク（苗床）としての』大学」の役割にはどのような共通点があるか、説明してみよう。**

**解答例** 一見何の役にも立たないように見えるが、実は社会全体の備えとして存在し、全体の危機を救うという余力としてのはたらきをする点。

**四** **「翻ってヒトの社会ではどうでしょうか。」**（八五・7）**以下の文章があることによってどのような効果が生じているか、説明してみよう。**

**解答例** ムシの社会について考察して得た「働かない働きアリは、……きわめて重要な存在だと言える」（八三・15〜16）という結論から得た視点によってヒトの社会を考察するという筆者の意図が明確になり、筆者の言いたいことがこれ以降に書かれていることを示唆し、理解しやすくする効果。

## 活動の手引き

**一 筆者の主張をふまえ、さまざまな個性を持った人たちが集まる組織を運営していくにはどうすればよいかを考え、自分の主張が的確に伝わるように工夫しながら文章にまとめよう。**

考え方 筆者は、役に立たないと思えるものでも、組織や社会ではそれが重要な役割を果たしている、と考えている。それをふまえ、組織をどう運営すればよいかを考えよう。自分の主張については、「非効率的なシステムでこそ、長期的な存続が可能」(八三・13)など、筆者が述べていることを根拠にあげて述べると、自分の言いたいことが的確に伝わるようになる。

## 言葉の手引き

**一 次のかたかなを漢字に改めよう。**

1 カジョウ労働が寿命を縮める。
2 商品をホジュウする。
3 筋センイを伸び縮みさせる。
4 チメイ的な傷を負う。

解答 1 過剰 2 補充 3 繊維 4 致命

**二 次の傍線部を読み分けよう。**

1 逃れる・逃げる 2 怠ける・怠る
3 優れる・優しい 4 担う・担ぐ

解答 1 のが・に 2 なま・おこた 3 すぐ・やさ 4 にな・かつ

**三 次の慣用表現の意味を調べ、それぞれを使って短文を作ろう。**

1 尻をたたく(八五・10)
2 拍車をかける(八五・11)

解答例 意味…省略(「語句の解説」を参照)
短文…1 夏休みの宿題をため込んでいる妹の尻をたたいて、宿題をやらせる。
2 憧れの人からの励ましの言葉が、兄のやる気に拍車をかけた。

**四 次の点から受ける印象とその効果を考えてみよう。**

1 「つまり」「言い換えれば」などの言い換え表現が多用されている点。
2 「しかし、しかしです」(八二・16)、「重要なのは」(八三・17)、「何度でも強調したいのは」(八五・2)などの表現が使われている点。

解答例 1 それまでの説明を言い換えて表現することで、筆者が読み手に納得してもらおうとしていることを印象づけるとともに、文脈を整理する効果がある。
2 強調する表現によって読者の注意を引き、筆者が訴えたいことがここに述べられているということを読者にわかりやすく示すという効果がある。

# AI時代の社会と法

小塚《こづか》荘《そう》一《いち》郎《ろう》

教科書P.89〜97

## ●学習のねらい

AI（人工知能）の発展がもたらす社会と法の関係の変化を把握し、今日的な問題意識を持つ。

## ●要旨

具体的な状況に適用して結論を導く筋道としてのルールを定めている法は、技術の進歩によって社会が変化すると、新しく発生してくる問題に対して、適切な解決を導き出すための枠組みを用意しなければならなくなる。テクノロジーの進化が経済活動を変革すると、企業と国家の関係も変革が続き、パワー・バランスも新たな展開を見せるであろう。

## ●段落

本文は、内容に従って、五つの段落に分けられる。

一　教P89・1〜P90・9　AI開発における「トロッコ問題」
二　教P90・10〜P92・4　法が持っている本来的な性質
三　教P92・5〜P93・8　技術の進化・社会の変化と法の変革
四　教P93・9〜P95・10　AIの進化がもたらす三つの変化
五　教P95・11〜P96・3　企業と国家のパワー・バランスの変化

## 段落ごとの大意と語句の解説

**第一段落　教89ページ1行〜90ページ9行**

「トロッコ問題」で五人を犠牲にする事態を回避し、一人が犠牲になる選択をするという結論に、一般的には異論は出ないが、AIを開発するエンジニアにとってこれは、単なる哲学上の問いかけでは終わらない問題である。結果的に、一人が亡くなることを許容するようなプログラムを書いてよいか、決めなければならないからである。

**教89ページ**

1 **いわゆる**　世の中で一般に言うところの。

2 **困難**《こんなん》　行ったり、解決したりすることが難しいこと。
　対 容易
　類 難儀

2 **提起**《ていき》　問題などを提出すること。

6 **枝線**《えだせん》　鉄道で、本線から分かれた線。支線。

**教90ページ**

2 **前提**《ぜんてい》　ある物事が成り立つための基礎となる条件。

3 **人工妊娠中絶**《じんこうにんしんちゅうぜつ》　人の手によって妊娠を中断させること。

3 **考察**《こうさつ》　物事の真理や本質を明らかにするため、深く考えること。

5 **異論《いろん》を唱《とな》える**　人と異なる意見や論を示すこと。

6 **従事《じゅうじ》**　その仕事に携わること。

6 **エンジニア**　技術者。技師。

**1** **「単《たん》なる哲学上《てつがくじょう》の問《と》いかけでは終《お》わらない。」とあるが、それはなぜか。**

**答**　ＡＩの開発に従事するエンジニアは、一人の人が亡くなることを許容するプログラムを書くべきか否かを、自身が決めなくてはならないから。

7 **直面《ちょくめん》**　ある物事に直接に対すること。

8 **許容《きょよう》**　許して認めること。

8 **プログラム**　コンピュータに処理させるために、手順や方法をコンピュータのわかる言葉で書いたもの。

**第二段落　教90ページ10行〜92ページ4行**

社会の中の制度である法は、具体的な状況に適用して結論を導く筋道としてのルールを定めている。それは、技術がどのように発展しても、どのような想定外の事態が出現しても、社会の中で納得されるような解決を導くための、法の本来的な性質である。

**教90ページ**

10 **不幸《ふこう》にして**　残念なことに。

11 **回避《かいひ》**　避けること。

13 **追及《ついきゅう》**　責任や原因などを問い詰めること。

14 **あらかじめ**　あることが起こる以前に。

**教91ページ**

2 **義務《ぎむ》**　しなくてはならない事柄。

4 **安全措置《あんぜんそち》を講《こう》じて**　安全を確保するために、適切な手段や方法を考え、それを実行して。

5 **機器《きき》**　機械・器械・器具をまとめていう言葉。

**2** **「社会通念《しゃかいつうねん》に照《て》らして」とあるが、社会一般ではどのような考え方がされるのか。**

**答**　トロッコのように、人や物を載せて動く車両には、ブレーキをつけるべきである。

「社会通念」＝社会一般に通用している考えや判断。

「照らして」＝ここでは、社会通念を基準に判断して。

6 **欠陥《けっかん》**　構造上や機能上、欠けている部分や不備な点があること。

6 **製造物責任《せいぞうぶつせきにん》**　製造した物に対して責任を負うこと。

8 **すでに指摘《してき》したとおり**　89ページ1行目から3行目までの、「『トロッコ問題』とは、もともとは解決が困難な哲学上の問題として提起された」の部分を指す。

9 **極限的《きょくげんてき》**　極限は、物事の行きつく限界ぎりぎりのところ。

10 **意義《いぎ》**　意味。

11 **特定《とくてい》**　特に定まっていること。

11 **当事者《とうじしゃ》**　その事柄に直接関係する人。

12 **事例《じれい》**　事件や事柄の実例。

13 **メーカー**　製造業者。

**対** **ユーザー**

13 **行政《ぎょうせい》**　立法・司法と並ぶ国家統治の作用。法に従って国を治めること。

15 **損害賠償《そんがいばいしょう》** 不法行為や債務不履行などの事由に基づいて、損害が発生した場合に、損害を補塡して、損害がなかった状態と同じにすること。

15 **適用《てきよう》** 当てはめて用いること。

**教92ページ**

1 **シンプル** 無駄がない様子。単純な様子。

3 **想定外《そうていがい》** 仮にこうであると考えることができる範囲を超えていること。

**3** **ここで言う「法《ほう》が持《も》っている本来的《ほんらいてき》な性質《せいしつ》」とは、どのようなものか。**

**答** 具体的な状況の中で、特定の当事者に関して議論し、結論を導く筋道としてのルールを定めているというもの。

「本来的」＝もともとそうであるさま。

**第三段落　教92ページ5行～93ページ8行**

技術の進歩が社会の変化につながると、法律上の問題も、種類や内容が変わってくる。法が社会の変革に追いつくためには、テクノロジーの進化の社会の変化への影響を理解し、社会の変化が現在の法的な枠組みでは受け止められない問題を発生させているのではないか、を考える必要がある。このように考えることで、法が変革を迫られている問題点が明らかになってくる。

**教92ページ**

6 **単《たん》に** ただ。（下に、「のみ」「だけ」「ばかり」や、打ち消しの語がくることが多い。）

7 **実用化《じつようか》** 実際に使われるようにすること。

8 **技術革新《ぎじゅつかくしん》** 新しい生産技術の開発や導入、販路の開拓などを含む概念。

8 **確立《かくりつ》** 物事をしっかりと定めて、動かないようにすること。

10 **狭《せま》い意味《いみ》** 言葉の意味の範囲を限定して考えた場合の意味。

10 **変革《へんかく》** 制度や方法などを変え改めること。

11 **供給《きょうきゅう》** 必要に応じて物を与えること。

**対** 需要

15 **このとき** 技術の進歩が社会や生活を大きく変化させ、本当の意味での革新となったとき。

**教93ページ**

1 **枠組《わくぐ》み** おおよその順序や範囲。

3 **読《よ》み替《か》える** 条文の語句を、別の語句に置き換えて、そのままに適用する。

5 **そのような社会《しゃかい》の変化《へんか》** テクノロジーの進化がもたらす社会の変化。

**第四段落　教93ページ9行～95ページ10行**

ＡＩを中心としたテクノロジーの進化は、経済活動の重点がモノからサービスへと移行する「モノの取引からサービスの取引へ」の変化、経済取引の対象として、財物からデータ(情報)へと比重が移行する「財物からデータへ」の変化、取引のルールが法に基づく契約よりも技術的な仕組みによって決まる部分が大きくなるという「法から技術へ」の変化という三つの変化をもたらしつつある。

**教93ページ**

10 **重点《じゅうてん》**　重要な点。

11 **移行《いこう》**　別の状態へと移っていくこと。

12 **スマートフォン**　タッチパネルを備えたパソコン並みの機能を持つ携帯電話。

12 **アプリ**　アプリケーション。ユーザーの目的に応じて作られたソフトウェア。ここでは、主にスマートフォンで利用するものをさす。

13 **ダウンロード**　通信回線やネットワークを通じて、ホストコンピュータのデータを転送してパソコンやスマートフォンに取り込むこと。

**教94ページ**

1 **運転制御《うんてんせいぎょ》**　車を、目的に沿って動くように操作、調節すること。

1 **依存《いそん》**　他のものに寄りかかって存在し、成り立つこと。

2 **動力装置《どうりょくそうち》**　機械を動かすもとになる力を備えた機械や道具。

2 **端末《たんまつ》**　中心となる大型コンピュータとつながっていて、情報の出し入れを受けもつ装置。

3 **提供《ていきょう》**　資料や物資を供給すること。

3 **閲覧履歴《えつらんりれき》**　インターネットで何を検索したか、どのようなウェブサイトやページにアクセスしたかの記録。

4 **躍《おど》り**　ここでは、頻繁に取り上げられ、ということ。

**4**　**「データは新時代《しんじだい》の石油《せきゆ》である」とは、どういう意味か。**

**答**　二十世紀の世界を動かした石油のように、ビッグデータが新時代の富を生み出し、世界を動かすことになるという意味。

---

6 **財物《ざいぶつ》**　金銭と品物。

6 **比重《ひじゅう》**　あるものの、全体に対する重要さの程度。

6 **増大《ぞうだい》**　増えて大きくなること。**対**　減少

7 **一見《いっけん》すると**　ざっと見ると。

8 **切《き》り口《くち》**　取り上げ方。視点。

8 **便益《べんえき》**　便利で利益があること。

**教95ページ**

1 **契約《けいやく》**　約束すること。

2 **売買《ばいばい》**　売ったり買ったりすること。

2 **所有権《しょゆうけん》**　あるものを自分の所有物として自由に使用、処分することができる権利。

2 **移転《いてん》**　権利が他に移ること。

3 **廃車《はいしゃ》**　使用することをやめた車。

3 **又貸《またが》し**　自分が借りたものを、さらに他人に貸すこと。

9 **効力《こうりょく》**　ある効果を及ぼすことのできる力。

**第五段落　教95ページ11行〜96ページ3行**

テクノロジーの革新が経済活動の変革をもたらすことで、経済活動の担い手である企業のあり方が変化し、国家と企業の関係も変革が続く。こうした時代には、企業と国家のパワー・バランスも新たな展開を見せると予想される。

**教95ページ**

11 **これら三《みっ》つの変化《へんか》**　「モノの取引からサービスの取引へ」という変化と、「財物からデータへ」という変化と、「法から技術へ」と

いう変化。
11 革新《かくしん》　これまでの制度や組織、方法などを改めて、新しいものに変えること。
12 必然的《ひつぜんてき》　必ずそうなるべきさま。
12 担《にな》い手《て》　物事の中心となって、推し進めていく人や組織。
13 規律《きりつ》したり　ここでは、企業活動の秩序を維持したり、という意味。
14 規制《きせい》　物事を制限すること。
15 自由放任《じゆうほうにん》　各自の思いのままにさせて、干渉しないこと。
15 国有化《こくゆうか》　国家が所有すること。
16 辞《じ》さない　ためらわない。
16 政策《せいさく》　政治上の手段、方針。
16 規制緩和《きせいかんわ》　政府による経済活動全般に関わる規制を緩めたり、廃止したりすること。
16 参入《さんにゅう》　入ってくること。

**教96ページ**

1 パワー・バランス　集団同士の力関係。

## 手引き

### 学習の手引き

**一　本文を五つの段落に分け、それぞれに書かれている内容を、「〜について」という形で簡潔にまとめよう。**

**考え方**　各段落の要旨は「段落ごとの大意」を参照。第一段落では、ＡＩを開発するエンジニアにとって、「トロッコ問題」のような哲学上の問いかけが問いかけで終わらず、自分自身で決定しなければならないと述べている。第二段落では、法が具体的な状況の中で、特定の当事者に関して議論され、結論を導く筋道としてのルールを定めるものであると述べている。第三段落では、技術の進歩によって社会が変化すると、法律上の問題も、種類や内容が変わってくるため、法が変革を迫られている問題点を明らかにする必要があると述べている。第四段落では、テクノロジーの進化が、経済活動に対して、三つの変化をもたらしていると述べている。第五段落では、テクノロジーの革新によって経済活動が変革すれば、企業と国家の関係にも変革が起こり、両者のパワー・バランスも変化するであろうと述べている。

**解答例**　段落の分け方は省略（「段落」参照）。それぞれの内容については、次のとおり。

第一段落…ＡＩ開発のエンジニアにとっての「トロッコ問題」について。
第二段落…法が持っている本来的な性質について。
第三段落…法が社会の変革に追いつくために考えるべきことについて。
第四段落…テクノロジーの進化が経済活動にもたらした三つの変化について。
第五段落…テクノロジーの革新がもたらす国家と企業の関係の変革

について。

**二** **A I開発に従事するエンジニアが「犠牲者の数を減らすほうを選ぶという結論」**(九〇・4)**をA Iに選択させるプログラムを組むことが問題となる理由とはどのようなものか。「トロッコ問題」を哲学上の問題として議論する場合と比べながら説明してみよう。**

**考え方** A I開発に従事するエンジニアは、A Iに一人の人の命が失われることを許容するようなプログラムを書くことになるため、その責任を一身に背負うことになる。一方、「トロッコ問題」を哲学上の問題として議論する場合には、五人の人を救うほうを選んでも、より多くの命を救うことができるため、異論を唱えられることはないと考えられる、ということをふまえる。

**解答例** 「トロッコ問題」を哲学上の問題として議論する場合には、五人の人を救うほうを選んでも、より多くの命を救うことができるという観点から問題視されないが、A I開発に従事するエンジニアが、「犠牲者の数を減らすほうを選ぶ」プログラムを書くということは、一人の人の命が失われることを許容することになるため、A Iがそのプログラムに従って一人の人が亡くなった場合、その責任をエンジニアが負うことになりかねないからである。

**三** **「法が（技術の進化によって引き起こされる）社会の変革に追いついていない」**(九三・2)**という問題について、この問題が起こる理由を本文に即して説明してみよう。**

**考え方** 「法が社会の変革に追いついていない」という問題については、第三段落で説明されている。この段落では、技術の進化によって社会や生活が大きく変化していくことで、法律上の問題も種類や内容が変わってくるため、新しい問題に対する適切な解決を導き出すための枠組みを用意する必要があると述べられている。この流れを押さえる。

**四** **A Iを中心としたテクノロジーの進化が、経済活動にもたらす三つの変化について、それぞれ説明してみよう。**

**考え方** 第四段落の内容をまとめる。三つの変化については、「まず、すぐに気がつくことは、経済活動の重点がモノからサービスへと移行していくという変化である」(九三・10)、「『財物からデータへ』という第二の変化」(九四・10)、「この変化は『法から技術へ』と言ってもよいであろう」(九五・9)という表現に注目するとよい。

**解答例**
・経済活動の重点がモノからサービスへと移行していくという変化。
・経済取引の対象として、財物に代わってデータの重要性が増大していくという変化。
・取引のルールが契約によらず、技術的な仕組みによって決まってしまうという変化。

## 活動の手引き

**一** **「トロッコ問題」は、「最大多数の最大幸福」の視点から考えれば、「五人を救うべきだ」となり、他者のために誰かを犠牲にしてはいけないという視点から考えれば、「何もするべきではない」となるというジレンマを含んでいる。各自でどちらの立場に立つかを考え、そのように考える理由も含めて発表し合おう。**

**考え方**　前者の場合、五人は救われるが一人が犠牲となる。後者の場合は、五人を救うために一人を犠牲にしてはいけないということで、五人が犠牲になることになる。このように、どちらを選んでも犠牲者が生じることになることを押さえる。

**解答例**　・一人を犠牲にすれば、五人の命を救うことができるため、一人を犠牲にした場合と比べて五倍の幸福を守ることができる。よって「最大多数の最大幸福」を選ぶ。

・人の命は貴く、一人の命と五人の命を天秤にかけることはできないため、他者のために誰かを犠牲にしてはいけないという立場に立つ。

**言葉の手引き**

**一**　次のかたかなを、傍線部の字の違いに注意して、漢字に改めよう。

1
法律を新しくテキヨウする。
制度上の問題点をシテキする。
国内ではムテキの強さを誇る。
窓についたスイテキを拭く。

2
経済を活発にするため規制をカンワする。
地球オンダン化防止策を検討する。
両親に開店資金をエンジョしてもらう。

**解答**　1　適用・指摘・無敵・水滴
2　緩和・温暖・援助

**二**　次の言葉の意味を調べ、それぞれを使って短文を作ろう。

1　異論を唱える（九〇・5）
2　不幸にして（九〇・10）
3　措置を講じる（九一・4）
4　一見すると（九四・7）

**解答例**　意味…省略（「語句の解説」を参照）
短文…1　会長の意見に異論を唱える。
2　友人が不慮の事故に遭い、不幸にして大けがを負ってしまった。
3　必要に応じて、法的な措置を講じる。
4　この作品は、一見するととてもよくできているようだが、よく見ると雑なところがある。

**三**　次の副詞を用いて短文を作ろう。

1　むしろ（九〇・1）
2　あるいは（九一・5）
3　すっかり（九四・5）

**解答例**　1　天気予報では、今日は暖かくなると言っていたが、むしろ寒いくらいだ。
2　明日、あるいは明後日にはお返事します。
3　暖かい日が続いたので、すっかり雪が溶けてしまった。

評論（五）

# なぜ多様性が必要か

福岡伸一《ふくおかしんいち》

教科書P.100〜107

## ●学習のねらい

動的平衡という視点から生態系を捉える筆者の主張を把握し、生物多様性が必要な理由について考察する。

## ●要旨

生物多様性が地球環境の動的平衡を保持するために必要であるが、他の生物が自身のニッチを守り続けていることに対して、ヒトは他の生物のニッチに土足で上がり込み、連鎖と平衡を攪乱《かくらん》し続けている。今、私たちは、生命観と環境観のパラダイム・シフトを考えなければならない。

## ●段落

本文は、内容に従って、四つの段落に分けられる。

一 教P100・1〜P101・4 虫を集めて標本にする理由

二 教P101・5〜P102・9 動的平衡を担保するニッチ

三 教P102・10〜P104・3 動的平衡を支える生命の多様性

四 教P104・4〜P106・6 動的平衡に綻びをもたらすヒト

## 段落ごとの大意と語句の解説

第一段落 教100ページ1行〜101ページ4行

人が虫を集めて標本にするのは、動き回ったり、飛び去ってしまったりするその美しさとデザインの精妙さを、自分の手のうちにとどめ、ずっと眺めていたいからである。

教100ページ

2 所狭《ところせま》しと　周囲を埋め尽くすほどいっぱいに。

3 残酷《ざんこく》　むごたらしいこと。

6 鱗粉《りんぷん》　蝶《ちょう》や蛾《が》などの羽や体の表面を覆っている、粉状に見える微小な物質。

7 せわしなく　忙しくて、休む間もなく。

8 みずみずしく　生気があって美しく。

10 優雅《ゆうが》　上品で趣があること。

11 目《め》の覚《さ》める　眠気が吹き飛ぶほど、驚いてはっとする。

11 斑紋《はんもん》　まだらな模様。

**教101ページ**

2 **絶《た》え間《ま》なく**　途中で途切れることなく。

3 **精妙《せいみょう》さ**　細かくて巧みな様子。

3 **飽《あ》くことなく**　飽きることなく。

**第二段落　教101ページ5行〜102ページ9行**

個々の生命体の活動は、生態系が長い時間をかけて作り出したバランスを維持している。これを生物学では「ニッチ」と呼び、ニッチは生態系全体の動的平衡を担保している。

**教101ページ**

**1** 「禁欲的《きんよくてき》」とは、どういうことか。

**答** 自分たちが食べるものを自ら極端なまでに限定しているということ。

「禁欲的」＝欲望を自分で抑えている。

8 **近縁種《きんえんしゅ》**　生物の分類上、近い関係にある種。

9 **奇妙《きみょう》**　風変わりなさま。珍しいさま。

9 **光合成《こうごうせい》**　植物が、光エネルギーにより二酸化炭素と水から、でんぷんなどの有機物を作ること。

11 **分析的《ぶんせきてき》な目《め》で見ると**　ここでは、数種類の葉を成分や構成要素に分けて考えると、の意。

11 **栄養素組成《えいようそせい》**　栄養素の組み合わせ。

13 **餓死《がし》**　飢えて死ぬこと。

13 **頑《かたく》な**　他人が何を言おうとも、自分の主張や意見を変えないさま。

15 **無益《むえき》**　利益がないこと。

**対** 有益

**教102ページ**

**2** 「確実《かくじつ》にバトンを受《う》け、確実《かくじつ》にバトンを手渡《てわた》す。」とは、どういうことか。

**答** 自分の前の世代から、生命だけでなく、生命体としてどのように活動するかなどの情報を受け継ぎ、それをそのまま次世代へと受け渡すということ。

2 **黙々《もくもく》と**　黙って何かをするさま。

3 **交信《こうしん》**　情報を交わすこと。

3 **周波数《しゅうはすう》**　電波・音波・交流電流などが、一秒間に振動する回数。単位はヘルツ。

6 **本来的《ほんらいてき》**　もともとそうであるさま。

8 **結節点《けっせつてん》**　二つ以上のものが交わることでできる、要となる結び目。

9 **循環《じゅんかん》**　ひと回りして元に戻ること。

9 **担保《たんぽ》**　ある裏づけをもとにして、保証すること。

**第三段落　教102ページ10行〜104ページ3行**

秩序あるものを破壊しようとする力であるエントロピーの増大を防ぐために、生命は、自らをあえて壊し、壊しながら作り直すという動きを繰り返しながら恒常性を保つことを選んだ。また、生命の仕組みを構成する要素は多様性に満ち、相互依存的であり、相互補完的であることで、消長、交換、変化を同時多発的に受け入れられ、大きくバランスを失うこともない。

**教102ページ**

10 **保全《ほぜん》**　保護して安全を保つこと。

11 **定義《ていぎ》** 物事の意味や内容を明確に限定すること。

11 **消長《しょうちょう》** 盛んになることと、衰えること。

12 **恒常性《こうじょうせい》** いつも一定で、変化のない様子。

16 **秩序《ちつじょ》** 物事の正しい順序。

16 **情《なさ》け容赦《ようしゃ》なく** 思いやりがなく、手加減しないさま。

**教103ページ**

1 **乱雑《らんざつ》さ** ばらばらに入り乱れていて、秩序のないこと。

4 **工学的発想《こうがくてきはっそう》** 科学の成果を応用した技術的な考え。

5 **この考《かんが》え方《かた》** ものをもともと頑丈に作って破壊の力から守り抜こうとする考え方。

6 **凌駕《りょうが》** 他のものを追い越して、その上に出ること。

7 **オーダー** 単位。

**3** **「永遠《えいえん》の自転車操業《じてんしゃそうぎょう》」とは、どういうことか。**

**答** 生命が、自身の仕組みをエントロピー増大の法則が壊す前に先回りして自ら壊し、壊しながら作り直すことを際限なく続けているということ。

「自転車操業」＝無理にでも仕事を続けて、資金を回転させなければつぶれてしまうような不安定な事業経営の状態。自転車がペダルを踏み続けなければ倒れるのにたとえて作られた語。

12 **蓄積《ちくせき》** 少しずつ増えていくこと。

16 **律《りっ》する** ある一定の基準で、物事を判断し処理する。

**教104ページ**

1 **夥《おびただ》しく** 数が非常に多く。

**4** **「相互依存的《そうごいそんてき》でありつつ、相互補完的《そうごほかんてき》である。」とは、どういうことか。**

**答** 生命の仕組みを構成する要素が、互いに寄りかかり合いながら、足りないところを補い合っている、ということ。

「相互依存的」＝互いに寄りかかり合っている様子。

「相互補完的」＝互いに足りないところを補って完全にする様子。

2 **同時多発的《どうじたはってき》** 時間的にずれることなく、多く発生すること。

**第四段落 教104ページ4行～106ページ6行**

地球は、一千万種近く存在すると考えられている生物たちが、あらゆる場所で、多様な方法で、絶え間なく元素を受け渡すことで、持続可能な環境を維持している。生物は、地球環境というネットワークの結節点に位置する。このネットワークを強靭《きょうじん》で柔軟、可変的で回復力を持つものとし、地球環境という動的平衡を保持するためには、生物多様性が必要なのである。しかし、ヒトだけがニッチという分際を逸脱し、連鎖と平衡を攪乱《かくらん》している。今、私たちが考えねばならないのは、生命観と環境観のパラダイム・シフトである。

**教104ページ**

6 **元素《げんそ》** 物質を化学的に分解して得られる最小の要素。

6 **総量《そうりょう》** 全体の分量や重量。

9 **駆動《くどう》** 動力を伝えて動かすこと。

14 **ネットワーク** 網の目のように作った組織。

15 **多岐《たき》にわたる** 物事が多方面にわたる。

15 **強靭《きょうじん》** しなやかで強いこと。

15 **柔軟《じゅうなん》** 柔らかくしなやかなさま。

15 **可変的《かへんてき》** 変わり得るさま。

16 **保持《ほじ》** その状態のまま保ち続けること。

**教105ページ**

2 **弱肉強食《じゃくにくきょうしょく》** 弱者が強者のえじきとなること。

3 **殲滅《せんめつ》** 完全に滅ぼすこと。

**5** **「自《みずか》らの消滅《しょうめつ》を意味《いみ》する」のはなぜか。**

**答** 生態系における生命は、たくさんの他の生命と結びつきながら、バランスをとって生きており、弱いものが殲滅されれば強いものとの結びつきが失われてバランスを欠くことになり、強いもの自身の存続も危うくなるから。

4 **文字《もじ》どおり** 言葉と事実が一致するさま。「消滅」＝消えてなくなること。

5 **腸内細菌《ちょうないさいきん》** ヒトや動物の腸の内部に生息している細菌。悪玉菌・善玉菌・ビフィズス菌など多数。

5 **病原体《びょうげんたい》** 生物に寄生して病気を起こさせる原生動物・細菌・ウイルスなどの生物。

6 **共生《きょうせい》** 別種の生物が共同して生活し、相互に、または片方が利益を受けること。

**6** **「ここ」とは何をさすか。**

**答** 動的平衡の強靭さ、回復力の大きさを支えるということ。

7 **バリエーション** 変化。

8 **適応《てきおう》** ここでは、生物の形態や習性が、生活環境に合うように変化し、個体や種族を存続しようとすること。

8 **漠然《ばくぜん》** ぼんやりしていて、つかみどころのないさま。

10 **局所的《きょくしょてき》** 限られた一定の場所に適用されるさま。

11 **綻《ほころ》び** 縫い目が解けて、隙間ができること。ここでは、動的平衡に破綻が生じることを表す。

11 **受粉《じゅふん》** 種子植物で、おしべの花粉がめしべの柱頭につくこと。

11 **均一化《きんいつか》** すべて一様になるさま。

12 **典型的《てんけいてき》** そのものの特色・特徴を最もよく表しているさま。

13 **エゴ** 利己主義。

13 **効率思考《こうりつしこう》** ここでは、使った労力に対して、得られた結果がより大きくなることを重視した考え方のこと。

13 **先行《せんこう》** ここでは、効率思考を優先させること。

13 **損《そこ》なわれ** 望ましい状態が失われ。

**7** **「地球環境《ちきゅうかんきょう》は……薄氷《はくひょう》の上《うえ》に成《な》り立《た》っている。」とは、どういうことか。**

**答** 地球環境という、一千万種近く存在すると考えられる生物たちが作り上げているネットワークは、強靭でかつ柔軟、可変的で回復力を持っている一方、人間のエゴや効率思考が先行することで多様性が失われれば、すぐにでも崩壊する可能性があるということ。

15 **分際《ぶんざい》** 身分。身の程。

16 **逸脱《いつだつ》** 決まった範囲や本筋からそれること。

**教106ページ**

**1土足《どそく》で上《あ》がり込《こ》み**　他人の領分や複雑な事情に、無遠慮に立ち入ろうとすることのたとえ。本来ならば、靴を脱いで上がるべき場所に、靴を履いたまま踏み入るイメージからこのような使われ方をするようになった。

**1連鎖《れんさ》**　同質・同類のものが、くさり状に結びついていること。

**1攪乱《かくらん》**　かき乱すこと。

**2占有《せんゆう》**　自分の所有とすること。

## 手引き

### 学習の手引き

**一　本文の構成を、書かれている内容から四つの段落に分け、次の手順で内容を把握しよう。**

1　各段落の要旨をまとめる。

2　各段落の要旨に基づいて文章展開を把握する。

3　この文章で筆者が最も述べたいことを押さえる。

**考え方**

2　第一段落…人間が虫を標本にするのは、虫の美しさとデザインの精妙さを自分のものにし、ずっと眺めていたいからだ、と述べている。

第二段落…蝶をはじめとするすべての生物が、自分のための生態学的地位、すなわち「ニッチ」を守ることで、生態系全体の動的平衡を担保していると述べている。

第三段落…生物は自らを壊し、壊しながら作り直すことで恒常性を保つことを選択しているが、この方法は消長、交換、変化を同時多発的に受け入れることを可能とし、大きくバランスを失うことがないと述べている。

第四段落…地球環境というネットワークを強靭で柔軟、可変的で回復力を持つものとし、この動的平衡を保持するために生物多様性が必要だが、この連鎖と平衡を攪乱しているのがヒトであり、私たちは、生命観と環境観のパラダイム・シフトを考えねばならないと述べている。

3　筆者は、第四段落の終わりに、他の多くの生物がニッチを守って生きているが、ヒトだけが、他の生物のニッチに踏み込み、連鎖と平衡を攪乱していると批判し、私たちは、生命観と環境観のパラダイム・シフトを考えなければならないと述べている。

**解答例**　1　段落の分け方は省略（「段落」参照）。各段落の要旨は「段落ごとの大意」を参照。

2　第一段落…人間に、虫の美しさとデザインの精妙さを自分のものにしたいという欲求があることを示した、起の段落。

第二段落…蝶をはじめとするすべての生物が、ニッチを守ることで生態系全体の動的平衡を担保していることを示した、承の段落。

第三段落…生物が自らを壊しながら作り直すことで、恒常性を保つことができ、大きくバランスを失うこともないと述べた、転の段落。

第四段落…生物の動的平衡を攪乱するヒトは、生命観と環境観のパラダイム・シフトを考えねばならないと述べた、結の段落。

3　すべての生物が守り継いできたニッチを撹乱し、自分のニッチを忘れてしまった私たちヒトは、生命観と環境観のパラダイム・シフトを考えなければならない。

**二　本文中に現れる次の語句を、本文の記述をふまえて説明してみよう。**

1　ニッチ
2　動的平衡
3　生物多様性

**考え方**　1　「ニッチ」については、「すべての生物が守っている自分のためのわずかな窪《くぼ》み＝生態学的地位のこと」（一〇二・7）であると述べている。

2　「動的平衡」については、第三段落の冒頭で、「それを構成する要素は、絶え間なく消長、交換、変化しているにもかかわらず、全体として一定のバランス、つまり恒常性が保たれる系」であると述べている。

3　「生物多様性」については、第四段落で、「地球環境という動的平衡を保持するためにこそ、生物多様性が必要なのだ」、「動的平衡の強靭さ、回復力の大きさをこそ支える根拠なのだ」と述べている。

**解答例**　1　「ニッチ」とは、すべての生物が守り、受け継いでいる、食べ物や棲《す》む場所を含む活動のすべてのことである。

2　「動的平衡」とは、物質を絶え間なく循環させることで、消長、交換、変化しながら、全体としては一定のバランスを保っていることである。

3　「生物多様性」とは、動的平衡の強靭さ、回復力の大きさを保持するために必要なものである。

**三　「今、私たちが考えねばならないのは、……パラダイム・シフトなのである。」（一〇六・5〜6）という記述について、筆者は現状をどのように認識し、どのように「シフト」すべきだと述べているか、整理してみよう。**

**考え方**　筆者は、第四段落の後半で、「すべての生物は自らの分際を守っている。ただヒトだけが、……分際を逸脱している」（一〇五・15〜一〇六・1）、「連鎖と平衡を撹乱している」（一〇六・1）と述べており、ヒトこそが地球環境というネットワークに綻びを生じさせていると筆者が認識していることがうかがえる。さらに、最後の三行で、「生命観と環境観のパラダイム・シフト」（一〇六・5）を考える必要性を述べ、他の生物と共生でき、生物多様性を保持しうる生命観・環境観へ「シフト」すべきだと指摘している。

**解答例**　筆者は、人間だけがニッチを守らず、地球環境というネットワークに綻びを生じさせていると認識しており、他の生物との共生や、生物多様性を保持し得る生命観・環境観へとシフトすべきだと考えている。

## 活動の手引き

**一　「生物多様性が必要だ」という筆者の主張をどのように評価するか。自身の「主張」と「根拠」を明確にして、構成にも工夫して文章にまとめ、発表し合おう。**

**考え方**　筆者の主張に賛成ならば、地球環境が生物多様性によって、強靭さ、回復力の大きさを保持していることをふまえた自分の考えをまとめよう。反対ならば、生物多様性に頼ることなく地球環境を保持できる方法を考え、根拠を明らかにしてまとめよう。

## 言葉の手引き

**一　次のかたかなを漢字に改めよう。**

1　ザンコクな仕打ちをする。
2　幼虫は食欲オウセイだ。
3　血液がジュンカンする。
4　建物をガンジョウに作る。

解答　1　残酷　2　旺盛　3　循環　4　頑丈

**二　次の同訓異字語を漢字に改めよう。**

1　蝶を採集した際に触角がイタむ。
2　悲しい事件の報道に胸がイタむ。
3　恩師の死をイタむ。

解答　1　傷　2　痛　3　悼

**三　次の言葉の意味を調べ、それぞれを使って短文を作ろう。**

1　所狭し（一〇〇・2）
2　目の覚めるような（一〇〇・11）
3　情け容赦ない（一〇三・16）
4　文字どおり（一〇五・4）

解答例　意味…省略（「語句の解説」を参照）。
短文…1　小さな部屋に荷物が所狭しと並んでいる。
2　この絵画は、目の覚めるような鮮やかな色彩が印象的だ。
3　私がまだ迷っているのに、彼は情け容赦なく判断を迫ってくる。
4　彼は予想をはるかに超える請求額を見て、文字どおり目を白黒させた。

**四　本文には「疑問形＋それは……。」という表現が多用されている。これらの表現を、疑問形を使わない表現に書き改めて、印象がどのように変わるか、説明してみよう。**

解答例　「では、なぜ生命は、絶えず壊されながらも、一定の平衡状態、一定の秩序、一定の恒常性を保ち得るのか。それは、その仕組みを構成する要素が非常に大きな数からなっていて、また多様性に満ちているということにある。」（一〇三・13）のように、疑問形を使った表現だと、読み手に疑問を投げかけることになり、読み手も一緒になぜなのかということを考えることができ、何が重要なことなのかを理解しやすくなる効果がある。一方、疑問形を使わない表現に改めると、「生命は、絶えず壊されながらも、一定の平衡状態、一定の秩序、一定の恒常性を保ち得るが、それは、その仕組みを構成する要素が非常に大きな数からなっていて、また多様性に満ちているからである。」となり、筆者が述べたいことが一文で収まっているが、文が長くなり、事象と理由の関係がわかりにくくなる。

# 生体認証技術の発展と未来

高《たか》野《の》麻《あさ》子《こ》

教科書P.109～117

## ●学習のねらい

生体認証技術の持つ課題を文脈から把握し、それが現代社会に投げかける意味について考えを深める。

## ●要　旨

生体認証技術は、動的社会における秩序形成の手段となり、リアルとバーチャルをつなぐインフラともなっているが、そのプロセスには暴力性が内在し、さらなる技術の進化によって、自分が何者であるのかを決める権利を失う時代が到来している。今、私たちがすべきことは、対面でのコミュニケーションを通じて「私」のさまざまな面に出会う機会を大切にすること、テクノロジーがはらむ課題を違和感として気づける力を身につけることである。

## ●段　落

本文は、内容に従って、五つの段落に分けられる。

一　教P109・1～P110・2　生体認証技術へのイメージの変化
二　教P110・3～P111・9　「立ち止まらずに認証可能」な技術
三　教P111・10～P113・1　動的社会における秩序形成の手段
四　教P113・2～P114・2　認証されたいというニーズの存在
五　教P114・3～P116・8　違和感を言語化することの重要性

## 段落ごとの大意と語句の解説

**第一段落　教109ページ1行～110ページ2行**

かつて指紋認証は、差別・抑圧・服従といった負のイメージで受け取られてきたが、最近では、最新の技術でかっこいいというイメージも持たれており、生体認証技術のイメージは大きく変容している。

**教109ページ**

1 **静脈《じょうみゃく》**　体の中を巡った血液を心臓に運ぶ血管。
2 **識別《しきべつ》**　物事の違いなどを見分けること。
2 **生体認証《せいたいにんしょう》**　生きている肉体の特徴を使って、本人にまちがいないと確認すること。
3 **目《め》覚《ざ》ましく**　目が覚めるようにすばらしく。

**1**　「大《おお》きく変容《へんよう》している。」とあるが、どのように変容したのか。

**答**　かつては、差別・抑圧・服従といった負のイメージで受け取られてきたが、最近では、最新の技術でかっこいいという明るいイメージへと変容した。

「変容」＝姿や形が変わること。

6 **植民地統治《しょくみんちとうち》**　新たに従属関係においた土地を支配し、治めること。

6 **外国人登録**《がいこくじんとうろく》 「外国人登録制度」のこと。日本において、市区町村ごとに作成されていた、外国人の住民に関する記録であったが、二〇一二年に廃止された。

6 **抑圧**《よくあつ》 行動や欲求などを強く抑えつけること。

6 **服従**《ふくじゅう》 他人の意志や命令に従うこと。

7 **負**《ふ》**のイメージ** 世間一般が受け取る好ましくない印象。

7 **屈辱的**《くつじょくてき》 抑えつけられて、辱めを受けるさま。

10 **顔認証**《かおにんしょう》 人の顔をカメラで検出して、本人確認をする技術。顔の目・鼻・口や顔領域の位置や大きさをもとに識別する。

10 **利便性**《りべんせい》 都合のよさ。

10 **ＳＦ映画**《えいが》 サイエンス・フィクション（空想科学小説）を題材にした映画。

**教110ページ**

1 **革新**《かくしん》 これまでの制度や組織・方法などを改めて、新しいものに変えること。

対 保守

**第二段落 教110ページ3行～111ページ9行**

多様化する生体認証技術の中で、近年需要を拡大しているのが、顔と歩容を用いた、「立ち止まらずに認証可能」な技術である。これは混雑緩和のほか、街中の監視カメラと連動させて、犯罪捜査や認知症患者や迷子の検知を可能にする技術である。

**教110ページ**

3 **多様化**《たようか》 傾向や様式が、多くの種類に分かれること。

3 **目的**《もくてき》 実現または到達しようと目ざすこと。

対 手段

4 **終生不変**《しゅうせいふへん》 死ぬまで変わらない。

4 **高精度**《こうせいど》 正確さが高いこと。

5 **偽造**《ぎぞう》 本物に似せて、偽物を作ること。

5 **なりすまし** ここでは、他人のふりをしてシステムを利用すること。

6 **アップ** アップロードの略。インターネットなどで、スマートフォンやパソコンにあるデータやプログラムを、別のコンピュータなどに送ること。

9 **検知**《けんち》 検査して、確かめること。

11 **マルチモーダル** 複数の形式、複数の手段によること。

12 **需要**《じゅよう》 必要とすること。

対 供給

13 **歩容**《ほよう》 歩くときの姿勢、動作、歩幅などの特徴。

15 **かざしたり** 物の上にさしかけたり。

**教111ページ**

2 **動画像**《どうがぞう》 動く画像。映像。

2 **緩和**《かんわ》 厳しさの程度を和らげること。

4 **ウォークスルー** ここでは、歩いて通り抜けること。

7 **連動**《れんどう》 あるものが動くと、それに応じて連結したものが自動的に動くこと。

7 **群衆**《ぐんしゅう》 一か所に群がり集まった多数の人の群れ。

7 **捜索**《そうさく》 さがし求めること。

8 **徘徊《はいかい》**　あてもなく歩き回ること。

**第三段落　教111ページ10行〜113ページ1行**

現代のように、ヒトやモノに加え、膨大なデータが移動し続ける「動的《モバイル》な世界」では、私たちは動的な存在として管理されている。生体認証技術は、動的な社会における秩序形成の手段であり、時にリアルとバーチャルをつなぐインフラでもある。

**教111ページ**

10 **効率性《こうりつせい》**　ここでは、仕事の成果と、それに必要な労力や時間などを比べた割合がどうであるかを考えること。

10 **利便性《りべんせい》**　ここでは、都合がよいか・便利かどうかを考えること。

**2**　**ここで言う「現代社会《げんだいしゃかい》の特徴《とくちょう》」とは何か。**

**答**　輸送手段の進歩によるヒトやモノの移動、インターネットの普及による膨大なデータの移動にあふれ、そのデータがリアルタイムで収集されているということ。

12 **普及《ふきゅう》**　広くゆきわたること。

12 **膨大《ぼうだい》**　非常に大きい様子。

13 **クレジットカード**　現金を支払わずに、信用販売をしてもらえる会員証。

14 **閲覧履歴《えつらんりれき》**　インターネットで何を検索したか、どのようなウェブサイトやページにアクセスしたかの記録。

14 **リアルタイムで**　同時に。即時に。

15 **導《みちび》き出《だ》され**　前提や条件となる事柄をもとに、結論や考えを引き出され。

16 **はたまた**　あるいはまた。

**教112ページ**

3 **刻一刻《こくいっこく》**　時が次第に経過するさま。

5 **こうした状況《じょうきょう》**　人々が変化し続ける動的な存在として管理されていること。

6 **浮浪者《ふろうしゃ》**　一定の住所や職業などを持たずに、あてもなく移動する者。

6 **非定住者《ひていじゅうしゃ》**　一定の場所に住居を有さない人。

7 **偽名《ぎめい》**　うその名前。

7 **往来《おうらい》**　行ったり来たりすること。

8 **統治者《とうちしゃ》**　国家・国民をおさめる者。

10 **指先《ゆびさき》の鍵《かぎ》**　ここでは、指紋のこと。

11 **秩序形成《ちつじょけいせい》**　物事の正しい順序・筋道をつくり上げること。

12 **駆《か》け巡《めぐ》る**　走り回る。

13 **リアル**　実際に存在するさま。現実。

16 **回路《かいろ》**　物事が巡り流れていく道筋。

16 **確定《かくてい》**　はっきりと定めること。

**第四段落　教113ページ2行〜114ページ2行**

生体認証技術とは、その歴史からも明らかなように、その人物が何者であるかを、他者が決定するための道具である。この技術は、本人の言葉を介さず、身体を鍵として個人の情報を取り出す。生体認証技術の普及には、認証されたい、認証されることで安心感が得られるという認証される側のニーズも存在している。

教113ページ

**3** ここでの「もの(個体《こたい》)」とは、どういう意味か。

**答** 自身について語る言葉を持たないデータのかたまりという意味。

8 **解析《かいせき》** 物事を細かく分析して、理論的に解明すること。
9 **原住民《げんじゅうみん》** その土地に、もとから住んでいる民族。
9 **識字率《しきじりつ》** 文字を読み書きし、理解できる能力がある人の割合。
9 **適用《てきよう》** 規則や方法などをある物事に当てはめて用いること。
10 **介《かい》する** 間に入れる。
10 **詳細《しょうさい》** 詳しく細かなこと。
対 概略・概要
15 **もたらす** 引き起こす。
15 **歯切《はぎ》れ** 話し方の調子や話の内容がはっきりしている度合い。

教114ページ

1 **ニーズ** 要求。

**第五段落** 教114ページ3行〜116ページ8行

生体認証技術のプロセスには暴力性が内在する。また、「私」を決定する技術は身体の内奥まで向かっており、テクノロジーによって「私」が語られる時代、つまり、自分が何者であるのかを決める権利を失う時代が到来している。今、私たちがすべきことは、対面のコミュニケーションを通じて「私」のさまざまな面に出会う機会を大切にし、テクノロジーがはらむ課題を違和感として気づくことができる力を身につけることである。

教114ページ

4 **錯綜《さくそう》** 複雑に入り組むこと。
5 **必然《ひつぜん》** 状況から、あるいは論理として、必ずそのようになると決まっていて、それ以外はありえないこと。
5 **住民登録《じゅうみんとうろく》** 住民の住所や家族構成などを登録して、居住関係を明確にする制度。
5 **戸籍《こせき》** 戸(家)ごとに戸主や家族の氏名や生年月日・性別・家族関係などを記載した公文書。
6 **把握《はあく》** 物事を完全に理解すること。
7 **はらむ** 中に含み持つ。
8 **判別《はんべつ》** 他のものと区別すること。

**4** 生体認証技術の「プロセスに内在《ないざい》する暴力性《ぼうりょくせい》」とは何か。

**答** 自分に関する膨大なデータ解析の結果、全く身に覚えのない判断が下され、不当に不利益をこうむる可能性があるということ。

「プロセス」＝過程。
「内在」＝内部に存在すること。

10 **手厚《てあつ》い** もてなし方や取り扱い方が行き届いていて丁寧なさま。
11 **テロリスト** 政治的な目的を達成するために暴力を用いる人や組織。
12 **身《み》に覚《おぼ》えのない** それをしたという記憶がない。
12 **不利益《ふりえき》** 利益にならないこと。
12 **こうむる** 恩恵や迷惑などの作用を身に受ける。

14 **抗議**《こうぎ》 不当だと思われる行動や発言に対して、反対の意見を申し述べること。

16 **異議申し立て**《いぎもうした》 裁判所や行政機関の行為・処分に対して、取り消しまたは変更を求める手続きを行うこと。

**教115ページ**

1 **困惑**《こんわく》 どのように対処してよいかわからず、戸惑うこと。

1 **数値化**《すうちか》 ここでは、計算や測定の結果を数量化すること。

2 **内奥**《ないおう》 内部の奥深い所。

4 **到来**《とうらい》 時機・時節の来ること。

4 **節**《ふし》 点。

5 **模索**《もさく》 物事を手探りで探し求めること。

7 **制定**《せいてい》 定めること。

9 **クーポン** 商品の引き替えや割引きのためなどに使用する券。

**5** 「データ上《じょう》の私《わたし》が、肉体《にくたい》を伴《ともな》った私《わたし》の中《なか》に浸潤《しんじゅん》している状況《じょうきょう》」とは、どのような状況か。

**答** 「私」について解析されたデータが、「私」の日常生活や意思決定に知らず知らずのうちに影響を及ぼしている状況。

「浸潤」＝思想などが、次第に浸透していくこと。

11 **過信**《かしん》 人や能力などを、信頼しすぎること。

12 **公平性**《こうへいせい》 ここでは、データがどちらにも偏らずに中立であるかどうかということ。

15 **根源的**《こんげんてき》 おおもとの。

15 **営み**《いとな》 行為。

15 **委ねて**《ゆだ》 任せて。

**教116ページ**

1 **肌で感じる**《はだ》《かん》 直接に見たり、体験したりしてわかる。

3 **対面**《たいめん》 互いに向き合うこと。

5 **違和感**《いわかん》 しっくりと調和しない感じ。

## 手引き

### 学習の手引き

**一** **本文の構成を五つの段落で捉え、第一段落の問題提起に対して、他の四段落がどのような位置づけになるか、説明してみよう。**

**解答例** 1 段落の分け方は省略（「段落」参照）。

第二段落…第一段落の〝どこに向かっていくか〟という問題提起を受け、最新の生体認証技術の特徴を、具体例をあげて紹介している。

第三段落…第二段落を受けて、動画像での認証がはやる理由を、現代社会の特徴という点から考察している。

第四段落…第二・第三段落をふまえ、生体認証技術が、膨大なデータの解析によって「私」を認証する技術であるということを説明している。

第五段落…第一段落の〝今、考えなければならないことは何か〟という問題提起を受けて、テクノロジーがはらむ課題と、今後、私たちがすべきことを提示している。

## 二

**「技術革新によって、個人認証はこの先どこに向かっていくのだろうか。」（二〇・1）という問いについて、答えが書かれている段落を指摘し、その要旨をまとめよう。**

**考え方**　「この先どこに向かっていくのだろうか」と問われているのであるから、個人認証が技術の進歩によってどのようなことができるようになるのかということについて述べている部分を探す。すると、第五段落に「『私』を決定する技術は、個人識別からさらに身体の内奥に向かっている。テクノロジーによって『私』が語られる時代、つまり自分が何者であるのかを決める権利を失う時代が到来している」とある。この部分を押さえよう。

**解答例**　答えが書かれている段落…第五段落。要旨…「段落ごとの大意」を参照。

## 三

**「これらの技術の使用をめぐって、今、考えなければならないことは何だろうか。」（二〇・1）という問いについて**

1　この問いに対する筆者の考えをまとめてみよう。

2　筆者が1の答えに至った理由を説明してみよう。

**考え方**　1　筆者の考えは、第五段落の最後の部分に書かれている。ここでは、「今、私たちがすべきこと」として、「対面でのコミュニケーションを通じて、認証やデータでは解き明かせない『私』のさまざまな面と出会う機会を大切にすること」、「テクノロジーがはらむ課題を違和感として気づける力を身につけていくこと」の二点があげられている。これらをまとめよう。

2　生体認証技術を通じて、「私たちの意思決定もまた、データに影響を受け」、「日常の一部と化した技術と向き合い、距離を置く作業」が非常に難しくなっているが、その先には、対面でのコミュニケーションへの信頼性やその価値が低下していく未来が待ち受けているため、筆者は、そのような未来から逃れる必要性を感じている。

**解答例**　1　筆者は、対面でのコミュニケーションを通じて、「私」のさまざまな面と出会う機会を大切にすることと、テクノロジーがはらむ課題を違和感として気づくことができる力を身につけていくことが必要だと考えている。

2　生体認証技術をはじめとするデータ解析によって、私たちの意思決定もデータに影響を受けており、日常の一部と化した技術から距離を置くことが困難になっている。それが、対面でのコミュニケーションへの信頼性やその価値が低下していく未来へつながるため、筆者は、そのような未来から逃れる必要性があると考えているのである。

## 四

**筆者は、自身の「指紋認証それ自体が抑圧や差別の道具ではないが、そのような結果をもたらすこともある。」（一三・14）という回答を、なぜ「歯切れの悪い」（一三・15）と表現しているのか、説明してみよう。**

**考え方**　一一三ページ15行目の「なぜなら」という理由説明を表す語に注目する。そこでは、「認証されたいという欲求」や認証されることで「安心感」を得たいという「認証される側のニーズ」があることに言及している。これは、認証される側とされない側を分けることで、指紋認証が抑圧や差別の道具になる可能性があるということだと考えられる。それで質問に対して完全には否定できなかっため、「歯切れの悪い回答」になったということをまとめる。

解答例　認証される側に認証されたいという欲求がある限り、指紋認証には抑圧や差別の道具になる可能性があると筆者は考えていて、きっぱりと否定することができなかったから。

活動の手引き

一　「私たちの意思決定もまた、データに影響を受けている。」(二五・10)とあることについて、実際の自分たちの生活における具体的な事例をあげながら文章にまとめて、発表し合おう。

考え方　インターネットで何かを検索したり、インターネットを介して何かを購入したりすると、その後、検索したものや類似商品がインターネット上に「お勧め」などとして提示されることがある。これは、検索履歴や購入履歴を分析した結果、提示されるものである。こうした具体例をあげて、まとめよう。

言葉の手引き

一　次のかたかなを漢字に改めよう。

1　クツジョク的な扱いを受けた。
2　個人を識別するセイドが高い。
3　犯罪ソウサの現場で役立つ。
4　グンシュウの中から犯人を見つける。
5　働き過ぎで疲労がチクセキする。
6　空港で入国をキョヒされる。

解答　1 屈辱　2 精度　3 捜査　4 群衆(群集)　5 蓄積　6 拒否

二　次の語の対義語をあげてみよう。

1　革新(二〇・1)
2　目的(二〇・3)
3　需要(二〇・12)
4　詳細(二三・10)

解答例　省略(「語句の解説」を参照)。

三　次の言葉を使って、短文を作ろう。

1　はたまた(二一・16)
2　刻一刻(二三・3)

解答例　1　姉の結婚式に参列することになった。洋装にしようか、はたまた和装にしようか。
2　進路を決定する時が、刻一刻と迫ってくる。

四　「指先の鍵から情報を引き出すことが可能になった。」(二三・10)とあるが、「指先の鍵」とは何をさすかを答え、このように表現することにどのような効果があるか、考えてみよう。

解答例　「指先の鍵」とは「指紋」のことである。このように表現することで、指紋が、もはや単なる指先のしわではなく、それを使うことで個人情報を手にすることができる、本物の鍵のようなものになったということを示す効果がある。

評論（六）

# コミュニティ空間としての都市

広井《ひろい》良典《よしのり》

教科書P.120～127

## ●学習のねらい

情報の分析に基づく論理展開と対比構造を把握し、将来の社会のあり方を構想する広い視野を培う。

## ●要旨

一人暮らしの高齢者が増加する現在の日本では、高齢者だけでなく、子供や若者にとっても、安心できる「居場所」が少なく、個人と個人がゆるくつながるような「都市型コミュニティ」の確立が課題となっている。そして、高度成長期の日本社会のありようからの、コミュニティの形あるいは人と人との関係性のゆるやかな転換が問われている。

## ●段落

本文は、内容に従って、四つの段落に分けられる。

一　教P120・1～P120・5　高齢化に伴う「一人暮らし」世帯の増加
二　教P120・6～P123・11　日本は最も社会的孤立度が高い国
三　教P123・12～P125・13　新たな「居場所」を模索する日本社会
四　教P125・14～P126・11　〝なつかしい未来〟への移行

## 段落ごとの大意と語句の解説

**第一段落　教120ページ1行～120ページ5行**

高齢化と一体になった人口減少社会とは、「一人暮らし」世帯が大幅に増える時代でもあり、最近は、一人暮らしの高齢者が男女とも急増しており、今後も増加はさらに顕著になっていくのである。

**教120ページ**

1 **高齢化《こうれいか》**　相対的に総人口に占める六十五歳以上の高齢者の割合が上昇する現象。
1 **世帯《せたい》**　ひとつの家族として、独立して生活を営む人たちの集まり。
2 **国勢調査《こくせいちょうさ》**　政府が、国の人口や国民の状態などを知るために、時期を決めて全国で一斉に行う調査。
4 **顕著《けんちょ》**　はっきりしていて、目立つ様子。

**第二段落　教120ページ6行～123ページ11行**

「社会的孤立度」の国際比較調査によると、日本が、先進諸国の中で最も「社会的孤立度」が高い国であり、調査結果には、いわゆる個人主義的傾向の強い国のほうが社会的孤立度が低く、家族主義的な傾向の強い国のほうが社会的孤立度が高いという傾向が示されている。都市の中に「カイシャ」と「核家族」という、一種の「農村型コミュニティ」を築いた戦後の日本社会は、もはや機能不全に陥っており、個人と個人がゆるくつながるような「都市型コミュニティ」の確立が課題となっている。

**教120ページ**

6 **視野《しや》** 物事に対する、見方や考え方の及ぶ範囲。

6 **孤独《こどく》** 独りぼっちであること。

6 **孤立《こりつ》** ほかからの援助やほかとの関係がなく、一人だけ離れていること。

7 **文脈《ぶんみゃく》** ある問題について論じるときの、前提として共有されている脈絡や背景。

7 **卒業論文《そつぎょうろんぶん》** 最終学年の学生が、学問研究の成果として提出する論文。

7 **構想《こうそう》** 主題に沿って、表現全体の組み立てを考えること。

9 **概《がい》して** おおむね。

9 **ネガティブ** 消極的なさま。

**対** ポジティブ

11 **趣旨《しゅし》** 文章や話などで、言い表そうとしている事柄。

**教121ページ**

2 **回避《かいひ》** ある事態に直面するのを避けること。

5 **ひとしきり** しばらくの間続くさま。

16 **先進諸国《せんしんしょこく》** 経済開発が進み、国民の生活水準が高い国々。

**対** **発展(開発)途上諸国**

**教122ページ**

3 **大《おお》まか** 細かい点にこだわらない大づかみなさま。

3 **いわゆる** 世間でよく言われている。

4 **家族主義《かぞくしゅぎ》** 家族内に見られる人間関係や意識を、家族以外の社会集団にもおし広げ、適用しようとする考え方。

**1** **「これは一見《いっけん》、逆説的《ぎゃくせつてき》な現象《げんしょう》のようにも見える」と述べるのはなぜか。**

**答** 個人主義的な社会では、個人が尊重され、他者と関わりを持つことが避けられる一方、家族主義的な社会では、家族以外の人との関わりも多いように思われるから。

「逆説」＝外見上、論理や社会常識に反するが、よく考えてみると一面の真理を蔵している説。

8 **ないし** もしくは。

8 **典型《てんけい》** 同類のもののなかで、最もよくその本質や特徴を表しているもの。

9 **そうである** 家族主義的である。

9 **境界《きょうかい》** 隣接するものを区切るさかい。

10 **希薄《きはく》** 乏しいさま。

16 **集約《しゅうやく》** 多くのものを集めて、簡潔にまとめること。

**教123ページ**

**2** 「これ」とは何か。

**答** 「家族主義的」な傾向の強い社会で、家族や集団を越えたつながりが希薄になり、「個人主義的」な傾向の強い社会のほうが、個人と個人が集団を越えてつながることが自然になされるということ。

3 **埋没**《まいぼつ》 埋もれて見えなくなること。

6 **核家族**《かくかぞく》 夫婦、あるいは夫婦とその未婚の子供だけから成る家族。

7 **好循環**《こうじゅんかん》 ある事柄がよい状態を生み、それがまたよい結果につながるという、好ましい関係が繰り返されること。

**3** **「それ」とは何か。**

**答** 戦後の日本社会に見られた、「カイシャ」と「核家族」という、一種の農村型コミュニティ。

8 **成熟化**《せいじゅくか》 ここでは、経済が十分に成長すること。

8 **機能不全**《きのうふぜん》 もののはたらきや成果が十分でないこと。

8 **陥**《おち》**って** はまり込んで。

10 **確立**《かくりつ》 物事をしっかりと打ち立てること。

**第三段落 教123ページ12行～125ページ13行**

現在の日本の都市や地域においては、団塊世代の男性だけでなく、女性にとっても、安心でき、自分の存在が確認できる「居場所」が少なく、「居場所」づくりが日本社会全体の課題となっている。これは、子供や若者にとっても同様に課題となっており、現在の日本は、社会全体として新たな「居場所」を模索している状態で、「居場所」という視点を意識したまちづくりや都市・地域政策が重要になっている。

**教123ページ**

14 **言及**《げんきゅう》 話が、ある事柄に及ぶこと。

**教124ページ**

3 **首都圏**《しゅとけん》 首都と経済的、社会的に密接な関係にあるまわりの地域。日本では、関東地方全域と山梨県の一都七県。

9 **たたずんで** 立ち止まって、じっと立って。

11 **地域**《ちいき》**デビュー** 暮らしている地域のなかで、社会貢献活動などに初めて参加すること。

12 **いずれにしても** どちらにしても。

14 **冗談**《じょうだん》**めかして** 冗談のようによそおって。

**4** **「ある意味**《いみ》**で真実**《しんじつ》**だろう。」とは、どういう意味か。**

**答** 高齢者が病院の待合室にいるのは、診察を待っているからだろうが、自宅以外に行く場所がなく、安心できる居場所として病院の待合室にいる高齢者がいることも否定できないという意味。

**教125ページ**

2 **背景**《はいけい》 物事の背後にある事情。

2 **要因**《よういん》 主な原因。

4 **くつろぐ** 心も体もゆったりと楽にする。

4 **多少**《たしょう》**なりとも** 少ないながらも。

7 **高度成長期**《こうどせいちょうき》 急激に経済が成長を遂げた期間。特に、昭和三十年代から昭和四十八年にかけての日本経済のことをいう。

8 **ほかでもなく** それ以外のことではなく。

12 **模索《もさく》**　手さぐりで探すこと。

**第四段落　教125ページ14行～126ページ11行**

江戸時代の人々が、「生産のコミュニティ」と「生活のコミュニティ」が融合した地域で暮らしていたことを考えると、現在始まろうとしている「地域密着人口」の増加という構造変化は、〝なつかしい未来〟への移行と言え、高度成長期の日本社会のありようからの、ゆるやかな転換が問われている。

**教125ページ**

15 **一概《いちがい》に**　一口に。

**教126ページ**

1 **現役世代《げんえきせだい》**　実社会で活躍している世代。

1 **隠居《いんきょ》**　家業を後継者に譲ったり、仕事から退いたりして、静かに暮らすこと。

2 **営《いとな》んで**　休みなくおこなって。

3 **融合《ゆうごう》**　一つにとけ合うこと。

5 **関連《かんれん》**　つながり。

6 **指標《しひょう》**　物事の状態を知るための、基準となる目印。

6 **密着《みっちゃく》**　ぴたりとくっつくこと。

6 **未知《みち》なる**　まだ知られていない。

7 **突入《とつにゅう》**　重大な事態に入ること。

7 **移行《いこう》**　移っていくこと。

9 **収斂《しゅうれん》**　ひきしまり、ちぢまること。

11 **転換《てんかん》**　別の方向へ変えること。

## 手引き

### 学習の手引き

**一　本文の構成を、書かれている内容から四つの段落に分け、次の点を整理しよう。**

1　各段落で述べられていることを簡潔にまとめる。

2　各段落の要旨に基づいて文章展開の構造を把握する。

3　この文章で筆者が最も述べたいことを押さえる。

**考え方**　2　第一段落…最近は、一人暮らしの高齢者が急増しており、今後も増加はさらに顕著になっていくであろう。

第二段落…「カイシャ」と「核家族」という、一種の「農村型コミュニティ」を築いた戦後の日本社会は、もはや機能不全に陥っており、日本は、先進諸国の中で最も「社会的孤立度」が高い国となった。今後は、「都市型コミュニティ」の確立が課題である。

第三段落…現在の日本は、社会全体として新たな「居場所」を模索している状態で、「居場所」という視点を意識したまちづくりや都市・地域政策が重要になっている。

第四段落…現在始まろうとしている「地域密着人口」の増加という構造変化は、高度成長期の日本社会のありようからの、ゆるやかな転換である。

3　筆者は、第四段落で、現在の日本が、高度成長期に代表される「カイシャ人間」中心の時代から、「地域人間」中心の時代へ移行しつつあり、そこではコミュニティの形あるいは人と人との関係性のゆるやかな転換が問われている、と述べている。

**解答例** 1　段落の分け方は省略(「段落」参照)。各段落の要旨は「段落ごとの大意」を参照。

2　第一段落…今後の日本は、一人暮らしの高齢者の増加がいっそう顕著になるだろうと述べている、問題提起の段落にあたる。
第二段落…具体的な調査やデータを基に、第一段落で述べた問題を具体的に示した段落にあたる。
第三段落…問題に対して筆者の解決案を示した段落にあたる。
第四段落…第三段落で示した解決案の可能性を述べて、筆者の考えをまとめている段落にあたる。

3　現在の日本は、高度成長期に代表される「カイシャ人間」中心の時代から、「地域人間」中心の時代へと移行しつつあり、そこではコミュニティの形あるいは人と人との関係性のゆるやかな転換が問われている。

**二　「国勢調査」(二二〇・2)、「世界価値観調査」(二二二・11)、「アンケート調査」(二二四・4)の結果について、筆者の意見との関係を確かめ、それぞれの調査結果がどういうことを述べるために提示されているか、説明してみよう。**

**考え方** 「国勢調査」については、第一段落で述べている。調査結果からは、この二十年で、六十五歳以上の一人暮らし男性は三・九倍、女性は二・二倍も増加していることがわかる。筆者は、この第一段落で、「高齢化と一体になった人口減少社会とは、『一人暮らし世帯が大幅に増える時代』(二二〇・1)であると述べており、「国勢調査」は、筆者のこの考えを裏づけるために提示されているといえる。

「世界価値観調査」については、第二段落で述べている。この調査からは、日本が、先進諸国の中で最も「社会的孤立度」が高いことと、個人主義的な傾向の強い国のほうが、社会的孤立度が低く、家族主義的な傾向の強い国のほうが、社会的孤立度が高いということがわかる。筆者は、この段落の後半で、「『農村型コミュニティ』と『都市型コミュニティ』という視点」(二二三・2)から、日本の「農村型コミュニティ」が機能不全に陥っているため、「都市型コミュニティ」を確立する必要があると述べており、「世界価値観調査」は、筆者のこの意見の正当性を示すために提示されているといえる。

「アンケート調査」については、第三段落で述べている。この調査は、高齢者に自宅以外の「居場所」の有無について問うたものであるが、高齢者にとって「安心できる『居場所』が概して少ないという傾向」(二二四・13)が示されている。筆者は、この段落で、「日本の都市や地域が『コミュニティ空間』としての性格を十分に持っていない」(二二五・1)という問題点を指摘し、「『居場所』という視点を意識したまちづくりや都市・地域政策が重要になっている」(二二五・12)と述べている。よって、この調査は、筆者の意見を補強するために提示されているといえる。

**解答例** 「国勢調査」は、最近の二十年間で、六十五歳以上の一人暮らし男性が三・九倍、女性は二・二倍も増加していることを示しており、「高齢化と一体になった人口減少社会とは、『一人暮らし』世帯が大幅に増える時代」(二二〇・1)になったという筆者の意見を裏づけるために提示されている。

「世界価値観調査」からは、日本が、先進諸国の中で最も「社会的孤立度」が高いことと、個人主義的な傾向の強い国のほうが、社会的孤立度が低く、家族主義的な傾向の強い国のほうが、社会的孤立度が高いということがわかり、日本の「農村型コミュニティ」が機能不全に陥っているため、「都市型コミュニティ」を確立する必要があるという筆者の意見の正当性を示すために提示されている。
「アンケート調査」からは、高齢者にとって「安心できる『居場所』が概して少ないという傾向」(二四・13)がわかり、筆者の、「日本の都市や地域が『コミュニティ空間』としての性格を十分に持っていない」(二五・1)ため、「『居場所』という視点を意識したまちづくりや都市・地域政策が重要になっている」(二五・12)という意見を補強するために提示されている。

**三** **「『農村型コミュニティ』と『都市型コミュニティ』」(二三・2)について、本文中でどのように対比されているか指摘しよう。**

**考え方** 第二段落の後半の内容をまとめる。「農村型コミュニティ」については、戦後日本社会の都市の中にできた「『カイシャ』と『核家族』」(二三・6)がそれにあたり、「〝集団の中に個人が埋没しがちな関係性〟」(二三・3)であり、近年、機能不全に陥っていると述べている。一方、「都市型コミュニティ」については、「〝独立した個人がゆるくつながるような関係性〟と呼べるものだ」(二三・3)と述べている。

**解答例** 「農村型コミュニティ」は、都市の中の「『カイシャ』と『核家族』」(二三・6)がそれにあたり、「〝集団の中に個人が埋没しがちな関係性〟」(二三・3)であり、近年、機能不全に陥っているものとして提示されている。一方、「都市型コミュニティ」は、「〝独立した個人がゆるくつながるような関係性〟」(二三・3)と呼べるもので、日本社会にこれから確立すべきであるというように、対比的に提示されている。

**四** **「一種の農村型コミュニティ」(二三・6)としての「カイシャ」は、なぜ現代において「居場所」として機能しにくくなっているのか、本文に即して説明してみよう。**

**考え方** 第三段落に、「高度成長期以降の日本では、とくに男性にとっての最大の居場所は、ほかでもなく『カイシャ』であった。しかし現在では、退職高齢者が増加する中で『居場所』づくりということが日本社会全体の課題となっている」(二五・7)という記述がある。つまり、会社勤めをする男性にとっての「居場所」であった「カイシャ」は、退職後の男性の「居場所」ではなくなり、さらに退職高齢者が増加することで「カイシャ」が「居場所」として機能しにくくなったと言えるのである。

**解答例** 「カイシャ」は、主に会社勤めをする男性の「居場所」であったため、退職後は「居場所」ではなくなることに加えて、近年は退職高齢者が増加しているから。

## 活動の手引き

**一** **「個人と個人がゆるくつながるような『都市型コミュニティ』」(二三・9)の中の居場所とはどのような場所か。各自の考えを話し合おう。**

**考え方** ボランティアが高齢者の生活を支援するだけでなく、高齢者も自分のできることで活動に貢献することができるデイサービス施設やコミュニティサポートセンターなどがある。また、子供に限らず、地域住民が食事をともにすることで交流することが可能な、子供食堂と呼ばれる活動も近年盛んである。このような事例についてインターネットや地域の広報誌から情報を得て、そのうえで自分の考えをまとめるとよいだろう。

## 言葉の手引き

**一 次のかたかなを、傍線部の字の違いに注意して、漢字に改めよう。**

1 ココウの芸術家。
エンコの長さを求める公式。

2 小説のコウガイを述べる。
現代の世相をガイタンする。

3 顔のトクチョウを思い出す。
勧善チョウアクの物語。

4 ツウキン特急に乗る。
キンゲン実直な人。
キンサで勝敗が決まる。

**解答** 1 孤高・円弧　2 梗概・慨嘆　3 特徴・懲悪
4 通勤・謹厳・僅差（僅差）

**二 次の言葉の意味を調べよう。**

1 顕著（二〇・4）
2 希薄（二三・10）
3 冗談めかす（二四・14）
4 収斂（二六・9）

**解答例** 意味…省略（「語句の解説」を参照）

**三 「カイシャ」がかたかなで表記されている効果や、かたかなの表記によって受ける印象について話し合ってみよう。**

**考え方** 通常は漢字で表記される語句をかたかな表記にすることで、一般的な意味とは異なる意味がこめられていることを示すことができる。筆者は、本文中で「カイシャ」を、仕事をする場所としてではなく、コミュニティ空間として捉えている。つまり、一般的な「会社」とは違う役割を持った場所であるという意味をこめて「カイシャ」とかたかなで表記していると考えられる。そのほかには、読み手の注意を引くことで、印象に残りやすくなる効果や、軽い印象を与える効果もある。

**解答例** 筆者は、「カイシャ」と表記することで、仕事をする「会社」ではなく、コミュニティ空間であるという意味をこめていることがうかがえる。かたかな表記によって注意が喚起されたり、漢字で書かれているときよりも軽い印象を受けたりすることがある。

# 「第二の身体」としてのメディアと技術

若林《わかばやし》幹夫《みきお》

教科書P.129〜141

## ●学習のねらい

メディアを「第二の身体」と捉える論理を把握し、自己と技術や道具との関係について考えを深める。

## ●要旨

メディアは、「第二の身体」と言うべき存在である。身体の延長としての道具や機械も、人間と他者や社会、世界とのつながりを仲立ちしているという意味でメディアと呼び得るものだ。こうした道具や技術は、高度化と専門化により個々人が知ることも制御することもできない〈他者的〉な存在となっている。人間を超える能力を持った道具や技術を「第二の身体」として生きることで、人は自らによって〈他者性〉を帯びた存在となる。言葉を口にし、道具を手にしたときから、人間の生きる世界は不気味なものになり始めたのである。

## ●段落

本文は、小見出しに従って、四つの段落に分けられる。

一　教P129・1〜P132・12　メディアは「第二の身体」
二　教P132・13〜P135・1　メディアとしての道具や機械
三　教P135・2〜P136・10　「第二の身体」を作り上げた古代国家
四　教P136・11〜P140・8　道具や技術に備わる〈他者性〉

## 段落ごとの大意と語句の解説

**第一段落　教129ページ1行〜132ページ12行**

メディアが媒介する情報やイメージの中に住み込むということは、個々人の身体をつながりの場としていた社会的な関係がメディアによって「代行」されるようになるということである。さらに、「代行」にとどまらない世界の見え方や現れ方の変容、世界に対する私たちの了解や感覚のしかたの変容があり、マーシャル・マクルーハンは、それを「身体の拡張」と捉えた。メディアは、情報やイメージを共有する人々にとっての集合的な経験や関係の場であるという意味で、拡張され、変換された「第二の身体」とでも言うべき存在なのである。

**教129ページ**

1 **介《かい》した**　間に入れた。
1 **住《す》み込《こ》み**　ここでは、（メディアを介したつながりの中に）徹底的に入り込んでしまって、という意味。
1 **媒介《ばいかい》**　二つのものの間に立って、橋渡しをすること。
5 **代行《だいこう》**　本人に代わって行うこと。

1 「さしあたり言《い》うことができる」のはなぜか。

答 「代行」という言葉は、メディアに媒介されることが人々の感覚や意識、関係に生み出す変化を正確には捉えていないと筆者は考えているが、社会的な関係をメディアが「代行」していると言うのは、その概要を表しているという面ではまちがっていないから。

「さしあたり」＝今、この場合には。

10 詳細《しょうさい》さ　詳しさや細かさ。

11 伝達《でんたつ》　伝えること。

11 流布《るふ》　世間に広まること。

教130ページ

2 変容《へんよう》　姿や形が変わること。

2 領土《りょうど》　領有している土地。

3 統治《とうち》　主権者が国土や人民を支配し、治めること。

3 編纂《へんさん》　いろいろの材料を集め、取捨選択して書物をつくり上げること。

4 娯楽的《ごらくてき》　余暇の楽しみとしての。

4 ビラ　宣伝や広告のための、文や絵を印刷して、貼ったり配ったりする一枚刷りの紙。

11 伝聞《でんぶん》　人から伝え聞くこと。

12 現《げん》に　現実に。

13 リアリティ　現実性。

15 共有《きょうゆう》　共同で持っていること。

16 受容《じゅよう》　受け入れること。

教131ページ

2 了解《りょうかい》　事の内容を理解して承知すること。

5 拡張《かくちょう》　規模や範囲を広げて大きくすること。

12 先行《せんこう》　ほかより先に行われること。

13 付加《ふか》　付け加えること。

14 臨場感《りんじょうかん》　あることが行われている現場に、実際に身を置いているような感覚。

15 待《ま》ち焦《こ》がれ　まだかまだかと待ち。

2 「こうした関係《かんけい》」とは何か。

答 テレビやラジオが作り出した、集合的な知覚意識や思考に音響や映像の次元を付加し、多くの人々がリアル・タイムで臨場感を持った形で同じ状況に参加し、「知識」や「おもしろさ」や「感動」を共有し、それらを待ち焦がれ、消費し続けるという関係。

教132ページ

5 変換《へんかん》　他のものに変わること。

3 「『第二《だいに》の身体《しんたい》』とでも言《い》うべき」と述べるのはなぜか。

答 人間の経験や関係の場である身体と同様に、メディアも人間の集合的な経験や関係の場となっていることから、メディアが身体と同等の役割を持っており、二つ目の身体と見なすことができると考えているから。

**第二段落　教132ページ13行～135ページ1行**

人間はこれまでも、コミュニケーション・メディアだけでなく、さまざまな道具を使ってきた。身体の延長としての道具は、人間と他者や社会や世界とのつながりを仲立ちしている。その意味で、道具や機械は「メディア＝媒体」と呼び得るものなのだ。

**教132ページ**

14 **仲立《なかだ》ち**　間に立って、両者の関係がうまくいくように世話をすること。

15 **蓄積《ちくせき》**　蓄えること。

15 **再現《さいげん》**　もう一度現れること。

**教133ページ**

3 **用《よう》を足《た》し**　用事を済ませ。

5 **制御《せいぎょ》**　機械が目的に沿って動くように操作、調節すること。

9 **延長《えんちょう》**　物事の長さや期間をさらにのばすこと。

10 **原始的《げんしてき》**　自然のままで進歩していないさま。

12 **到達《とうたつ》**　目的地や目標に至りつくこと。

15 **殺傷力《さっしょうりょく》**　殺したり傷つけたりする力。

**教134ページ**

**4**

**「必《かなら》ずしも単純《たんじゅん》に身体《しんたい》の延長《えんちょう》とは言《い》い切《き》れない道具《どうぐ》や技術《ぎじゅつ》」も「メディア」と呼ぶことができるのはどうしてか。**

**答**　人間が身体を使ってはたらきかけているのではなくても、自身の代わりに道具や機械を使って、効率性や操作性を高めるという意味で、身体を使った世界へのはたらきかけの延長にあると考えることができるから。

5 **酵母《こうぼ》**　糖類を分解してアルコールなどを作るはたらきを持つ菌類の総称。

5 **発酵《はっこう》**　微生物の酵素のはたらきで、炭水化物・たんぱく質などを分解し、アルコールや有機酸などを生成すること。

6 **溶鉱炉《ようこうろ》**　鉱石を高温で溶かし、鉄・銅・鉛などを取り出す炉。

6 **ビール醸造《じょうぞう》**　微生物を利用して原材料を発酵させ、ビールを造ること。

7 **甕《かめ》**　液体などを入れる、底が深い陶磁製、または金属製の器。

7 **室《むろ》**　外気を遮断して、一定の温度を保つように作ったところ。

**第三段落　教135ページ2行～136ページ10行**

農耕定住生活が始まると、人間の使用する道具の数が格段に増加し、都市や国家ができると、量的に増加、巨大化、多様化したさまざまな道具の中に大量の人々が暮らし、道具をメディアとしてつながる社会が出現することになった。そこで人間は、さまざまな道具を部品のように組み合わせ、全体として巨大な力と能力を発揮する、巨人的な「第二の身体」を作り上げた。

**教135ページ**

4 **農耕定住生活《のうこうていじゅうせいかつ》**　田畑を耕して作物を育てながら、ある場所に住居を定めて生活すること。

5 **格段《かくだん》**　程度が特に大きいさま。

7 **突《つ》き固《かた》められた道《みち》**　土などをたたいて固め、崩れにくくなった道。

7 **祭礼《さいれい》**　祭りの儀式。

12 **口伝《くでん》**　秘伝などを口頭で教え授けること。

**教136ページ**

2 **灌漑**《かんがい》 田畑に人工的に水を引き入れて、土地を潤すこと。

6 **連合**《れんごう》 二つ以上の独立したものが、まとまって大きな一つの組織となること。

7 **ピラミッド** 巨大な石で造った大規模な四角錐《すい》の建造物。特に、古代エジプトの王族の墓。

7 **万里**《ばんり》**の長城**《ちょうじょう》 中国の北辺に建造された大城壁。

8 **記念碑**《きねんひ》 過去の出来事や人物の記憶を残しておくための石碑。

9 **法制**《ほうせい》 法律と制度。

**第四段落 教136ページ11行〜140ページ8行**

現代社会における道具、機械、技術は、高度化と専門化により個々人が知ることも制御することもできない一種の〈他者的〉な存在となっている。こうした人間を超える能力を持った道具や技術を「第二の身体」として生きることで、人は自らにとって〈他者性〉を帯びた存在となる。これは情報メディアという道具や技術にも当てはまる。人が言葉を口にし、道具を手にしたときから、人間の生きる世界は不気味なものになり始めた。

**教136ページ**

12 **高度化**《こうどか》 程度が高くなるさま。

14 **IT** インターネットなどの通信とコンピューターとを駆使する情報技術。

15 **画期**《かっき》 それまでに比類のないことがあって、時代が区切られること。

**教137ページ**

2 **複合体**《ふくごうたい》 二つ以上のものが結びついて一つになった状態のもの。

2 **依存**《いそん》 ほかのものに寄りかかって存在し成り立つこと。

2 **メカニズム** 機械の仕掛け。

3 **委**《ゆだ》**ね** 任せ。

3 **容易**《ようい》 たやすいさま。

**5** **「『一般人《いっぱんじん》』であるにすぎない。」とは、どういうことか。**

**答** 専門家、専門機関といえども、巨大な機械や技術のごく一部のことについてしか成り立ちやメカニズムを理解していないので、専門分野以外のことについては、何の知識も持ち合わせていない一般の人と同じであるということ。

7 **歩調**《ほちょう》**を合**《あ》**わせて** 共同で行動するときの調子を合わせて。

8 **希少化**《きしょうか》 ここでは、珍しくなること。

8 **偏在化**《へんざいか》 ここでは、ある場所に偏って存在すること。

10 **法外**《ほうがい》 著しく常識の範囲を超えているさま。

10 **膨大**《ぼうだい》 内容や分量などが非常に多いさま。

11 **かつてない** 今まで一度も経験したことのない。

11 **快適**《かいてき》**さ** 心身の状態によく合っていて気持ちがよいこと。

12 **肯定的**《こうていてき》 物事をそのとおりだと認めるさま。

対 **否定的**

13 **きめ細**《こま》**かい** 物事の細部にまで心配りがされている様子。

14 **検討**《けんとう》 さまざまな面からよく調べて考えること。

## 答 6

**「現代社会《げんだいしゃかい》という大《おお》きな関係《かんけい》状況《じょうきょう》に対《たい》しては現実的《げんじつてき》な議論《ぎろん》ではない」のはどうしてか。**

現代社会が、すでに巨大な道具、機械、技術の複合体に依存せずには成り立たなくなっており、科学技術は不可欠な状況になっているから。

**教138ページ**

3 **特性《とくせい》** そのもの特有の性質。

4 **固有《こゆう》** そのものだけが備えているさま。

## 7

**「奇妙《きみょう》なことに思《おも》われる」のはなぜか。**

**答** 道具や機械や技術は人間ではないため、人間をさす言葉を使うのはそぐわないから。

「奇妙」＝不思議で珍しいさま。

13 **貯蔵《ちょぞう》** 物を蓄えておくこと。

15 **意図《いと》** あることをしようと心のなかで考えている事柄。

**教139ページ**

1 **物資《ぶっし》** 生活や生産のために必要な物。

1 **独占《どくせん》** ひとりじめにすること。

7 **帯《お》びた** ある性質や傾向を持った。

## 8

**「このこと」とは何か。**

**答** 人間が、自らの意図を超えた〈他者的〉な存在として現れた道具や技術を「第二の身体」として生きることで、自身も自らにとって〈他者性〉を帯びた存在となること。

13 **思《おも》いもよらぬ** 思いもかけない。

15 **魅《み》せられる** 引きつけられる。

15 **動員《どういん》** ある目的のために、多くの人や物を集めること。

16 **由来《ゆらい》** ある物事が、歴史的に何かに基づいていること。

**教140ページ**

2 **誘惑《ゆうわく》** 相手の心を引きつけて、自分の思いどおりにすること。

6 **解釈《かいしゃく》** 物事や文章などの意味や内容を理解すること。

6 **変貌《へんぼう》** 姿や様子がすっかり変わること。

# 手引き

## 学習の手引き

**一 本文全体を、小見出しに従って四つの段落で捉え、各段落に書かれている内容をまとめて、筆者の主張がどこに書かれているかを指摘しよう。**

**考え方** 筆者は、第四段落で、情報メディアを含めた道具や技術について、人間の身体の延長にあるものであり、人間が道具や技術を「第二の身体」として生きることで、道具や技術は〈他者的〉な存在として現れ、人間もまた〈他者性〉を帯びた存在となると述べている。

**解答例** 段落の分け方は省略（「段落」参照）。各段落の要旨は「段落ごとの大意」を参照。

筆者の主張は、第四段落で、人間が道具や技術を「第二の身体」

として生きることで、道具や技術は、作り出した人間の意図を超えた未知の意味を秘めた〈他者的〉な存在として現れ、人間もまた〈他者性〉を帯びた存在となると述べられている。

**二 本文を内容から前半と後半に分け、次のそれぞれの事例が前半と後半でどういうことを述べるために提示されているかを確かめ、それが論全体の構成とどのような関係にあるのか、説明してみよう。**

1 言葉や文字
2 石器や土器

**考え方** 本文は、前半…129ページ1行〜135ページ1行、後半…135ページ2行〜140ページ8行に分けられる。

1 前半では、「文字は、音声言語の機能を単に『代行』しているのではなく、言語と人間や社会の関係を変容させ、それによって社会のあり方を変容させ」(一三〇・5)るものとして提示されている。一方、後半では、「本人の意思や意図を超え、後々まで自分を縛ってしまう」(一三九・11)ことや、「当人が思いもよらぬさまざまな力を持つ」(一三九・13)ことがある、ということを述べるために提示されている。

2 前半では、「掌《てのひら》や腕の延長線上に現れるもの」(一三三・10)として、「身体的な能力の限界を超えて世界と関わるために作られ、使用された」(一三三・13)ことを述べるために提示されている。一方、後半では、「肉を裂くつもりで自分の手を傷つけてしまったり、必要以上の量の食料を貯蔵することが可能になったりする」(一三八・13)ことで「それを作り出した意図を超えた結果や効果をもたらす」(一三八・15)ことがあるということを述べるために提示されている。

1・2をふまえ、同じ事例に対する前半と後半の論じられ方を比較し、論の構成との関係を考える。

**解答例** 1 前半では、言語と人間や社会の関係、社会のあり方を変容させるものとして提示されており、後半では、人間が思いもよらない力を持ち得るものとして提示されている。

2 前半では、身体的な能力の限界を超えて世界と関わることを可能にするものであるとして提示されており、後半では、人間の意図を超えた結果や効果をもたらすことがあるということが提示されている。

前半の論と後半の論のそれぞれの視点で、同じ事例についての解釈を示すことで、後半の筆者の論を際立たせる役割をしている。

**三 第四段落を、内容から三つの段落に分け、各段落に書かれている事柄を整理して、互いの関係性を説明してみよう。**

**考え方** 一つ目の段落…136ページ12行〜138ページ1行。機械文明、技術文明としての現代社会の特徴は、人々の生活が、巨大な道具、機械、技術の複合体に依存しながら、その成り立ちやメカニズムが、一部の専門家以外の一般の人々には容易に知り得ないものになっているということであり、道具、機械、技術の高度化と一般化は、知識の希少化と偏在化につながる、と述べられている。私たちが、拡張された身体と社会を生きていることについて、「自然に還《かえ》ろう」とか、「科学技術よりも手作りの道具や職人技が大切だ」と言ってしまうのは、現実的な議論ではない。

二つ目の段落…138ページ2行〜140ページ2行。機械や技術の特性は、一種の〈他者性〉と見なすことができること、その〈他者性〉は、道具や技術に最初から備わっていたものであることだ。道具や技術がもたらす結果や効果を、人間が自分のために利用するようになり、道具や技術を「第二の身体」として生きることで、道具や技術は〈他者的〉な存在として現れ、人間は自らにとって〈他者性〉を帯びた存在となる。そしてこのことは、情報メディアという道具やその技術にも当てはまることである。

三つ目の段落…140ページ3行〜140ページ8行。道具や機械や技術は、高度化した現代になってから不気味になったのではなく、言葉を口にし、道具を手にしたときから、人間の生きる世界は不気味なものになり始めたのである。

**解答例**　一つ目の段落…136ページ12行〜138ページ1行。機械文明、技術文明としての現代社会は、巨大な道具、機械、技術の複合体に依存しながら、成り立ちやメカニズムは一部の専門家以外には容易に知り得ないものになっている、と述べており、その、私たち自身にもわからない道具や機械や技術によって、私たちは拡張された身体を生きている、という現代社会の状況を述べている段落である。

二つ目の段落…138ページ2行〜140ページ2行。機械や技術の特性は、一種の〈他者性〉と見なすことができ、この〈他者性〉は道具や技術に最初から備わっていたものである。人間が道具や技術を「第二の身体」として生きることで、道具や技術は〈他者的〉な存在として現れ、人間は〈他者性〉を帯びた存在となり、自らの意思や意図を超えた状況につながることもあると述べており、一つ目の段落で説明された現代社会の状況を受けたうえで、道具や技術に元来備わっている〈他者性〉について言及し、論を展開している段落である。

三つ目の段落…140ページ3行〜140ページ8行。二つ目の段落の内容を受け、道具や機械や技術が高度化した現代に限らず、自らの意図を超えた状況を生む可能性のある道具を手にしたときから、人間の生きる世界は不気味なものになり始めた、と述べており、道具や技術が人間にとってどのようなものであるかをまとめた、結論の段落である。

**四** **「人は自らにとって〈他者性〉を帯びた存在として現れる。」（一三九・7）とあるが、このように筆者が主張する際に念頭に置かれているのはどんな具体的事例か。本文に即して説明してみよう。**

**考え方**　人間が「〈他者性〉を帯びた存在として現れる」のは、「道具や技術を『第二の身体』として生きることによって」（一三九・6）であることをまず押さえる。さらに、これと同様の表現である「道具や技術を『第二の身体』として生きることを通じて、人間が自らの意図を超えた存在になってしまう」（一三九・3）にも注目する。つまり、「〈他者性〉を帯びた存在」とは、「自らの意図を超えた存在」と同義であると言える。この内容に見合う具体的事例は、「思わず口に出した言葉が、本人の意思や意図を超え、後々まで自分を縛ってしまうこと」（一三九・11）や、「書かれた文字や撮られた写真、録音された音声が、多くの人々に読まれ見聞きされることで、当人が思いもよらぬさまざまな力を持つこと」（一三九・12）である。

**解答例**　「思わず口に出した言葉が、本人の意思や意図を超え、後々まで自分を縛ってしまうこと」（一三九・11）や、「書かれた文字や撮られた写真、録音された音声が、多くの人々に読まれ見聞きされることで、当人が思いもよらぬさまざまな力を持つこと」(一三九・12)のように、自らの意図を超えた状況になることである。

## 活動の手引き

**一 自分が日ごろから親しく接しているメディアを取り上げ、それがない場合と比べて、どのような「第二の身体」として機能しているか、各自の考えを発表し合おう。**

**考え方** 例えば、テレビのニュース番組を見れば、自分が訪れたことのない地域や国の光景が見られたり、知らなかった情報を耳にしたりすることができる。これは、テレビが目や耳の延長線上に位置する「第二の身体」として機能しているからだと言えるだろう。また、インターネットを通じて、自作の歌や詩などを披露することは、インターネットや文字というメディアを使って、自分の考えを世界中に広めることができるということだろう。このようなことをふまえて、まとめるとよい。

## 言葉の手引き

**一 次のかたかなを漢字に改めよう。**

1 工場をカクチョウする。
2 蚊がバイカイする病気。
3 妙なうわさがルフする。
4 リンジョウ感あふれる映像。
5 酒をジョウゾウする。
6 驚くべきヘンボウを遂げる。

**解答** 1 拡張 2 媒介 3 流布 4 臨場 5 醸造 6 変貌

**二 次の言葉の意味を調べ、それぞれを使って短文を作ろう。**

1 さしあたり(一三九・5)
2 待ち焦がれる(一三二・15)
3 仲立ち(一三三・14)
4 画期(一三六・15)

**解答例** 意味…省略(「語句の解説」を参照)

短文…1 時間がないので、さしあたり必要な物だけを購入しよう。
2 祖父母との再会を待ち焦がれる。
3 企業間の業務提携の仲立ちをする。
4 小説家としての画期となる作品。

**三 「メディアを介したつながりの中に住み込み、……情報やイメージの中に住み込んでいる」(一三九・2〜3)とあるが、「住む」ではなく「住み込む」と表現したことは、「私たち」の状況を説明するうえで、どのようなイメージを添えているか、説明しよう。**

**考え方** 「込む」という言葉に、「すっかりある状態になる」、あるいは「ある行為を徹底的にする」という意味があることに注目する。

**解答例** 「込む」には、「すっかりある状態になる」、「ある行為を徹底的にする」などの意味がある。そのため、「住む」ではなく、「住み込む」とすることで、私たちの生活や社会の中に情報やイメージが徹底的に浸透しているというイメージが伝わりやすくなる。

読み比べ
—コミュニケーション—

# 対話の意味

細《ほそ》川《かわ》英《ひで》雄《お》

教科書P.144〜148

## ●要旨

対話とは他者との相互関係構築のための言葉の活動で、自分自身の個人的な私的領域から、他者へはたらきかける公的領域への行為であるため、個人が言葉を使って自由に活動できる社会を形成するという可能性にもつながる。言語コミュニケーションとは、自分の考えを自分の言葉として自覚し、その外側に現れた表現に他者が反応することで相互関係作用が起こるプロセスの総体のことである。

## ●段落

本文は、内容に従って、四つの段落に分けられる。

一　教P144・1〜P144・11　対話とは何か
二　教P144・12〜P145・18　自己完結的なおしゃべり
三　教P146・1〜P147・9　ダイアローグとしての対話
四　教P147・10〜P148・18　対話という活動の原理

## 段落ごとの大意と語句の解説

**第一段落　教144ページ1行〜144ページ11行**

対話では、「思ったことを感じるままに話すべき」であると思うが、そうすると、それがおしゃべりになってしまうという課題がある。

**教144ページ**

1 **対話《たいわ》**　向かい合って話すこと。
3 **耳《みみ》を傾《かたむ》けてくれる**　注意や関心を持って聞いてくれる。
3 **保証《ほしょう》**　確かであると請け合うこと。
4 **巷《ちまた》**　世間。
4 **アドバイス**　助言。
5 **しばしば**　たびたび。
6 **感情的《かんじょうてき》**　理性を失い、喜怒哀楽などの気持ちをむき出しにするさま。

**第二段落　教144ページ12行〜145ページ18行**

おしゃべりとは他者不在の言語活動で、自己完結的であるため発展性がなく、対話としては成立しない。その意味でおしゃべりは、モノローグ(独り言)に近く、ダイアローグとしての対話との間に大きな違いがあると言える。

**教144ページ**

13 **不在《ふざい》** その場にいないこと。

**教145ページ**

2 **独《ひと》りよがり** 自分だけでよいことだと決め込んで、他人の意見を聞こうとしないこと。

3 **無視《むし》** そのものが存在しないかのように振る舞うこと。

6 **相槌《あいづち》を打《う》つ** 相手の話に調子を合わせてうなずいたり、受け答えをしたりする。

8 **ストレス** 外部からの刺激に対する反応として生じる生理的、心理的防衛反応。

8 **発散《はっさん》** 内部にたまったものが、外へ出て散り広がること。

10 **いわゆる** 世間でよく言われている。

10 **自己完結的《じこかんけつてき》** 他人の意見や評価と無関係に、自分ひとりで始末をつけて納得するさま。

11 **発展性《はってんせい》** 将来、より進んだ段階に移る可能性。

12 **モノローグ** 独白。独り言。

対 **ダイアローグ**

15 **余談《よだん》** 話の本筋からそれた話。

16 **聴衆《ちょうしゅう》** 演説や音楽などを聴く人々。

17 **自己満足的《じこまんぞくてき》** 他人にどう評価されるかに関係なく、自分のありようや行為に自ら満足するさま。

17 **とうとうと** よどみなくすらすらと話し続ける様子。

## 第三段落 教146ページ1行～147ページ9行

ダイアローグとしての対話は、他者としての相手を想定し、相手に伝えるための最大限の努力をするものである。対話成立のポイントは、話題に関する他者の存在の有無であり、対話は相互関係構築のための言葉の活動だと言える。そしてそれは、自分自身の個人的な私的領域から、他者へはたらきかける公的領域への行為であるため、それぞれの個人が言葉を使って自由に活動できる社会を形成するという可能性にもつながる。

**教146ページ**

1 **想定《そうてい》** ある条件、状況、場面のもとで、仮に考えてみること。

**1** 「その手続《てつづ》きのプロセス」とは、どういうものか。

**答** 他者としての相手を想定し、自分の言っていることがどうすれば相手に伝わるか、あるいは伝わらない場合は伝わらない理由を常に考えるというもの。

「プロセス」＝手順。

8 **進展《しんてん》** 物事が進行し展開すること。

10 **領域《りょういき》** 力や作用の及ぶ範囲。

11 **納得《なっとく》** 他人の考えや行為を理解し、認めること。

12 **促《うなが》し** 人がそうするように勧め。

12 **交渉《こうしょう》** 要求の実現を目ざして、相手と話し合うこと。

13 **相互関係《そうごかんけい》** 二つのものが、互いに相手にはたらきかける関係。

13 **構築《こうちく》** 理論や体系を構成すること。

**教147ページ**

2 **価値観《かちかん》** 人間の生き方や社会のあり方の何に価値や意義を認めるかについての、個人の考え方。

6 **形成**《けいせい》　形の整ったものに作り上げること。

8 **私的領域**《してきりょういき》　個人としての立場に関係している範囲。

**対** 公的領域

**第四段落　教147ページ10行〜148ページ18行**

「なぜ、この私が」というところに注目し、それを自分の言葉で考えることに、対話活動のオリジナリティがある。自分の思考を表現する段階になって初めて、自分の考えていることを自分の言葉として自覚し、その外側に現れた表現に他者が反応することで相互関係作用が起こる。このプロセスの総体が、言語コミュニケーションである。このような思考と表現を繰り返す活動の活性化が、言語活動の充実につながる。

**教147ページ**

10 **原理**《げんり》　物事の基になる法則や理論。

12 **問題意識**《もんだいいしき》　どこに問題があるのかを考えること。

**2** 「あなた自身《じしん》の対話活動《たいわかつどう》のオリジナリティ」とは、どういうことか。

**答** 何事についても、なぜ自分がそれを調べるのかという問題意識を持ち、自分の言葉で考えることで獲得できる独創性のこと。

「オリジナリティ」＝独創性。

16 **哲学**《てつがく》　人生や世界、事物などの根本原理を考える学問。

16 **心理学**《しんりがく》　心のはたらきと行動との関係を、科学的に研究する学問。

16 **教育学**《きょういくがく》　教育の本質や目的、方法、制度、行政などについて、実践的かつ理論的に研究する学問。

17 **検討**《けんとう》　さまざまの面からよく調べて考えること。

**教148ページ**

4 **認識**《にんしき》　物事をはっきり見分け、その意義を正しく理解すること。

4 **情緒**《じょうちょ》　喜怒哀楽の心の動き。「じょうしょ」とも読む。

5 **作用**《さよう》　他に力を及ぼすこと。

**3** 「この段階《だんかい》」とは何か。

**答** 自分の周りの現象(対象)についての自身の思考・推論(内言)が表現(外言)として姿を現した段階のこと。

11 **自覚**《じかく》　自分の置かれている状態や位置、立場などをはっきり知ること。

**4** 「このプロセスの総体《そうたい》」とは、どのようなものか。

**答** 自分の思考・推論(内言)が表現(外言)として姿を現し、それに対して他者が反応すること。

「総体」＝全体。

13 **称**《しょう》**され**　名づけて呼ばれ。

17 **往還**《おうかん》　行き来すること。

17 **活性化**《かっせいか》　活発にすること。

17 **充実**《じゅうじつ》　内容や実質が、豊かで満ち足りていること。

# 身体的表現の関係性

野《の》村《むら》雅《まさ》一《いち》

教科書P.149～152

## ●要　旨

身ぶりやしぐさ、視線のやりとりなどによる身体的コミュニケーションには、すぐに何らかのはたらきかけや相互影響が起こるという特徴や、過剰性の問題があるが、人と人とが遭遇するとき生じる関係づけは、こうした身体的表現が媒介している。

## ●段　落

本文は、内容に従って、二つの段落に分けられる。

一　教P149・1～P150・8　身体的なやりとりによる相互の認知

二　教P150・9～P151・18　仮の関係を媒介する身体的表現

## 段落ごとの大意と語句の解説

**第一段落　教149ページ1行～150ページ8行**

人と人が出会ったときには、言葉による会話の前提になる、視線やしぐさなどの身体的なやりとりによる相互の認知が瞬時に行われ、場合によっては会話が始まる。

**教149ページ**

1 **出会《であ》い**　ある場所で偶然行き合うこと。

2 **雑踏《ざっとう》**　多くの人が行き交って、混み合うこと。

3 **見劣《みおと》り**　予想したことやほかと比べて劣って見えること。

4 **会釈《えしゃく》**　軽くお辞儀をすること。

11 **情景《じょうけい》**　人の心に訴える光景や場面。

13 **認知《にんち》**　ある事柄をはっきりと認め知ること。

14 **公共《こうきょう》の場《ば》**　公衆が利用する場所。

15 **共有《きょうゆう》**　共同で持っていること。

**1**　「そんな作法《さほう》」とは、どのようなものか。

**答**　公共の場で、一定の空間を一時的に共有する「仮の関係」を表すために、瞬間的に笑顔を作ったりするというもの。

「作法」＝物事を行う方法。

**2**　「言葉《ことば》による会話《かいわ》の前提《ぜんてい》になる」とは、どういうことか。

**教150ページ**

1 **装《よそお》う**　振りをする。

**答**　視線やしぐさのやりとりによって相互を認知することで、言葉をかけるための関係性を作ること。

「前提」＝ある物事が成り立つための基礎となる条件。

3 **もっとも**　そうは言うものの。先に述べたことを受け、それに合わない事柄を以下に補足する意を示す。

7 **瞬時**《しゅんじ》 まばたきするほどのわずかな時間。

**第二段落　教150ページ9行〜151ページ18行**

言語とは違った身体的コミュニケーションの特徴は複数の人間が一定の空間を共有すると、すぐに何らかのはたらきかけや相互影響が起こることだと言える。さらに、身体的コミュニケーションには、複数の人間が共在する場では、伝えるつもりのない意味や伝えたくない情報を周囲の人間が勝手に読み取ってしまうという過剰性の問題があるが、人と人が遭遇するとき生じる関係づけは、身体的表現が媒介しているのである。

**教150ページ**

9 **俗**《ぞく》**に** 世間で。
10 **交互**《こうご》**に** 互い違いに。代わる代わる。
11 **一方向的**《いちほうこうてき》 一つの方向に向いているさま。
**対** 双方向的
13 **厳密**《げんみつ》 細部まで見落とさず、厳重にするさま。
16 **受信者**《じゅしんしゃ》 ここでは、メッセージを受け取る者のこと。
17 **意図**《いと》 あることをしようと心の中で考えること。
18 **自明**《じめい》 証明するまでもなく、明らかなさま。

**教151ページ**

3 **含意**《がんい》 言葉の表面の意味の背後に、ある意味が含まれていること。
3 **慣用的**《かんようてき》 習慣として世間で広く通用しているさま。

**3** 「そうした意味《いみ》での表現《ひょうげん》」とは何か。

**答** 意図される内容があって、それを表に表し、他者に伝えるということ。

4 **相互的**《そうごてき》 代わる代わる一定の物事をし合うさま。

**4** 「そこ」とは何か。

**答** 複数の人間が一定の空間を共有することで、常住不断にすぐに何らかのはたらきかけや相互影響が起こっている場面。

11 **共在**《きょうざい》 ともに存在する。
16 **過剰性**《かじょうせい》 適当な量や程度を超えて余計にあるさま。
17 **遭遇**《そうぐう》 偶然出会うこと。
18 **のっぴきならぬ** 避けることも退くこともできない。どうにもならない。
18 **媒介**《ばいかい》 二つのものの間に立って、橋渡しをすること。

## 手引き

### 活動の手引き

**一** **『対話の意味』を読み、次の点について考えてみよう。**

1 「おしゃべり」（モノローグ）と、「対話」（ダイアローグ）を対比し、それぞれ整理しよう。

2 「言葉を使って自由に活動できる社会」（一四七・6）とはどのようなものか、整理しよう。

3 「思考と表現の関係」（一四七・17）とはどのようなものか、「情緒」「内言」「外言」という言葉を使ってまとめよう。

**考え方**　1　「おしゃべり」については、「相手に話しているように見えながら、実際は、相手のことを考えない活動」(一四・12)、「他者不在の言語活動」(一四・13)、「ただ自分の知っている情報を独りよがりに話している」(一四五・1)、「自己完結的な世界の話」(一四五・10)で「発展性がない」(一四五・11)、「モノローグ(独り言)に近い」(一四五・12)ものであると述べている。一方、「対話」については、「常に他者としての相手を想定したもの」(一四六・1)、「他者存在としての相手の領域に大きく踏み込む行為」(一四六・9)、「対話の活動によって、人は社会の中で、他者とともに生きることを学ぶ」(一四七・3)ものであると述べている。これらをふまえて説明する。

2　一行前の「このように」という語に注目して、直前の内容を押さえる。そこには、「相手との対話は、他者としての異なる価値観を受け止めること」(一四七・1)、「コミュニティとしての社会の複数性、複雑さをともに引き受けること」(一四七・2)につながるとある。この内容をまとめる。

3　「思考と表現の関係」について説明している一四八ページの後半に注目する。ここでは、「感覚・感情(情緒)に支えられた思考・推論(内言)を、身体活動を伴う表現(外言)へと展開していくことだ」(一四八・14)と説明されている。この内容をまとめる。

**解答例**　1　「おしゃべり」は、相手のことを考えない活動であり、自分の知っている情報を独りよがりに話す、自己完結的なものである。一方、「対話」は、常に他者としての相手を想定し、相手の領域に大きく踏み込む行為であるだけでなく、人が社会の中で、他者とともに生きることを学ぶことを可能にするものである。

2　言葉を使って、他者としての相手の持つ価値観を受け止めたり、社会の複数性や複雑さを引き受けたりしながら、他者とともに生きていくことができる社会。

3　情緒に支えられた内言を、身体活動を伴う外言へと展開していくものである。

**二**　**『身体的表現の関係性』を読み、筆者が指摘している「言語とは違った身体的コミュニケーションの特徴」(一五一・7)を、次の観点から整理してみよう。**

1　受信者と発信者の方向性の違い。

2　メッセージを発信したいという意図の有無。

3　コミュニケーションが発生する場。

**考え方**　1　「身体的コミュニケーション」については、「言語コミュニケーション」と対比する形で説明されている。ここでは、「言語コミュニケーション」は、「受信者はともかく、発信者のコミュニケーションしようとする意図の存在と、コミュニケーションする者どうしの明確なコードの共有が自明の前提になる」(一五〇・16)が、「ボディーランゲージ」すなわち「身体的コミュニケーション」では、「その両方とも疑わしい」(一五〇・18)もので、「意図はしばしば存在しないし、たとえあったにしても無意識的であることが多い」(一五〇・18)と説明されている。

2　「身体的コミュニケーション」では、「伝えているつもりのない意味や伝えたくない情報を周囲の人間が勝手に読み取ってしまうという、人間の身体のコミュニケーションの過剰性」(一五一・15)という問題があると説明されている。

3　身体的コミュニケーションが発生する場は、「複数の人間が、一定の空間をほんのしばらくでも共有する」（一五一・5）と、「何らかのはたらきかけや相互影響」（一五一・6）が「常住不断に起こる」（一五一・7）と説明されている。

**解答例**　1　受信者、発信者ともに、コミュニケーションしようとする意図は存在しないことが多く、あったとしても無意識的であることが多いため、両者の方向性に大きな違いはないと言える。

2　身体的コミュニケーションには、伝えるつもりのない意味や伝えたくない情報を周囲の人間が勝手に読み取ってしまうという過剰性があり、メッセージを発信したいという意図に基づくものであるとは言い難い。

3　複数の人間が一定の空間にほんのしばらくでもともにいれば、コミュニケーションの場が発生する。

**三**　**二つの文章を読み、「高校生が電車の中で立っているお年寄りに声をかけて席を譲る」という場面を想定し、高校生側から表現される身体的コミュニケーションと言語コミュニケーションを、次の動作の順に整理しよう。このとき、それぞれの動作にどのような情緒または内言が伴うのかも想像し、まとめよう。**

①立っているお年寄りに気がつく。
②お年寄りに声をかける。
③お年寄りに席を譲る。
④お年寄りからお礼を言われたので返す。

**考え方**　「情緒」と「内言」の関係は、「情緒」が「自分の周りの現象（対象）が目に入って」（一四八・3）きたときに、「重要な役割を果たす」（一四八・4）もので、「無意識の判断」（一四八・5）によってそれが「思考・推論（内言）」（一四八・7）、つまり「外側からは見えない自分の中にある言葉」（一四八・8）である「内言」に進むというものである。①の「気がつく」は、「情緒」に関係が深く、②の「声をかける」は、実際に言葉を発している状態である。これらをふまえて考える。

**解答例**　①　「お年寄りが立っている」という周囲の現象が目に入ったことをきっかけに、「情緒」が「大変そうだな」などと作用し、「席を譲った方がよいだろうか」という「内言」が生じる。ここでは「身体的コミュニケーション」は発生しない。

②　「声をかけよう」と決心するという「内言」の作用があり、実際に声をかける以前には、視線を通じた相互の認知があるため、「身体的コミュニケーション」が発生する。さらに「声をかける」ことは「言語コミュニケーション」である。

③　席から立ちあがり、お年寄りを座らせるという「身体的コミュニケーション」が発生する。その際「ここに座ってください」などという言葉を交わすことは「言語コミュニケーション」となる。

④　お礼を言われ、返答することは「情緒」に支えられた「内言」が「外言」となることであり、「言語コミュニケーション」と言える。また、視線を交わしたり、会釈をしたりすることが伴えば「身体的コミュニケーション」となる。

実用文（一）

# 法に関わる文章を読み比べる

教科書P.154～157

## ●学習のねらい

二種類の実用的な文章を読み比べて必要な情報を読み取り、両者を関連づけて解釈する方法を学ぶ。

## ●読むポイント

法律文は、法律用語や日常生活では使用しない表現、難解な言い回しが多い。主述を正確に押さえて読み取ろう。

### 語句の解説

**教154ページ**

1 **密接《みっせつ》**　関係が非常に深いさま。

2 **判決文《はんけつぶん》**　裁判所が、口頭弁論などを経て行う最終的な判断を記した文章。

2 **論理的《ろんりてき》**　考え方や言い方に誤りや飛躍がなく、納得しやすい順序を踏んで筋道だっているさま。

2 **解釈《かいしゃく》**　物事や文章などの意味や内容を理解すること。

【資料A】

5 **分担《ぶんたん》**　手分けして受け持つこと。

6 **必然的《ひつぜんてき》**　必ずそうなるべきさま。

6 **ルール**　規則。

6 **構成員《こうせいいん》**　組織や共同体を構成する一員。

7 **維持《いじ》**　物事をそのままの状態で持ちこたえていくこと。

7 **明確《めいかく》**　はっきりして確実であるさま。

8 **違反《いはん》**　守らなければならない規則や約束などを破ること。

8 **お仕置《しお》き**　こらしめるために罰を与えること。

8 **課《か》す**　務めとして割り当てる。

9 **裏打《うらう》ち**　別の面から物事の確実さを保証すること。

10 **順調《じゅんちょう》**　物事が調子よく進んでいるさま。

10 **機能《きのう》して**　ある物が、機械や組織の中でそのはたらきを十分に示して。

11 **死刑《しけい》**　犯罪人の生命を絶つ刑罰。

11 **無期《むき》**　期限がないこと。対 有期

12 **懲役《ちょうえき》**　犯罪人を刑務所に拘置して、一定の労役に服させる刑。

12 **処《しょ》する**　刑罰を与える。

12 **刑罰《けいばつ》**　罪に対して科せられる法的な制裁。

13 **発動《はつどう》**　法的な権限を行使すること。

16 幹事《かんじ》 団体の中心となり、事務処理などを担当する役。

教155ページ

3 適用《てきよう》 規則や方法などを、当てはめて用いること。
3 思考《しこう》 考えること。
3 再構成《さいこうせい》 再び組み立てること。
7 あらかじめ あることが起こる以前に。
11 プロセス 過程。
12 言明《げんめい》 はっきり言い切ること。

教156ページ

【資料B】

1 被告《ひこく》 罪を犯したものとして訴えられた側の当事者。
1 抜粋《ばっすい》 文献から必要な部分を書き抜くこと。
2 主文《しゅぶん》 判決文の結論部分。
3 執行《しっこう》 執り行うこと。
3 猶予《ゆうよ》 日時の期限を延ばすこと。
5 公安委員会《こうあんいいんかい》 警察の民主的、非政党的管理運営のために設けられた機関。
9 争点《そうてん》 訴訟や論争などの争いの的になっている重要な点。
9 故意《こい》 わざとすること。
9 不携帯《ふけいたい》 身につけて持ち歩かないこと。
10 旨《むね》 趣旨。主な内容。
11 更新《こうしん》 古いものを改めて新しくすること。
11 赴《おもむ》き ある場所・土地に行き。
12 申請《しんせい》 願い出ること。
12 行政処分《ぎょうせいしょぶん》 行政機関が法規に基づいて、国民に権利を賦与したり、義務を設定したりすること。
13 失効《しっこう》 効力が失われること。
14 有利《ゆうり》 都合がいい様子。
対 不利
15 認識《にんしき》 物事をはっきりと捉え、理解して見分け、判断すること。
15 採用《さいよう》 適当な案や方法などをとり上げて用いること。
16 法令《ほうれい》 法律と命令。
16 判示《はんじ》 裁判の判決などで、裁判所が事実認定や法解釈について判断を下すこと。
16 該当《がいとう》 当てはまること。
17 併合《へいごう》 いくつかのものを一つにまとめること。
17 犯情《はんじょう》 犯行に至るまでの事情。
18 法定《ほうてい》 法律によって定められていること。
18 加重《かじゅう》 重みや負担がさらに加わること。
18 刑期《けいき》 刑罰を受ける期間。
18 情状《じょうじょう》 ある事態に至った実際の様子。
19 訴訟《そしょう》 裁判所に裁判を要求すること。
20 負担《ふたん》 自分の責任・義務として引き受けること。

教157ページ

1 量刑《りょうけい》 刑罰の軽重の程度を決めること。
1 禁錮《きんこ》 一室に閉じ込めて、外に出させないこと。
1 前科《ぜんか》 以前に刑罰を受けたこと。
2 酌《く》む 気持ちや事情、意味などを思いやり理解する。

3 戒《いまし》めた　過ちのないように強く注意したり禁止したりした。

3 言渡《いいわた》し　裁判官が判決や決定などの内容を当事者に口頭で知らせること。

4 科刑《かけい》　刑罰を与えること。

## 活動の手引き

**一　傍線部①「A君の思考を再構成する」をふまえて、【資料B】の裁判官の思考過程を再構成してみた。その過程が明らかになるように、空欄に当てはまる内容を書こう。**

①「[　]ならば、懲役又は罰金に処する」というルールがある
→②被告人は「[　]」
→③被告人は「懲役又は罰金に処する」べきだ

**考え方**　①【資料B】の「道路交通法118条1項1号、64条」(一五六・16)がルールに当たり、これは無免許運転は「懲役刑」(一五六・17)に処するというものである。

②　被告人は「運転免許を失効させ」(一五六・14)ており、「自己が無免許であることの認識」(一五六・14)があったと認められる、と述べられている。

**解答例**　①　無免許運転　②　無免許であることの認識があった

**二　傍線部②「この裁判が確定した日から4年間その刑の執行を猶予する」という「結論」を導く「小前提」は、【資料B】のどの部分で述べられているかを指摘してみよう。**

**考え方**　「刑の執行を猶予する」ことについては、「(量刑の事情)」(一五七・1)で「前科がないこと」、「64歳と若くはないこと」、「妻の健康状態がよくないこと」などを酌んで、「今回はその刑の執行猶予の言渡しをする」と述べられている。

**解答例**　「(量刑の事情)」部分で述べられている。

**三　傍線部③「弁護人の上記主張は採用できない」とあるが、弁護士の主張の何を誤りと判断したのか、「法的三段論法」に照らして、説明してみよう。**

**考え方**　「上記主張」とは、「被告人には無免許運転の故意はないから、運転免許証不携帯の罪が成立するにすぎない」(一五六・9)という弁護人の主張である。この主張については、直後の段落で、被告人が、「運転免許証更新の申請をした」が、「すでに運転免許取消の行政処分を受けており」、「運転免許を失効させるほうが有利である」との説明を受けて、「運転免許を失効」させていたことが明らかになる。157ページの(注)には、「自分が無免許であることを知らない場合、無免許運転の罪は成立しない」とあるが、被告人は自身で「運転免許を失効」させていたため、「無免許運転の故意はない」という主張が誤りということになる。

**解答例**　「無免許運転の故意がなければ、無免許運転は成立しない」というルールがある(A)が、弁護人の「被告人には無免許運転の故意はない」という主張が誤りで、被告人には自己が無免許であることの認識があった(B)はずなので、被告人の無免許運転の罪は成立する(C)、というA→B→Cの法的三段論法で説明できる。

# ボランティアへの参加を伝えるメールの文章を検討する

教科書P.158〜162

## ●学習のねらい

実用文には書き方のルールがあり、場面や目的に応じて書き方に工夫が必要な点を理解する。

## ●読むポイント

実用文は、相手に伝えるべき事項を簡潔に述べるものである。どのような目的があり、何を伝えたいのかを正確に読み取ろう。

## 語句の解説

**教158ページ**

2**NPO法人《ほうじん》**　特定非営利活動法人。NPOとは、社会的な問題に、営利を目的としないで取り組む民間団体。法人とは、法律で認められた、権利や義務の主体となることのできる組織や団体。

【資料A】

**貢献《こうけん》**　ある事柄に力を尽くし、社会や組織に役立つこと。

**歴史遺産《れきしいさん》**　受け継いで、後世に伝えるべきものとしての、前の時代の人々が作った文化財。文化遺産。

**社寺史跡《しゃじしせき》**　神社や寺、歴史に残る事件や建物などがあったところ。

**研修《けんしゅう》**　学問や技芸、職務上の技能を高めるために、特別な勉強や実習をすること。

【資料B】

**報酬《ほうしゅう》**　労働や仕事、世話などに対する謝礼の金品。

**教159ページ**

【資料C】

**ウェブページ**　インターネット上に公開しているページ単位の文書。

**保持《ほじ》**　その状態のまま保ち続けること。

**保全《ほぜん》**　損なわれないようにすること。

**持続可能《じぞくかのう》**　将来にわたって、同じ環境や状況を維持し、今と同じ営みを永続的に続けていくことが可能なさま。

**資《し》する**　助けとなる。

**特定非営利活動《とくていひえいりかつどう》**　不特定かつ多数のものの利益に寄与する活動。

**コミュニティ**　一定の地域で、共同の社会生活を営む集団。

**寄与《きよ》**　役に立つこと。

**里山《さとやま》**　人里近くにある、生活と関わりの深い雑木林や低い山。

**相《あい》まって**　二つ以上の物事が互いに作用し合って。

**衰退《すいたい》**　活力や勢力が衰えて弱ること。

**継承《けいしょう》**　先代、前任者の地位や財産、権利や義務などを受け継ぐこと。

**教160ページ**

**貴団体《きだんたい》**　「団体」の敬称。「貴」は、相手に対する敬意を表す。

**教161ページ**

1**主宰《しゅさい》**　人々の中心となって物事を進めること。

2**文案《ぶんあん》**　文章の下書き。

## 活動の手引き

**一　傍線部①・②の指摘を受け、メールの文案を具体的にどう直したらよいか。修正案を考えてみよう。**

**考え方**　傍線部①の「それ」は、「募集案内に書かれたどのボランティアに参加したいのか」(一六一・16)のことである。傍線部②にある「件名」は、【資料D】のメールの「件名」のこと。「相手がどうメールを読むかを意識」(一六一・20)した件名にする。

**解答例**　傍線部①の指摘に対して…【資料D】に、「地域清掃活動に参加させていただきたい」ということを加える。
傍線部②の指摘に対して…【資料D】の「件名」を「ボランティア活動への参加を希望します」とする。

**二　傍線部③とあるが、北川高校ボランティア部の活動方針と、NPO法人「美しい北川を守る会」の活動方針とが一致する点を説明してみよう。**

**考え方**　ボランティア部の活動方針は、【資料B】に「地域社会の発展、改善に貢献する」とある。一方、「美しい北川を守る会」の活動方針は、【資料C】の「1.活動目的」に、「地域環境全体の保全及び地域コミュニティの活性化に寄与する」とあり、この点が一致していると言える。

**解答例**　地域社会の発展や改善、活性化に貢献するという方針が一致している。

**三　傍線部④の「ここ」とは、【資料A】のどこを示しているか、指摘してみよう。**

**考え方**　ボランティア部では、【資料B】に「三.いかなる報酬も受け取らない。」と明記しているが、【資料A】には①の「その他」に「交通費・昼食代として一日千円を支給」とある。

**解答例**　①地域清掃の「その他」の項目の「交通費・昼食代として一日千円を支給」の部分。

**四　Bさんの指摘を受けてAさんが書き直したメールはどのような内容になるか。【資料D】の文案を、実際に書き直してみよう。**

**考え方**　修正点は、「件名」、両者の活動方針の合致点、参加したい活動を具体的にあげること、報酬は受け取らないこと、の四点。

**解答例**

宛先　美しい北川を守る会
件名　ボランティア活動への参加を希望します

(中略)

その中で、貴団体のボランティアに大変興味を持っており、ウェブページを拝見したところ、貴団体の活動方針である「地域環境全体の保全及び地域コミュニティの活性化に寄与する」と、我が部の「地域社会の発展、改善に貢献する」という活動方針が一致していることがわかりました。
つきましては、次の土曜日に実施予定の地域清掃のボランティア活動に、ぜひ部として参加をさせていただきたいと考えています。
ただし、部の活動方針により、交通費等含めいかなる報酬も辞退させていただきます。

(後略)

評論㈦

# 人間という中心と、それよりも〈軽い命〉

金森《かなもり》 修《おさむ》

教科書P.164～171

## ● 学習のねらい

具体(例示)と抽象(意見)の関係を整理して論理構成を把握し、筆者の述べる人間観を理解する。

## ● 要旨

喜怒哀楽のない昆虫でも命を持つ一個の生物として敬意を払う必要がある。無数の生物たちによって世界は彩られているが、人間は別格で、人間がいるからこそ何もかもがおもしろいと言える。人間のみが自分の生きざまを反省し調整できると同時に、他の生物たちの生きざまを気遣い、それらに思いを馳《は》せることができる。

## ● 段落

本文は、一行空きによって二つの段落に分けられる。

一 教P164・1～P167・7 昆虫の命の捉え方

二 教P167・8～P170・6 生物の中で別格である人間の存在

## 段落ごとの大意と語句の解説

**第一段落 教164ページ1行～167ページ7行**

喜怒哀楽のない昆虫は「死んだ」ではなく「壊れた」と言ってもいいと考えたこともあったが、今は違い、命を持つ一個の生物として敬意を払う必要があると考えている。同時に自分が厄介だ、腹立たしいと思った蚊を叩《たた》きつぶすという身勝手さもある。しかし、やはり蚊も生物だと理解しているので、蚊を殺すことは蚊を壊したとは言えない。

**教164ページ**

**1** 冒頭の蝉《せみ》の表現のしかたには、どのような効果があるか。

**答** 蝉がただの昆虫ではなく、〈土の精〉という神秘的な存在であるかのように思わせ、蝉の命を特別なものに感じさせる効果。

1 **土《つち》の精《せい》** 土に潜む魂や精霊という意味で、蝉は土の魂あるいは精霊ではないかと筆者は述べている。蝉の幼虫は土の中で数年過ごし、地上に出て羽化して成虫となる。成虫となってからは数週間で寿命を迎える。地上にいる期間よりも土の中にいる期間のほうが圧倒的に長い。この点もふまえて、筆者は蝉を「土の精」と呼んでいると考えられる。

「精」＝ここでは、人間以外のものに潜む魂や精霊のこと。

2 **水《みず》の精《せい》**　水に潜む魂や精霊。クラゲを水の精だとする定説はないが、さまざまな形や色で海を漂うクラゲに神秘的なものを筆者は感じ、同じ神秘さを蝉に感じているのである。

2 **踏《ふ》みしだかれている**　踏み荒らされている。

「踏みしだく」＝踏んで荒らす。

4 **やがてはもとの土《つち》に戻《もど》っていく**　蝉が土の上で死に、土の中の生物や菌類などによって分解されることを表現している。

8 **喜怒哀楽《きどあいらく》**　喜び、怒り、悲しみ、楽しみといった人間のさまざまな感情のこと。

9 **推定《すいてい》**　ある事実を手がかりに、見当をつけて決めること。

**教165ページ**

2 **収斂《しゅうれん》**　一つにまとまること。

2 **その背後《はいご》の〈哲学《てつがく》〉はまるで正反対《せいはんたい》のもの**　蝉は土の精だから、蝉が死ぬというのはもとの土に還《かえ》るだけだという考えと、蝉は喜怒哀楽がない機械みたいなものだから、その死を「壊れた」と述べてもいいという考えは、どちらも蝉の死を悲しまないという意味で同じだが、土の精という考えには背後に蝉の命への敬意がある一方、「壊れた」と述べることには蝉の命への敬意がないものであるということ。

「哲学」＝ここでは、人生観や世界観、物事を統一的に把握する理念のこと。

3 **動物一般《どうぶついっぱん》についてはともかく**　哺乳類などの動物には感情があると考えられ、研究もされている。筆者が一時期でもその死を「壊れた」と述べていいとまで思ったのは、喜怒哀楽がないと考えられる昆虫などの生物に限られていた。

4 **ことさらに**　特別際立たせて。

**2**　**「その種《しゅ》の複雑《ふくざつ》さ」とは、どのようなものか。**

**答**　昆虫の命について、ほとんど正反対の方向を持つ発想が混在するような、一つのことについて違う考えを同時に持つというもの。

7 **二《ふた》つの方向性《ほうこうせい》**　蝉を土の精と考えるか、機械のようなものと考えるかという二つの方向性。

8 **前者《ぜんしゃ》のほうに振《ふ》れている**　前者のほうに傾いている。「前者」とは、ここでは、蝉を土の精と考えることである。

13 **土《つち》に還《かえ》っていく**　土に戻っていくということ。

「還る」＝ここでは、もといた場所へ戻るということ。

15 **それを外《はず》す**　「それ」は敬意のことなので、敬意を払わないという意味。

**教166ページ**

1 **「蚊《か》には蚊《か》のかけがえのない命《いのち》が……」**　この「……」には「あるから大切にすべきだ」というような言葉が入ると考えられる。

1 **辛《つら》い**　生物には敬意を払う必要があると思いながらも、厄介で腹立たしいと自分が思う蚊は叩きつぶすので、「蚊のかけがえのない命」を大切にしているとは言えない矛盾を辛く感じている。

**2代物《しろもの》**　ここでは、人や物に対し何らかの評価を加えたことを表す言い方として使われている。蚊を「厄介」と評価したということを示す表現である。

**3蟬《せみ》や蚊自体《かじたい》の中《なか》から出《で》てくるものというよりも、人間《にんげん》から見《み》た視点《してん》の存在《そんざい》が効《き》いている**　蟬や蚊そのものの価値ではなく、人間が蟬や蚊をどう思うかで、蟬や蚊の命を大切にするかしないかが決まってくることをさしている。

**3**　「〈人間《にんげん》の勝手《かって》さ〉」とは、どういうことに対して言っているか。

**答**　命を持つ一個の生物には、それなりの敬意を払う必要があると考えていても、人間である自分から見て厄介だったり腹立たしかったりする蚊を迷いなく叩きつぶせること。

**7〈人間《にんげん》の勝手《かって》さ〉から、なかなか抜《ぬ》け切《き》れない**　蟬を「壊れた」と述べることは「醜さを感じさせる言葉」(**教**166ページ9行)と考え直し、命に敬意を払う必要があると考えたが、それでも蚊を殺すことは改められないでいる。

**12性《しょう》懲《こ》りもなく**　同じまちがいを繰り返しても、改めることなく。

**教167ページ**

**4直観的《ちょっかんてき》**　推理などではなく、瞬間的、直接的に物事の本質を捉えること。

**第二段落　教167ページ8行~170ページ6行**
人間は、人間以外の数多くの生物に囲まれて生きているからこそ、世界は楽しく、人生もまた楽しいのだが、それは人間が存在しているからこそとも言える。人間のみが、自分の生きざまを反省し調整できると同時に、他の生物たちの生きざまを気遣い、それらに思いを馳せることができる。昆虫の生涯の過酷さや悲しさは、〈人生〉の諸相を昆虫に仮託し擬人化することから来ているだけである。

**教167ページ**

**9一瞥《いちべつ》を与《あた》えながらも**　ちらっと見ても。
「一瞥」＝ちらっと見ること。

**教168ページ**

**8〈ミミズの命《いのち》〉は石《いし》よりは重《おも》いが、人命《じんめい》はもちろん、人間的活動《にんげんてきかつどう》一般《いっぱん》よりも軽《かる》い**　ミミズの命は人間の命よりも軽いのは当然のこととして、人間の活動よりもミミズの命が軽いという判断があることを述べている。

**9道《みち》に迷《まよ》い出《で》た憐《あわ》れなミミズが問題《もんだい》になっているだけ**　道にさまよい出た一匹の「〈ミミズの命〉は石よりは重いが、人命はもちろん、人間的活動一般よりも軽い」(**教**168ページ8行)と言っているだけで、人間活動一般のためにミミズを絶滅させてもよいほど、ミミズの命が軽いと言っているのではない。

**4**　「ある二《ふた》つの行動《こうどう》が分岐《ぶんき》する可能性《かのうせい》を持《も》つ」とあるが、ここでの「二つの行動」とは何か。

**答**　道にいるミミズを草むらに放り投げるか、何もせず通り過ぎるかの二つ。
「分岐」＝先が分かれること。

**12軽重《けいちょう》**　ここでは、価値の小さいことと大きいこと。

13 **人間《にんげん》以外《いがい》にいろいろな生物《せいぶつ》がいるからこそ、この世界《せかい》は楽《たの》しく、人生《じんせい》もまた、その生物《せいぶつ》たちとのやりとりの中《なか》で、それ相応《そうおう》の楽《たの》しさを刻《きざ》み込《こ》む**　人間の命だけでなく、人間的活動一般よりもミミズの命は軽いと判断するが、他の生物たちの命の価値を否定しているわけではなく、自分にとって価値のあるものであることを示している。

16 **逸話《いつわ》**　あまり知られていないが、興味深いエピソード。

**教169ページ**

5 **彩《いろど》る**　ここでは、おもしろみや趣などを加える、という意味。

5 **別格《べっかく》**　特別の取り扱いを受けるものであること。

6 **私《わたし》は完全《かんぜん》には抜《ぬ》け切《き》らない**　人間を別格だと思うことについて考え直すべきという思いがあるが、完全に考え直すにはいたっていないということ。昆虫も人間も同じ命を持つものとして敬意を払う必要があるし、いろいろな生き物がいるから世界や人生が楽しいのだと考えるが、それでも人間は昆虫などの他の生物とは違う、別格の存在だと思い続けているのである。

8 **ならぬものがなるように、なるものがならぬようになる**　人間が他の生物に干渉することで、自然に任せ本能に従って生きるだけだった生物がありのままとは違う状態にその生きざまを変えられていく。

9 **可能性《かのうせい》が拓《ひら》ける**　可能性を切り開くことができる。

9 **自分《じぶん》の生命様式《せいめいようしき》**　ここでは、その生物の生態や習性のこと。

11 **照合《しょうごう》**　照らし合わせ、確かめること。

12 **思《おも》いを馳《は》せる**　ある遠いものに対し、考えや気持ちを向ける。

**教170ページ**

1 **遍歴《へんれき》**　ここでは、さまざまな地を巡ること。

2 **過酷《かこく》**　非常に厳しかったりひどかったりするさま。

4 **諸相《しょそう》**　さまざまな姿や様子。

4 **仮託《かたく》**　ほかのことを借りて言い表すこと。

4 **擬人化《ぎじんか》**　人間ではないものを人間に見立てて表現すること。

6 **変奏曲《へんそうきょく》**　主題をいろいろな技法で形を変えて表した楽曲。ここでは、〈人の悲しみ〉という主題を〈虫の悲しみ〉という形に変えて表現したものということ。〈虫の悲しみ〉というのは『昆虫物語　みなしごハッチ』という例に沿って説明されたもので、人間が虫などの他の生物の思いを感じるときは、他の生物を擬人化し、その生物に似た人間の状況などを想定しているということである。

## 手引き

### 学習の手引き

**一**　**一行空きで区切られた前半部と後半部の関係を説明してみよう。**

**考え方**　前半部と後半部の要約を捉え、二つの関係を考える。

**解答例**　前半で述べた人間の勝手さの理由を、人間は人間の視点でしか他の生物たちを思うことはできないが、そもそも他の生物たちのことを考え、行動するのは人間だけであり、人間は他の生物たちとは別格であると後半で説明している。

## 二 前半部について、次のことを説明してみよう。

1 「実は〈土の精〉ではなかろうか」(一六四・1)、「『蟬が壊れた』と述べてもいいのだ」(一六四・10)という二つの考え方の違い。

2 「蚊を殺すとき、……言っても構わないのだろうか」(一六六・14)という問いに対する筆者の答えと根拠。

**考え方** 1 「『蟬が壊れた』はない。蟬は蟬なりのしかたで死ぬ、……それを外すから醜い言葉になる。」(一六五・13〜16)から考える。蟬を〈土の精〉と考えることについて述べた冒頭で蟬は「またもとの土に戻るだけ」(一六四・5)とあることと、「蟬が壊れた」という言葉に「醜さを感じる」(一六五・9)とあることをふまえると、二つの考え方の違いがわかる。

2 「我々は直観的にそれが生物だということを理解する。……『蚊を壊した』とは言えない」(一六七・4〜6)から考える。

**解答例** 1 蟬を〈土の精〉とする考え方は、蟬の命に敬意を払ったものだが、蟬が死んだときに「『蟬が壊れた』と述べてもいい」という考え方は、蟬の命への敬意を外したものである。

2 直観的に蚊が生物であることを理解するのだから、「蚊が壊れた」とは言ってはいけない。

## 三 後半部について、次のことを説明してみよう。

1 筆者が道にさまよい出ているミミズに対して、時間があるときは助け、急いでいるときはそのままにするという異なる行動をとる理由。

2 筆者は、人間が人間以外の生物に向ける感情をどのようなものだと考えているか。

**考え方** 1 この異なる行動について「このことは二つの判断を内包している。……という判断である。」(一六八・6〜7)とあることから考える。

2 『昆虫物語 みなしごハッチ』というテレビアニメを見て悲しみ、昆虫の生涯は過酷だと思うことを例にあげ、「それらの過酷さや悲しさは、……擬人化することから来ているだけだ。」(一七〇・3〜4)と述べている。昆虫や過酷さ、悲しさという具体例を抽象化して答える。

**解答例** 1 ミミズの命は石ころよりは貴重だが、人間よりは重要ではないという二つの判断があるから。

2 〈人生〉の諸相を他の生物に仮託し、擬人化して抱くもの。

## 活動の手引き

### 一 「人間のみが……思いを馳せることができる。」(一六九・11〜13)とあるが、この文章を読んだ前と後とで、「人間に叩きつぶされる蚊」や「道で干からびるミミズ」に対する感じ方に変化があったかどうか、自身の感想を発表し合おう。

**考え方** 「人間のみが自分だけではなく、他の生物たちの生きざまを気遣い、それらに思いを馳せることができる」というのは、叩きつぶされる蚊や干からびるミミズを憐れに思うのは人間だけということである。しかし、蚊やミミズも人間と同じ命を持つ生物であることには変わらない。このことをふまえて、自分の感想をまとめよう。

## 言葉の手引き

**一 次のかたかなを、送り仮名を含んだ漢字表記に改めよう。**

1 自分の発言にミニクサを感じる。
2 蚊の羽音が安眠をサマタゲル。
3 虫を素手でツカマエル。
4 敵の襲来にアワテテ逃げる。
5 事務手続きがワズラワシイ。
6 世界をイロドル生物たち。

解答 1 醜さ 2 妨げる 3 捕まえる 4 慌てて 5 煩わしい 6 彩る

**二 次の言葉の意味を調べよう。**

1 踏みしだく(一六四・2)
2 性懲りもない(一六六・12)
3 一瞥を与える(一六七・9)

解答例 省略(「語句の解説」を参照)

**三 本文の特徴について、次の点から受ける印象と、その効果を考えてみよう。**

1 丸がっこでくくって補足がされている点。
2 「いずれにしろ、……ご免なさい。」(一六六・9～11)という段落が挿入されている点。
3 「蝉が壊れた」などの慣例から外れた表現があげられている点。

考え方 1 丸がっこでくくらなくても、同じ内容を伝える書き方はできる。筆者は丸がっこでくくって書くという表現をあえて選んでいることから考える。
2 「蝉が壊れた」と「言い続ける気がしなくなった」(一六五・10)ことを書いた段落とは離れた位置にあることからも考える。
3 蝉は生物であり、それが動かなくなったときには「死んだ」と表現するのが慣例である。それをあえて「壊れた」と表現することは、筆者なりに「壊れた」という表現を選ぶ理由があるのだ。その理由を考えてみよう。

解答例 1 まとまった文章に説明が追加されることによって、直接筆者から語りかけられているような印象を受け、理解が深まり、筆者に親近感を持たせる効果がある。
2 改めて書いておきたいほど謝罪の気持ちが強い印象を受け、読者に「蝉が壊れた」という表現は醜いと筆者が強く思っていることを伝える効果がある。
3 筆者が慣例にとらわれず、自分で考えたことをそのまま言葉にしているという印象を受け、読者の興味を引き、筆者の考えへの理解を深めさせる効果がある。

# 言語が見せる世界

野矢茂樹《のやしげき》

教科書P.173〜183

## 学習のねらい

具体(例示)と抽象(意見)との関係を整理して論理構成を把握し、言語と認識の関係を理解する。

## 要旨

どの概念のもとに相貌を知覚するかは、対象への知覚主体の関心に応じて異なる。その見方には、外延や内包によって捉えていく古典的概念観と、「プロトタイプ」と呼ばれる典型例を把握する概念理解がある。プロトタイプの通念を「典型的な物語」と呼ぶとすると、「相貌を見る」とは、ある概念のもとに開ける典型的な物語を理解することであり、言語が我々に見せる世界を知覚することなのだ。だが、現実は常に典型的な物語をはみ出している。そこから逸脱した実在性《リアリティ》をも、我々はたしかに受け止めている。典型的な物語の世界は、あくまでもスタート地点にほかならない。

## 段落

本文は論の展開によって、六つの段落に分けられ、「話題提示」「考察」「結論」という構成になっている。

一　教P173・1〜P174・3　話題提示・相貌の知覚
二　教P174・4〜P176・4　考察①・古典的概念観とプロトタイプ
三　教P176・5〜P177・10　考察②・概念と事実
四　教P177・11〜P179・3　考察③・典型的な物語
五　教P179・4〜P180・14　結論①・「相貌を見る」こと
六　教P180・15〜P182・7　結論②・物語を逸脱する「実在性《リアリティ》」

## 段落ごとの大意と語句の解説

**第一段落　教173ページ1行〜174ページ3行**

街に行き交う人々を見るときに、一人一人の個性に関心がなければ、なんらかの一般的な相貌のもと、つまり概念のレベルで彼らを見ていることになる。どの概念のもとに相貌を知覚するかは、対象への知覚主体の関心の度合いにより異なる。

**教173ページ**

1 **雑踏《ざっとう》**　人ごみ。
2 **子細《しさい》**　細かく何かをするさま。
2 **尽《つ》きることなく**　終わることなく。「尽きる」＝次第に少なくなっていって、すべてなくなる。続いてきたものが途絶える。
4 **相貌《そうぼう》**　容貌。物事のありさま。
5 **分解能《ぶんかいのう》**　ここでは、物事を識別することのできる能力、の意。
6 **関心《かんしん》が向《む》かない**　興味がわかない。

「関心が向く」＝興味がわく。注意が向かう。

**1** **「なんらかの一般的《いっぱんてき》な相貌《そうぼう》のもと」は、この段落内で何と言い換えられているか。**

**答** 「概念のレベル」（教173ページ8行）

9 **知覚《ちかく》する**　外界の事物の状態を認識する。

9 **対象《たいしょう》**　行為や意識のめあてとなるもの。

10 **詳細《しょうさい》**　たいへんくわしいさま。

10 **大雑把《おおざっぱ》**　細部には至らず雑なさま。全体を大まかに捉えるさま。

11 **手持《ても》ち**　現在、手もとに持っていること。

**第二段落　教174ページ4行〜176ページ4行**

「相貌を見る」ことについて考える際、まず「概念とは何か」を考えなければならない。鳥を例に考えると、概念を規定するものとしては、外延や内包によって捉えていく古典的概念観と、「プロトタイプ」すなわち典型例を把握する認知意味論的な考え方がある。何を典型例とするかによって概念内容は異なり、また、同じ言葉を同じ外延に対して使用しても、時代によるプロトタイプの変化のために概念は変化する。

**教174ページ**

5 **多少《たしょう》なりとも**　少しであっても。

7 **集合《しゅうごう》**　一定の範囲に含まれるものを一つの全体として捉えたもの。

8 **規定《きてい》**　物事の内容などを一定の形に定めること。

9 **諸特徴《しょとくちょう》**　さまざまな特徴。

10 **内実《ないじつ》**　内部の実情。

14 **いささか鳥《とり》らしからぬ**　やや鳥らしさが不足している。
「いささか」＝少し。
「らしからぬ」＝そのものの普段の様子とは異なるさま。「らしくない」と同意。

14 **他方《たほう》**　別の面から見ると。

15 **歌《うた》い上《あ》げるとき**　声を張り上げて歌うとき。

**教175ページ**

2 **弁別《べんべつ》**　違いをふまえて、区別すること。

2 **典型的《てんけいてき》**　なんらかの特徴をよく示しているさま。

3 **例外的《れいがいてき》**　普通の例に当てはまらないさま。

3 **了解《りょうかい》**　理解すること。

5 **核心《かくしん》**　物事の中心である重要な点。

5 **把握《はあく》して**　しっかりとわかって。

7 **考《かんが》え方《かた》に立《た》つ**　立場で考える。

13 **極端《きょくたん》**　標準とされていることから大きく外れているさま。

**第三段落　教176ページ5行〜177ページ10行**

古典的概念観のもとでは、属性は意味には関わってこない。しかし、プロトタイプという考え方に従うと、語の意味、すなわち概念の内に典型的なさまざまな事実が入り込んでくる。だが、すべての事実が入り込むわけではない。どの事実が概念の内に含まれるか否かを問うことは、「プロトタイプ」とは何かを問うことになる。

**教176ページ**

**答 2**

**「こうした考《かんが》え方《かた》」とは、どのような考え方か。**

ある概念を持っていることの核心をその概念のプロトタイプを把握していることに見るという、プロトタイプを重視する考え方。

5 **帰結《きけつ》** 最終的に行き着いたところの結果。

6 **属性《ぞくせい》** 事物に本来備わっている性質。

7 **矛盾《むじゅん》** 二つの命題あるいは概念の一方が肯定されるとき、もう一方が否定される関係。二つの論理のつじつまが合わないこと。

10 **排除《はいじょ》** おしのけて、そこから取り除くこと。

**教177ページ**

6 **紫外線《しがいせん》** 電磁波で、可視光線より波長が短いもので、太陽光線などの中に含まれる。

6 **領域《りょういき》** ある力などが影響力を及ぼす範囲。

7 **視細胞《しさいぼう》** 動物の感覚細胞の一つで、光を受容する細胞。

9 **つまるところ** 結局。

10 **問《と》いにほかならない** 問いそのものである。

「ほかならない」＝決してそれ以外のものではない。まさにそうである。

**第四段落 教177ページ11行〜179ページ3行**

プロトタイプとは、現実に存在するものではなく、概念的に構成された、個性を持たない抽象的なものである。鳥のプロトタイプとは、我々の通念上の鳥なのである。その通念を「典型的な物語」と呼ぶとすると、ある概念を理解するとはすなわち、その概念のもとに開ける典型的な物語を理解することである。

**教177ページ**

12 **微妙《びみょう》な問題《もんだい》である** 部分的に複雑な要素があって、簡単には言い表せない問題である。

「微妙」＝一言で言い表すことができないくらい、複雑で細やかなさま。

**答 3**

**「梢《こずえ》でカーと鳴いているあれは、鳥《とり》のプロトタイプではない」のはなぜか。**

梢で鳴いているカラスは、それ自体の個性を持っているが、プロトタイプとは、いっさいの個性を持たないものをさすから。プロトタイプとは、現実に存在する鳥ではなく、通念上の鳥のことであるから。

15 **いっさいの個性《こせい》を持《も》たない** そのものに特有の固有な性質を全く持たない。

「いっさい」＝すべて。全部。

16 **いわば** たとえて言ってみれば。

**教178ページ**

1 **平《ひら》たい言《い》い方《かた》** わかりやすい言い回し。

2 **通念《つうねん》** 一般に共通に捉えられている考え。

5 **有無《うむ》** あるなし。

9 **開《ひら》ける** 展開される。

14 **陳腐《ちんぷ》** ありふれていて新鮮さがないさま。

**教179ページ**

2 **剝《は》ぎ取《と》られた** ここでは、個性を無理に取り除かれた、の意。

2 **徹頭徹尾《てっとうてつび》**　最初から最後まで、変わらずに。
2 **凡庸《ぼんよう》**　きわめて平凡なさま。

**第五段落　教179ページ4行〜180ページ14行**
相貌とは、あるものをある概念のもとに知覚することで、相貌を知覚するとは、あるものの概念のもとに開ける典型的な物語を理解することである。そして、相貌はそれをどのような物語の内に位置づけるかで変化する。何かを、あるものとして知覚するとは、あるものと捉えたその言葉で語り出される典型的な物語をこめて知覚することであり、相貌とは、言語が我々に見せる世界だと言える。

**教179ページ**
**4**　**「我々《われわれ》はそこに物語《ものがたり》を見《み》ている」とは、どういうことか。**
**答**　人が相貌を、「このようなもの」として知覚するとき、「このようだ」という言葉で語られる典型的な物語をそこにこめて見ているということ。

10 **さしあたり**　当面。
15 **位置《いち》づける**　そのものに適切な位置を与える。
15 **応《おう》じて**　対応して。

**教180ページ**
4 **劇的《げきてき》**　大きく変化に富むさま。
5 **なんらかの**　なにかしらの。
6 **来《き》し方《かた》と行《ゆ》く末《すえ》**　過去と未来のこと。「来し方」は「こしかた」とも読む。「来し方行く末」＝過去と未来。過ぎてきたところとこれから行くところ。
6 **それなりの**　それ相応に。
10 **盲導犬《もうどうけん》**　視覚障害者の歩行などを助け、安全な所に誘導する訓練を受けた犬。
11 **盲人《もうじん》**　視覚障害者。
11 **介助《かいじょ》**　そばに付き添って、動作を助けること。
12 **こめられている**　含まれている。詰められている。

**第六段落　教180ページ15行〜182ページ7行**
典型的な物語と違い、現実は際限なく豊かなディテールを持つ。また、現実のものごとはしばしば典型から逸脱する性質や振る舞いを示す。こうした、典型からはみ出してくる「実在性《リアリティ》」をも、我々は受け止めている。言語が見せる典型的な物語の世界をスタート地点とし、世界の実在性《リアリティ》に突き動かされ、新たな物語へと我々は歩を進める。

**教180ページ**
16 **際限《さいげん》なく**　はてなく。
「際限」＝ここで終わりという最後のところ。

**教181ページ**
6 **振《ふ》る舞《ま》い**　挙動。態度。
7 **相応《そうおう》の**　それなりの。
8 **奇妙《きみょう》**　風変わりなさま。
10 **目《め》を引《ひ》く**　目立って、注意をひきつける。
12 **実在性《リアリティ》**　ここでは、言語によって概念化することができないような、複雑で多様である現実のありよう、の意。
12 側面《そくめん》 いろいろな面の中のある一面。
13 供給《きょうきゅう》する 必要に応じる形で、物を与える。
14 逸脱《いつだつ》 本筋などから外れること。
15 意表《いひょう》を突《つ》く 相手が予想していなかったことをする。
15 欠如《けつじょ》 あるべきものが欠けていること。
16 取《と》り立《た》てて 特別に取り上げて。
**教182ページ**
1 食《く》い破《やぶ》り かじって破り。

**5** 「世界《せかい》を語《かた》り尽《つ》くすことはできない。」とは、どういうことか。

**答** 現実は常に典型的な物語からはみ出すものであり、概念が開く典型的な物語には、無限のディテールも、意表を突く驚きも欠如している。そのため、現実を言語で表そうとすれば、必ずそこからこぼれ落ちるものが出てくるということ。
「語り尽くす」＝すべて話す。ここでは、すべて認識する、といった意味も表す。

3 驚《おどろ》かし得《う》る 驚かすことができる。
5 初期設定《デフォルト》 本来は、コンピュータ上の初期状態のこと。ここでは、標準、の意。ここをスタート地点として、筆者は限りなく広がる現実の世界へと歩を進めるのだ、と述べている。

## 手引き

### 学習の手引き

**一** 全体を「話題提示」「考察」「結論」に分け、さらに内容から「考察」を三つ、「結論」を二つの段落に分けよう。

**解答例** 省略（「段落」を参照）

**二** 右で考えた段落構成をもとに、次のことに取り組もう。
1 各段落の要旨をまとめ、文章展開の構造を把握する。
2 筆者の主張を押さえる。

**解答例** 1 要旨…省略（「段落ごとの大意」を参照）
1 文章展開の構造…第一段落で身近な物事と関連させて、「相貌を見る」ということについて話題を提示している。第二段落の冒頭で「では、『相貌を見る』とはどういうことだろうか。」と問いを投げかけ、その問いの答えを導くため、第二段落から第四段落で、「プロトタイプ」を重視する概念の捉え方について、「古典的概念観」と比較しながら、概念とは何か、概念と属性の関係などについて考察を深めている。そして、第五段落で、それまでの考察をふまえた結論として、「『相貌を見る』とは何か」という問題についての答えを出し、第六段落で現実について述べ、第五段落の結論に対する説明をしている。
2 筆者の主張…省略（「要旨」を参照）

**三** 「概念とは何か」（一七四・5）について、次のことを整理しよう。

1 「古典的概念観」(一七四・10)と「プロトタイプを重視する考え方」(一七五・7)の違いについて。

2 「プロトタイプという考え方の重要な帰結」(一七七・2)について。

**解答例** 1 「古典的概念観」は、外延や内包によって概念の内実を捉えようとするものであるのに対して、「プロトタイプを重視する考え方」は、一つのある概念の核心を、そのプロトタイプ、すなわち典型例を把握することから捉えていくというものである。後者は、外延の規定は同じであっても、典型例によって概念内容が異なったり、同じ言葉を外延に対して使用しても、時代の推移によるプロトタイプの違いにより概念の変化が見られたりする可能性がある。

2 「プロトタイプを重視する考え方」には、あるものの語の意味、概念の内には、その事物に付随する典型的なさまざまな事実が入り込んでくるという、重要な帰結がある。ただし、どのような事実でもその意味の内に入り込んでくるわけではない。

**四** **「『相貌を見る』とは何か」(一七九・4)という問いに対する答えを、百字程度で簡潔にまとめてみよう。**

**考え方** 直後に「相貌とは、あるものをある概念のもとに知覚することである。」とあり、さらに「相貌を知覚するとは、その概念のもとに開ける典型的な物語をそこにこめて知覚することにほかならない。」と続けている。そして、「あるものを犬として見るとき」(一七九・9)の例を示しながら、相貌が「それをどのような物語の内に位置づけるかに応じて変化する」ことを指摘し、第五段落の最後で「相貌には物語がこめられている。……相貌とは、言語が我々に見せる世界なのである。」と結んでいる。この部分の内容を、具体(例示)と抽象(意見)の関係に注意しながら、百字程度になるようにまとめよう。

**解答例** 「相貌」とは、あるものをある概念のもとに知覚することで、それをどのような物語の内に位置づけるかに応じて変化する。よって「相貌を見る」とは、その概念のもとに開ける典型的な物語をそこにこめて知覚することである。

**五** **「私はまず、言語が見せる相貌の世界に立つ。そして、世界の実在性に突き動かされ、新たな物語へと歩を進める」(一八三・5)とはどういうことか、説明してみよう。**

**考え方** 「言語が見せる相貌の世界」と「世界の実在性」の二つの側面について説明しながらまとめる。

**解答例** 相貌を見るとは、概念によって展開する典型的な物語をもとに知覚していくことであるが、典型的な物語には、無限のディテールも意表を突く驚きも欠如している。際限ない豊かなディテールを持ち、典型的な物語から逸脱した「実在性《リアリティ》」を受け止めていくには、言語が見せる相貌の世界を出発点として、現実の実在性に驚かされ、概念世界を超える新たな物語を創り出す必要がある、ということ。

## 活動の手引き

**一** **身の回りのものを取り上げてその概念を考えて発表し合い、発表した内容が「プロトタイプ」と言えるかどうか、互いに判定してみよう。**

**考え方** 本文で取り上げられている、「鳥」「犬」といった生きもののほかに、たとえば、「朝食」といった生活の中のことなどについても取り上げてみるとよい。この「朝食」という概念を考えるときに、「どういう朝食が典型的な朝食らしい朝食であり、どういう朝食が例外的な朝食らしからぬ朝食なのか。」というように、典型例を把握することから概念の核心を捉えていれば、「プロトタイプ」と言える。そうしたことを参考にして判断してみよう。

**言葉の手引き**

**一　次のかたかなを漢字に改めよう。**

1　状況をショウサイに説明する。
2　オオザッパな性格の人。
3　キョクタンな意見が出る。
4　論理的にムジュンしている。
5　チンプな恋愛物語を読む。
6　歩行のカイジョをする。
7　典型からイツダツする。

**解答**　1　詳細　2　大雑把　3　極端　4　矛盾　5　陳腐　6　介助　7　逸脱

**二　論理的な文章において使われることが多い次の語について、意味を調べよう。**

1　相貌(一七三・4)　2　概念(一七三・8)
3　外延(一七四・8)　4　内包(一七四・9)

**解答例**　省略(1は「語句の解説」を参照。2〜4は教科書巻末「評論キーワード一覧」を参照)

**三　次の慣用句の意味を調べ、それぞれを使った短文を作ろう。**

1　目を引く(一八一・10)
2　意表を突く(一八一・15)

**解答例**　意味…省略(「語句の解説」参照)
短文…1　彼はバスケットボール部員の中でもひときわ背が高く、目を引く存在だ。
2　友達の意表を突く行動に驚かされる。

**四　この文章のタイトルが「私が見る世界」ではなく、「言語が見せる世界」であることについて、その意味を考えてみよう。**

**考え方**　「私が見る」は「私」が主体であり、「私」が何かを判断して「見る」という印象があるが、「言語が見せる」は、「言語によって私が見せられている」ということで、「私」が受け身である印象になる。また、第五段落の最後で「相貌とは、言語が我々に見せる世界なのである。」と、タイトルに通じる表現を用いていることにも注目する。「言語」は「概念」を伴うものだということを前提に、文章で述べられている「相貌を見る」という意味をふまえながら、タイトルの意味を考えてみよう。

評論(八)

# 身体の個別性

浜田寿美男《はまだすみお》

教科書P.186~195

## ●学習のねらい

ピアジェの「自己中心性」や河上肇《かわかみはじめ》の「利他性」と比較しながら、筆者が指摘する「本源的自己中心性」を理解する。

## ●要旨

人はそれぞれ固有の身体を持って生まれ、その身体で生きていく。そうした身体の個別性から、自己中心性の問題が出てくる。ピアジェは幼児心性の特徴の一つとして自己中心性を取り出し、やがて他者の視点からも物事を考えられるようになることを、重要な発達のメカニズムである脱中心化と言った。だが、生身の身体を抱えている私たちには、自分の身体の位置から世の中を生きる以外にないという自己中心性がどこまでも残る。加藤周一が説いた河上肇の自己中心的利他性は特殊なものではなく、思いやりという形で日常にあふれているが、立場が対等でない場合は、自己中心的利他性の弊がまとわりつく。人間は脱中心化の契機を持つ生き物だが、身体から離れて生きられない以上、本源的自己中心性にとらわれている。

## ●段落

本文は論の展開によって、七つの段落に分けられ、大きく「序論」「本論」「結論」という構成になっている。

一　教P186・1~P186・11　序論・身体の個別性に伴う自己中心性
二　教P186・12~P187・15　本論①・ピアジェの説く自己中心性
三　教P187・16~P188・16　本論②・ピアジェの説く脱中心化
四　教P188・17~P190・10　本論③・本源的自己中心性
五　教P190・11~P192・13　本論④・自己中心的利他性の事例
六　教P192・14~P194・5　本論⑤・自己中心的利他性の弊
七　教P194・6~P194・12　結論・本源的自己中心性にとらわれた存在としての人間

## 段落ごとの大意と語句の解説

**第一段落　教186ページ1行~186ページ11行**

人はそれぞれ固有の身体を持ち生きていく。この身体の個別性から、自己中心性の問題が出てくる。自己中心性に関してはピアジェの用語が有名で、私はそこに依拠しつつも一線を画して意味合いを区別した、本源的自己中心性を考えていく。

**教186ページ**

1 **人《ひと》はそれぞれ……身体《しんたい》を持《も》って生《い》きる**　ここでは、「身体」を単に体として捉えるのではなく、他者と同一化できないもととなるものとして捉えている。

3 **別個《べっこ》**　別のものであること。

3 **個別性《こべっせい》**　一つ一つの存在が違うものであるさま。

3 **つきまとっている**　いつも離れずについている。

4 **宿命《しゅくめい》**　生まれる前から決まっている、人間の運命。

4 **論点《ろんてん》**　議論において中心となる問題点。

5 **自己中心性《じこちゅうしんせい》の問題《もんだい》**　ピアジェは自己中心性を、幼児の思考の特徴とし、他者の視点や物事の客観的関係を理解できず、また、自身を客観的に捉えることもできないという問題を指摘している。

7 **依拠《いきょ》**　よりどころとすること。

7 **一線《いっせん》を画《かく》して**　両者の間を仕切り、区別をして。違いをはっきりさせて。

「一線を画す」＝区切りをはっきりさせる。区別を明確にする。

8 **本源的自己中心性《ほんげんてきじこちゅうしんせい》**　筆者の言う自己中心性のことで、人間は、どのような試みをしても、もともと自己中心的にできている存在であるという性質。

9 **形容詞《けいようし》をかぶせると**　形容表現をつけると。

9 **ご大層《たいそう》**　他者のする大げさな行為などに対して、嘲る感じで言う言葉。

10 **あがいて**　よくない状態から抜け出そうと、あれこれ努力して。

**第二段落　教186ページ12行〜187ページ15行**

ピアジェは幼児心性の特徴の一つとして「自己中心性」を取り出した。ピアジェの言う自己中心性とは、自分の視点からは正確な認識が持てるが、他者の視点に立って物事を捉えられないということである。

**教187ページ**

1 **端的《たんてき》に言《い》えば**　要点を捉えて、はっきりと言えば。

3 **世界観《せかいかん》**　ここでは、特有の世界や観点におけるものの見方、の意。

4 **この心性《しんせい》がまとわりついている**　自分の視点からしか物事を捉えられないという心の性質が、いつでも離れないでいる。

「まとわりつく」＝いつでも離れないでくっついている。からみつく。

5 **知能《ちのう》テスト**　知能の水準などを客観的に測定するために開発されたテスト。フランスのビネーらが開発したものが最初とされる。

**1**　**次郎が「(太郎《たろう》くんに兄弟《きょうだい》は)いない。」と答えてしまうのはなぜか。**

**答**　まだ四歳くらいの次郎は、他者の視点に立って物事を見ることができず、太郎から見たときに自分自身がその兄弟になるということがわからないから。

**第三段落　教187ページ16行〜188ページ16行**

ピアジェの言う自己中心性は、四、五歳ぐらいの幼児に見られるものである。自分の視点からしか世の中を理解することができなかった子供が、やがて他者の視点から物事を考えられるようになる。これが脱中心化と定義されるものであり、発達のメカニズムとしてピアジェは重視した。ピアジェは、脱中心化が繰り返されて大人になり、やがて完全に第三者の目で物事を客観的に捉えられるようになるとしているが、現実はそのように単純ではない。

**教187ページ**

17 **克服《こくふく》** 努力することで、さまざまな困難に打ち勝つこと。

**教188ページ**

5 **脱中心化《だっちゅうしんか》** 自分の視点を抜け出すことができることをさしたピアジェの用語。

6 **自分《じぶん》の視点《してん》にとどまっている限《かぎ》りは** 自分の視点以外で物事を見ることができないうちは。

8 **到達《とうたつ》** ある状態に達すること。

9 **相互的《そうごてき》** 異なる立場の両者が同じことをし合う状態。

10 **メカニズム** しくみ。

15 **理念《りねん》** 物事についての根本の考え。

**第四段落 教188ページ17行〜190ページ10行**

頭の中でいくら脱中心化を徹底しても、私たちは自分の身体から抜け出すことはできず、自己中心性は残る。私たちは自分の身体の位置から、自分の身体を通してこの世界を体験しており、それ以外にこの世を生きる方法はない。これを私は本源的自己中心性と呼ぶことにする。生身の身体の現実に即する限り、人は本源的に自己中心的であらざるを得ず、完全な脱中心化は本来あり得ないのである。

**教188ページ**

17 **生身《なまみ》の身体《しんたい》** 現実に生きて、呼吸をしたりするなどの行動を取り、感情を持っている身体。

17 **徹底《てってい》** 中途半端ではなく、最初から最後まで貫いていること。

**教189ページ**

1 **抜《ぬ》け出《だ》すことはできない** 逃れることはできない。

7 **一種《いっしゅ》の** ある種の。同類と認められる。

12 **如実《にょじつ》に** 実際のとおりであるように。

**教190ページ**

**2** **答**

**「その脱中心化《だっちゅうしんか》の最大《さいだい》の教訓《きょうくん》は完全《かんぜん》な脱中心化《だっちゅうしんか》は本来《ほんらい》あり得《え》ないということである。」とは、どういうことか。**

ピアジェ的な理念のもとでは、幼児期の子供が、やがて自分の視点を離れて他者の視点からも物事が捉えられるようになるのと同様に、その後の段階でも自己中心性を乗り越えて脱中心化し、大人の段階では完全に第三者の目で物事を純粋に客観的に考えられるようになるはずである。しかし、人はそれぞれの身体を持っているから、どれほど脱中心化がなされても、結局は自分の身体の位置からしか生きられないという本源的自己中心性は消えない。つまり、ピアジェの理論をたどっていくと、むしろ完全な脱中心化は不可能だという結論に達するということ。

「教訓」＝教えさとす言葉。また、その内容。
「本来」＝もともとがそうであること。
「あり得ない」＝あるはずがない。

5 **相互性《そうごせい》** 互いにはたらきかけがある性質。

6 **即《そく》する**　ぴたりと当てはまる。適合する。

7 **自己中心的《じこちゅうしんてき》であらざるを得《え》ない**　どうしても自己中心的になってしまう、ということ。

10 **ごまんと**　たくさん。

**第五段落　教190ページ11行〜192ページ13行**

河上肇は「自己中心的な利他主義者」と呼ばれる。自己に忠実であろうとして、結果的に社会的現実を正確に観察できないという意味で自己中心的だったのだ。この自己中心的利他性は決して特殊なものではない。いわゆる思いやりというのがそれである。

**教190ページ**

11 **利他主義《りたしゅぎ》**　他者の幸福などを第一に考えるというあり方で、利己主義に対する考え方。「利他」は、自分を犠牲にして他者に幸福を与えたり、そう願ったりすること。

12 **一見《いっけん》**　ちょっと見ること。

12 **相《あい》いれない**　お互いの立場や考え方などが、相反していて、お互いを受け入れることができない。

16 **波紋《はもん》をひき起《お》こす**　周囲に動揺を与える出来事を起こす。

**教191ページ**

1 **無頓着《むとんちゃく》**　細かな事柄を気に掛けることなく、物事にこだわらない状態。「むとんじゃく」とも読む。

1 **成《な》り行《ゆ》き**　物事が次第に変化していく様子や過程、またその結果。

1 **身《み》をまかせ**　なすがままになって。「身をまかせる」＝相手の思うようにさせる。流れに身を委ねる。

3 **利《り》して**　ここでは、うまく用いて、の意。

4 **魅《み》せられた**　不思議な力によって、心がそのものにひきつけられた。

6 **集団志向性《しゅうだんしこうせい》**　ここでは、集団意識を強く持つ性質。

7 **誰《だれ》にもまして**　誰よりも強く。「……にもまして」＝……以上に。……よりずっと。

7 **党派《とうは》**　考え方や利害関係を同じくする人々の集まり。

8 **原理《げんり》**　基本の法則。

9 **よりどころ**　支えとなるところ。頼みとするもの。根拠。

11 **利己主義《りこしゅぎ》**　他者のことなどを考えることなく、自分の欲求や利益などを追求する考え方。

12 **同義《どうぎ》**　意味が同じであること。

16 **話《はなし》の土俵《どひょう》が異《こと》なっている**　議論や交渉などをするその観点や分野が違っている。

**教192ページ**

1 **無我《むが》**　私心のないこと。

1 **貫《つらぬ》かれていた**　考えが変わることがなかった。

2 **邁進《まいしん》する**　恐れず突き進む。

2 **頓着《とんちゃく》しない**　こだわらない。「頓着」は「とんじゃく」とも読む。

2 **自己《じこ》に忠実《ちゅうじつ》**　自分自身のありのままの気持ちを大切にし、それを偽ったりしないさま。

6 **権力《けんりょく》になびかない**　権力に屈して従ったり、その意のままになったりしない。「なびく」＝他の威力に服従し、その意向に従って行動する。

6**重《おも》し**　ここでは、人が何かをするのをとどめ、その心を抑制する力のあるもの、の意。

7**たぐい**　同じような性質のもの。

11**域《いき》に達《たっ》していた**　特定の境地や範囲などにある状態となった。

**3**　**「思《おも》いやり」が「自己中心的利他性《じこちゅうしんてきりたせい》」と言えるのはなぜか。**

**答**　「思いやり」は相手によかれと思うことをしてあげることから利他的と言えるが、「相手によかれ」と思うのはほかならぬ「私」であり、「思いやり」という利他性の中にはおのずと自己中心性がつきまとうから。

**第六段落　教192ページ14行～194ページ5行**

「相手によかれ」と思うのは、ほかならぬ「私」なので、思いやりとは自己中心的なものだ。互いが了解し合うことがなければ、利他性も自己中心性を免れない。互いの立場が対等ではない場合、自己中心的利他性の弊がしばしばまとわりつく。

**教192ページ**

14**よかれ**　よくあってほしい。

15**無縁《むえん》**　関係がないこと。

16**おのずと**　物事の成り行きに従い、自然とそのようになるさま。

**教193ページ**

2**いちいち**　一つ一つ。

3**当《とう》の**　今、取り上げられているその。

3**忠告《ちゅうこく》**　心をこめて、相手のよくない点についていさめ諭すこと。また、その言葉。

3**かなわない**　ここでは、やりきれない、我慢できない、の意。

5**大《おお》きなお世話《せわ》**　自分にとって不要のことをする相手の言動に対してわずらわしく思い、はっきりと拒否をして、自分に関わってほしくないさまを表す言い回し。

6**了解《りょうかい》**　相手の考えや意図がわかったうえで、よしとして受け入れること。

7**免《まぬか》れない**　避けて関わらないでいることはできない。

9**落差《らくさ》**　二つの物の間の差。

11**弊《へい》**　よくない部分。害。

12**思《おも》いをかけ合《あ》う**　お互いを思い合う。

13**温床《おんしょう》**　よくない結果が生じやすい環境。

15**提唱《ていしょう》した**　意見や主張などを唱えて発表した。

15**大東亜共栄圏《だいとうあきょうえいけん》**　第二次世界大戦中、日本が提唱した考え方で、欧米のアジアに対する植民地支配に代わり、日本を中心とした共存共栄の地域を樹立しようとしたもの。アジアにおける日本の支配拡大を目ざしたもの。

16**侵略《しんりゃく》**　武力を用いて他国の主権を侵害すること。

17**毒牙《どくが》**　ここでは、あくどい手段、企み、の意。

17**解放《かいほう》**　拘束されたり、束縛されたりしているものを自由に解き放つこと。

**教194ページ**

1**スローガン**　団体や運動の主義主張を表す標語。

1**横暴《おうぼう》**　権力や勢力、あるいは腕力によって、無法な行動や乱暴な行為などをするさま。

1 **美名《びめい》**　ここでは、世間に聞こえのよい表向きの名目のこと。
2 **安易《あんい》に乗《の》る**　深く考えないで賛同する。
2 **潜《ひそ》む**　内部に隠れていて、表には出てこない。
4 **迷惑至極《めいわくしごく》**　このうえもなく迷惑であること。
4 **とてつもない**　並はずれている。

**第七段落　教194ページ6行～194ページ12行**

人間は、身体にまとわりついた自己中心性を抜け出して他者の視点に立つという脱中心化の契機を持つ生き物であるが、抜け切れない自己中心性を引きずっている。人は自分の身体から離れて生きるわけにはいかず、そうした個別性を生きているゆえに、本源的な自己中心性にとらわれていることを確認しておきたい。

**教194ページ**
7 **契機《けいき》**　きっかけ。本質的な要素。
8 **営《いとな》み**　行為。

**4**　**「そうした個別性《こべっせい》」とは何か。**

**答**　人は自分の身体から離れて生きるわけにはいかないため、それぞれの人生をそれぞれの身体でもって生きているということ。

## 手引き

### 学習の手引き

**一　本文の論理展開について、次の手順で分析してみよう。**

1　本文を、大きく序論・本論・結論の三段落に分けてみよう。
2　本論部分をさらに五段落に分け、内容に即した小見出しをつけてみよう。
3　各段落の役割や位置づけを、段落相互の関係を把握しながら整理してみよう。

**解答例**　1・2　省略(「段落」を参照)
3　第一段落…タイトルともなっている「身体の個別性」について説明し、このことから、「自己中心性」という本文の中心となる論点が引き出されるようになっている。「自己中心性」は、ピアジェの示した用語であり、そこに依拠しつつも、一線を画して考えていくという考え方の基となることにも触れている。
第二段落…ここから本論に入るが、まずピアジェの「自己中心性」について説明する。

第三段落…幼児期以降でも脱中心化がなされるというピアジェの説く理念のもとでは、大人になった段階では物事を純粋に客観的に見られるようになるはずだが、現実はそうならないと異論を呈する。

第四段落…前段で述べたピアジェの説明の理論は図らずも脱中心化の不可能性を示していることを指摘し、筆者の主張する「本源的自己中心性」の正当性を説明している。

第五段落…「自己中心的な利他主義者」の事例を取り上げ、思想的に利他主義でも自己に忠実であったために社会的現実を把握できない点で自己中心的と言えることを説明し、自己中心的利他性というものが特殊なことではなく、思いやりという形で日常に多く存在することを示している。

第六段落…互いの了解のないところでは、利他性は自己中心性を免れず、「自己中心的利他性の弊」となると論じている。

第七段落…結論として、人は個別性を生きている以上、本源的自己中心性にとらわれた存在であることを述べてまとめている。

段落相互の関係…序論で「自己中心性」が「身体の個別性」から起こることを示し、本論ではまずピアジェの「自己中心性」の理念を説明しつつ(第二段落)、その理念に疑問を呈し(第三段落)、ピアジェの理念と対比させながら持論の正当性を述べていく(第四段落)、という形になっている。第五段落では自己中心的利他性というものが多くあることを説明し、第六段落ではその弊害について記していく。そして第七段落の結論では、第四段落で示した本源的な自己中心性の存在の確かさをあらためてまとめていく形になっている。

## 二 序論部分に書かれている、この文章の立場をまとめよう。

解答例 人はそれぞれ個別の身体を持って生きており、もともと自己中心的であるという意味の「本源的自己中心性」を持つという立場。

## 三 本論部分の内容を、次の項目に沿って整理してみよう。

1 ピアジェの言う「自己中心性」「脱中心化」とは、どのようなものか。

2 筆者はピアジェの説について、どこまで依拠して何を批判しているか。

3 「自己中心的利他性の弊」(一九三・11)とは、どのようなものでどういうときに生じやすいのか。

解答例 1 「自己中心性」…四、五歳ぐらいまでの子供たちの幼児心性の一つで、物事を自分の視点からしか見ることができず、他者の視点を理解できないということ。

「脱中心化」…四、五歳を過ぎて、子供たちが成長に伴い自分の視点を離れて他者の視点からも物事を考えることができるようになるということ。

2 発達過程で、他者の視点で物事を見られるようになるという脱中心化のはたらきが起こること自体は事実として依拠しているが、脱中心化の過程を経ていけば、大人の段階には完全に第三者の目で物事を純粋に客観的に考えることができるようになるという理念に対しては、人が身体を持つ限り人はそれぞれの身体の位置から世の中を生きる以外になく、それは発達によって乗り越えられるものではない、と批判している。

3 「自己中心的利他性の弊」とは、利他的な行動をしようとするが、自己の視点に固執するために結果的に自己中心的な行動に陥ってしまうことで、互いの立場が対等でない関係のときに生じやすい。

## 四 筆者の言う「本源的な自己中心性」(一九四・12)とは、どのようなものか、説明してみよう。

考え方 第四段落の部分と、第七段落の部分に本源的な自己中心性についての記述があるので、そこからまとめよう。

**解答例** 自分の身体の位置からこの世の中を生きる以外にないといったように、自分の身体から常に離れずにいることによる自己中心性というもの。

## 活動の手引き

**一** **「自己中心的利他性の弊」に自覚的になるために必要なことは何か、考えたことを文章にまとめて発表し合おう。**

**考え方** まず、「自己中心的利他性の弊」が起こりやすい場面を押さえると、「立場が対等でない場面での、上位から下位への利他(思いやり)には、しばしばこの自己中心的利他性の弊がまとわりつくものである。」(一九三・10)とある。よって、立場が対等でなく、自分が上位にいる場合のことを想像して、そのときに自分がどのようなことを心がければよいのかを考えるとよい。

## 言葉の手引き

**一** **次のかたかなを、傍線部の字の違いに注意して、漢字で書き分けよう。**

1 { 幼児の思考やガイネン。 / 彼の身勝手な言動にフンガイする。

2 { 社会性をカクトクする。 / 小麦をシュウカクする。

3 { イダイな業績を残す。 / 国際条約にイハンする。

**解答** 1 概念・憤慨 2 獲得・収穫 3 偉大・違反

**二** **次の語句の意味を調べ、それぞれを使って短文を作ろう。**

1 一線を画す(一八六・7)
2 ごまんと(一九〇・10)
3 相いれない(一九〇・12)
4 無頓着(一九一・1)
5 邁進する(一九二・2)

**解答例** 意味…省略(「語句の解説」参照)

短文…1 従来の商品とは一線を画した、新しい商品を提案する。
2 その監督の映画に出演を希望する役者はごまんといる。
3 父が家の建て直しを提案したのに対し、母は反対しており、お互い相いれない立場になっている。
4 兄は洋服に無頓着で、いつも同じようなTシャツばかり着ている。
5 医者になるため、姉は勉強に邁進している。

**三** **「まるで丸い三角のような」(一九一・12)という比喩は、「自己中心的な利他主義者」という言い方を説明するうえで、どのような効果があるか、説明してみよう。**

**解答例** 「丸い」は角がなく、「三角」は鋭角な角を持つため、「丸い」が「三角」を形容する場合には矛盾が生じる。それと同様に「自己中心的な利他主義者」という言葉の「自己中心」と「利他主義」は言葉の意味としては相いれず、「自己中心的な」が「利他主義者」を形容する場合にも矛盾がある。「自己中心的な利他主義者」という抽象的な言葉の形容矛盾を、身近で形を思い浮かべやすい図形の比喩で表すことで、抽象的な概念を理解しやすくする効果がある。

# いのちのかたち

西谷《にしたに》 修《おさむ》

教科書P.197～205

## 学習のねらい

主張に説得力を持たせるための論展開を捉え、筆者の抱く「いのち」の概念について考察する。

## 要旨

英語だと「ライフ」のひとことで済む言葉が、日本語ではさまざまな表現があり、訳語をすべて「生命」とすることはなかなかできない。「生命」と「いのち」で言い表せるものは微妙に違っているからである。それは西洋的な抽象概念と日本語の実感的表現の違いであり、研究される部分的かつ一般的な「生命」と、人が生きている「一つのいのち」の違いである。医療現場では他者との関係に象《かたど》られた一人一人の「いのち」に相対しなければならず、一般化された「生命」とこの「いのち」とのギャップがせめぎ合っている。「いのち」という言葉を持っている人間は、だからこそ、生命科学の進展の背後にある問題に疑念を抱くことができ、これは僥倖《ぎょうこう》と言えるかもしれない。

## 段落

本文は筆者の考えの展開に沿って、四つの段落に分けられる。

一 教P197・1～P198・17 「ライフ」と「生命」という言葉
二 教P199・1～P201・8 「生命」と「いのち」の違い
三 教P201・9～P203・7 他者との関係に象られた「いのち」
四 教P203・8～P204・10 「いのち」に立ち止まる

## 段落ごとの大意と語句の解説

**第一段落 教197ページ1行～198ページ17行**

英語だと「ライフ」のひとことで済む言葉が、日本語ではさまざまな表現があり面倒なので、「ライフ」に対応する語は「生命」とするのはどうかと考えてみると、あまり不都合はないようだ。日本語の訳語を西洋原語と一対一対応にすれば、日本語で考え表現しても「国際標準」に適《かな》うことになるだろう。

教197ページ

1 **ライフ** 生命、一生、生涯、生活などの意を含む英単語。"life"のこと。
2 **その都度《つど》** そのたびごと。
2 **充《あ》てなければならない** 対応させなければならない。
3 **現物《げんぶつ》** 現在そこにある品物。
7 **具体相《ぐたいそう》** 直接捉えられる具体的な姿。ありさま。
9 **波瀾万丈《はらんばんじょう》** 変化が非常に劇的で激しいこと。

10 **生命様式《せいめいようしき》** ある社会や集団における、衣食住の生活の様式や水準。普通は「生活様式」と言われるもの。

11 **やってやれないことはない** やろうと思えばどうにかこうにかできる。

12 **捧《ささ》げた** 自分のすべてをあることにつぎ込んだ。

12 **人体実験《じんたいじっけん》** 生きている人間の体を使った実験。

12 **入《い》れあげた** 興味を持ったことに夢中になり、多くの金銭をつぎ込んだ。

**教198ページ**

1 **一律《いちりつ》に** 一様に。同じ具合に。

2 **生硬《せいこう》** 未熟で硬い感じがするさま。

4 **煽《あお》られて踊《おど》り出《だ》す** ここでは、刺激されて生き生きと表現される、の意。

4 **雑多《ざった》** さまざまなものが入りまじっている様子。

5 **まかなわざるを得《え》ない** 処理しなければならない。「まかなう」＝処理する。食事をととのえて出す。費用や人手を用意する。

5 **ニュアンスを帯《お》びる** 微妙な意味合いを含む。「～を帯びる」は、ある様子を少し含む、の意。

6 **困窮《こんきゅう》する** 非常に貧しくて困る。

**1** **「『生命《せいめい》』の語《ご》が妙《みょう》に色《いろ》を帯《お》び」るとは、どういうことを表現しているか。**

**答** 生硬に響きがちな「生命」という語が、不思議とその文脈を受けて具体的な場面における微妙なニュアンスを感じさせることを表現している。

「色を帯び」＝それらしい感じを含み持って。

7 **いとおしくさえなってくる** 親しみがこもり、大切に守ってやりたいようなものにさえ思えてくる。

9 **一対一対応《いちたいいちたいおう》** ここでは、一つの外国語の言葉に対しての日本語の訳語を一つにすること。

10 **文物《ぶんぶつ》** 文化が生み出したいろいろなもの。

11 **造語《ぞうご》** 新しくつくられた言葉。

11 **近代標準語《きんだいひょうじゅんご》** 考え方などが、合理的、民主的に変わった時代の標準となる言葉。

11 **俗語《ぞくご》** 改まった場では使われないような口語的で標準語から外れた日常語。

12 **正規《せいき》** 正式なきまり。

13 **国際標準《こくさいひょうじゅん》** 国ごとに差がある規格を、世界で統一した標準。

14 **公用語《こうようご》** 国際機関などのおおやけの場で使用することになっている言語。

15 **身丈《みたけ》を合《あ》わせる** 背の高さを合わせる。ここでは、先方の基準などに当方を合わせるということ。

**第二段落 教199ページ1行～201ページ8行**

実際に「ライフ」に対応する訳語をすべて「生命」とするようにはならないのは、「生命」と「いのち」では表されるものが微妙に違うからだ。「生命」は観察や研究の対象になるが、「いのち」は愛《め》でるとか粗末にすることはあっても、研究の対象にはなりにくい。これは、西洋的な抽象概念と日本語の実感的表現の違いによる。科学においても定義され、研究される「生命」と、人が生きる「いのち」とは違う。人が生きているのは「一つのいのち」なのである。

**教199ページ**

6 **艶《なまめ》かしかったりする**　色っぽいところがあったりする。

8 **作《つく》り物《もの》になぞらえても**　人の作ったものにたとえても。
「なぞらえる」＝たとえる。みなす。

8 **違和感《いわかん》**　しっくりしない感じ。

9 **鈍重《どんじゅう》**　動作などがにぶくてのろいさま。

9 **不細工《ぶさいく》**　形や容貌が整っていないさま。

15 **愛《め》でる**　いつくしみ、大切にする。

**教200ページ**

1 **ミスマッチ**　ここでは、つり合わないものをあえて組み合わせること。

3 **身《み》も蓋《ふた》もなく言《い》ってしまえば**　露骨な言い方をすれば。
「身も蓋もない」＝言葉があからさますぎて、情緒も含みを持たすようなものもない。

5 **なじみがよい**　よく調和する。しっくりくる。

8 **教科書《きょうかしょ》をひもといてみる**　教科書を読んでみる。
「ひもとく」＝本を読む。

8 **定義《ていぎ》**　意味や内容を、他のものと区別するよう明確に言葉で限定すること。また、それを述べたもの。

9 **複製《ふくせい》**　もとの物と同じ物を別につくること。

11 **生体《せいたい》**　生き物。生きているものの体。

12 **亀甲型《きっこうがた》**　亀の甲羅のような六角形。

14 **生殖《せいしょく》**　生物が自らと同様か共通の遺伝子組成による個体をつくりだすこと。

**2**　**「ある種《しゅ》の感慨《かんがい》」とは、どのような思いか。**

**答**　「生命科学」の教科書にあるような、分子レベルや細胞レベルでの視点から説明された「生命」を前にすると、自分が普段感じているような、人が生きる「いのち」とはやはり大きく違うものだと、驚きとともにしみじみ感じている思い。
「感慨」＝深く心に感じる、しみじみとした思い。

**教201ページ**

4 **印象《いんしょう》は拭《ぬぐ》えない**　受けた感じは取り去ることができない。

**第三段落**　教201ページ9行〜203ページ7行

「いのち」のあり方は、人の生き死にと切り離せない。人間の誕生と死は他者との関係に象られている。その他者との関係が、一人一人の人間を一人の存在として、一つの「生」として成り立たせている。

**教201ページ**

9 **端的《たんてき》に言《い》えば**　物事の核心をついてはっきりと言えば。

9 **個別化《こべつか》**　事物を構成している一つ一つを別にすること。

9 **契機《けいき》**　きっかけ。動機。

12 **五分《ごぶ》の魂《たましい》**　ここでは、小さいながらも、それ相応の魂がある、の意。「一寸の虫にも五分の魂」（どんなに弱くて小さい者にも相応の意地があるのだから、侮ってはいけない、の意。）ということわざがある。

15 **不可知**《ふかち》 知ることができないさま。

16 **一般的真理**《いっぱんてきしんり》 普遍的な法則や事実、道理。

**3** **「『死《し》』が一人《ひとり》の人《ひと》だけで完結《かんけつ》するものではない」とは、どういうことか。**

**答** 人は、死んだ後に「自分は死んだ」と認識して言うことはできず、その人を看取《みと》ったり死を確認したりする他者によって当人の死が完了するということ。つまり、「死ぬ」ということは、複数の人間で分かち合われることによって起こるということ。

17 **奇異**《きい》 普通とは異なるさま。

**教202ページ**

3 **瀕**《ひん》**して** よくない事態が差し迫っているときに。
「死に瀕する」＝あとわずかで死ぬ状態にある。

6 **看取**《みと》**る** 人の死に際まで見守る。

8 **押**《お》**しのけられて** 無理にそこからどかされて。ここでは、死にゆく人との望まぬ別れを表している。
「押しのける」＝無理にそこから退かせる。

10 **言明**《げんめい》 言葉にしてはっきり言い切ること。

13 **指標**《しひょう》 判断するための目じるし。

13 **還元**《かんげん》 ここでは、根本的なものに置き直すこと。

15 **自動詞**《じどうし》 目的語を必要としない動詞。

**教203ページ**

1 **錯覚**《さっかく》 思い違い。

5 **象**《かたど》**られている** 形作られている。象徴されている。

**第四段落** **教203ページ8行〜204ページ10行**

医療の現場では「生命」と「いのち」がせめぎ合っている。医学や医療技術は「生命科学」をベースにするが、現場では一人一人の「いのち」に相対しなければならず、この二つをつなぐ理論も思想もないからだ。しかし、こうした真に問うに値する問いに直面し、「生命科学」の進展の背後にある科学の「全能性」に関する思い込みや人間の「進化」への妄信に疑念を持たざるを得なくなったことは、「いのち」という言葉を持ってしまったたぐいの人間の僥倖と言えるかもしれない。

**教203ページ**

8 **保険制度**《ほけんせいど》 事故や病気などの危険に遭遇したときの経済的負担をできるだけ軽くするために設けられた制度。

9 **訴訟**《そしょう》 裁判を申し立てること。

**4** **「本質的《ほんしつてき》な問題《もんだい》」とは、どのような問題か。**

**答** 医療現場が向き合わなければならないのは一人一人の「いのち」だが、その個別の「いのち」に対して、一般化された「生命科学」をベースにして対処しなければならず、「生命」と「いのち」が医療の現場でせめぎ合っているという問題。

12 **せめぎ合**《あ》**う** 両者が対立して争う。

16 **地続**《じつづ》**き** ある場所と他とがつながっていること。ここでは、西洋語の「ライフ」における「いのち」と「生命」には隔たりがないということ。

教204ページ

1 剣呑《けんのん》な問《と》い　危険ゆえに不安がある問いかけ。
4 同化《どうか》した　考え方などが同じになった。
4 政策《せいさく》　政府などの施政上の方策。
5 誘導《ゆうどう》　人や物事をある所まで導くこと。
7 全能性《ぜんのうせい》　どのようなことでもできるという性質。

## 手引き

### 学習の手引き

一　本文を、「英語だと『ライフ』のひとことで済んでしまうことに、日本語ではコンテクストに従ってその都度適切な言葉を充てなければならない。」（一九七・1）という事実に対する、「提案」「提案に対する反論」「反論についての考察」「主張の提示」という要素で四つの段落に分けた場合、どこで区切るのが適当か、指摘してみよう。

解答例　省略（「段落」を参照）

二　右で考えた段落構成をもとに、各段落の要旨をまとめよう。

解答例　省略（「段落ごとの大意」を参照）

三　次の事柄について説明してみよう。

1　“body”の訳語である「身体」と、日本語にもともとある「からだ」との違い
2　「『生命』と『いのち』のギャップ」の内容（二〇三・11）

5　「『いのち』のような言葉《ことば》を持《も》ってしまったたぐいの人間《にんげん》」とは、どのような人か。

答　「生命」とは違う感触を持つ「いのち」という日本語を理解し、話す人。

10 僥倖《ぎょうこう》　思いがけない幸運。

3　「『いのち』のような言葉を持ってしまったたぐいの人間の、不都合というよりはむしろ僥倖であるかもしれないのだ。」（二〇四・9）と筆者が述べる理由

解答例　1　「からだ」は温かかったり艶かしかったりする「いのち」を帯びたもので、身近で親しいもののように感じられるのに対し、「身体」は機械や道具や芸術作品などの作り物になぞらえても違和感がなく、所有の対象としても表現される。

2　現在の医学や医療技術は、「生命科学」という一般化された「生命」を土台として体系づけられ、その理論のもとに行われるものとされているが、実際の現場で医療関係者が向かい合うのは、一人一人異なる様相の「いのち」を持つ人間そのものである。研究された、一般的・部分的なものである「生命」の理論と、さまざまな様相を呈する個別の「いのち」には、大きな差がある、ということ。

3　「いのち」という言葉の視点を持たなければ、「生命」と「いのち」に内在する差の問題に直面する必要はなくなるが、一方で、「生命科学」を万能とみなしがちになり、一人一人の「いのち」の重さ

をどう考えるかや、何のために生命科学の研究がなされているのかという、根本的な問いかけが失われがちになる。「いのち」という言葉を持つことによって、一人一人の人間の「いのち」という最も大切な、本質的なものについての疑念を抱くことができるから。

## 活動の手引き

**一** **本文をふまえて、脳の機能を失って回復の可能性がなく、生命維持装置をつけて生きながらえる人を前に、「生命科学」として考えることと、「いのち」として考えることにはどのような違いがあるか、文章にまとめて発表し合おう。**

**考え方** 「生命現象には個別化の契機はなく、『生命』は特定のこの一つといった観念にはなじまない。……それに対して『いのち』というのは常に個別化されて」(二〇一・9〜11)や、「生命科学はいわゆる生命現象を物理化学的に解明し得るものとして研究する。ところが医療現場が相手にしなければならないのは、つまるところ一人一人の『いのち』である。」(二〇三・13)などの部分をもとに、「生命科学」「いのち」それぞれの視点から、与えられた状況について考えてみよう。

「生命科学」の視点…どういう処置や投薬をすれば最適な延命治療ができるかの検討。

「いのち」の視点…患者に苦痛はないのか、延命を続けることは患者や家族にとってはたして幸福なことなのか、などの検討。

## 言葉の手引き

**一** **次のかたかなを、送り仮名を含んだ漢字表記に改めよう。**

1 マギラワシイ表現。
2 額の汗をヌグウ。
3 多くの困難をカカエル。
4 委員会への参加をウナガス。

**解答** 1 紛らわしい 2 拭う 3 抱える 4 促す

**二** **次の語句の意味を調べよう。**

1 生硬(一九六・2)
2 身も蓋もない(二〇〇・3)
3 ひもとく(二〇〇・8)
4 僥倖(二〇四・10)

**解答例** 省略(「語句の解説」参照)

**三** **次の〔 〕に当てはまる、「生命」以外の「ライフ」の訳語を考えてみよう。**

1 波瀾万丈の〔 〕。
2 〔 〕の曲がり角。
3 失業して〔 〕に困っている。
4 伝統的な〔 〕様式を守る。
5 〔 〕が尽きた。
6 彼は全〔 〕を科学に捧げた。

**解答例** 1 人生・生涯 2 人生 3 生活 4 生活 5 寿命 6 生涯

評論（九）

# リスク社会とは何か

大《おお》澤《さわ》真《ま》幸《さち》

教科書P.208〜220

## ●学習のねらい

リスク社会の特徴を捉え、そのような社会での人間のありようについて考える。

## ●要旨

リスクとは選択に伴って生じると認知された不確実な損害のことで、近代の本質的な特徴である再帰性を必要条件とする。リスク社会において、リスクは破壊的な結果をもたらすが、生じる確率は非常に低いという特徴を持つ。リスクの回避のために中庸の選択をすることは無意味であり、民主主義的な決定も否定する。そして、リスク社会は「知」と「倫理的・政策的決定」との断絶も明らかにする。リスク社会は、後期近代においてそれまで前提とされていた見えざる手、理性、予定説の神に見られる「第三者の審級」が、本質だけでなく実存も喪失されたことにより到来したのである。

## ●段落

本文は論の展開によって、六つの段落に分けられる。

一　教P208・1〜P210・8　近代社会の再帰性とリスクの一般化
二　教P210・9〜P212・2　リスク社会におけるリスクの特徴
三　教P212・3〜P213・11　リスク社会の影響1・中庸の選択の無意味化と民主主義的決定基盤の崩壊
四　教P213・12〜P215・11　リスク社会の影響2・「知」と「倫理的・政治的決定」の断絶の明確化
五　教P215・12〜P218・13　リスク社会の要因と第三者の審級
六　教P218・14〜P219・11　第三者の審級が喪失したリスク社会

## 段落ごとの大意と語句の解説

**第一段落　教208ページ1行〜210ページ8行**

リスクとは、何事かを選択したときに、それに伴って生じると認知された不確実な損害のことで、規範が常にモニタリングされ、修正され調整される「再帰性」を特徴として近代に出現した概念である。そしてリスク社会はその中でも「ポストモダン」と呼ばれる特定の段階と対応している。

**教208ページ**

3 **提唱**《ていしょう》 意見・主張などを唱え発表すること。

5 **家族崩壊**《かぞくほうかい》 家庭内に対立や不法行為、虐待などが恒常的に存在すること。

6 **リスクの可能性**《かのうせい》**にとりつかれた** リスクの可能性がついて離れなくなった。

9 **脅威**《きょうい》 強い力や勢いでおびやかすこと。また、おびやかされて感じる恐ろしさ。

11 **把握**《はあく》 しっかりとつかむこと。しっかりと理解すること。

**教209ページ**

4 **旱魃**《かんばつ》 ひでり。とくに、農作物に必要な雨が長い間降らないことによる水枯れ。

5 **暴政**《ぼうせい》 人民を苦しめる悪政。

7 **律**《りっ》**する** 一定の規範を設けて統制・管理する。

12 **浸透**《しんとう》 思想・風潮などが広い範囲に行き渡ること。

12 **常態化**《じょうたいか》 もともとは異常だったことが普通の状態となること。

14 **不断**《ふだん》**に** 絶え間なく。

14 **施**《ほどこ》**される** 効果や影響を期待されて行われる。

15 **ここかしこに見**《み》**いだされる** あちこちに見つけ出される。

「ここかしこ」＝こちらやあちら。あちこち。

**教210ページ**

1 **語源**《ごげん》 個々の単語の本来の形や意味、成立の由来や起源。

7 **特徴**《とくちょう》**づける** 他のものと異なり目立つ点を持たせる。

## 第二段落 教210ページ9行～212ページ2行

リスク社会のリスクには二つの顕著な特徴がある。一つは、予想され、危惧されるリスクはきわめて大きく破壊的な結果をもたらすこと、もう一つは、そのようなリスクが生じ得る確率は非常に低いか計算不能であることだ。時にリスクの低減や除去を目ざした決定や選択そのものがリスクの原因となり、リスクそれ自体が自己準拠的にもたらされる。

**教210ページ**

9 **表層的**《ひょうそうてき》**な** 表面の。うわべの。

10 **顕著**《けんちょ》**な** 際立って目につく。

11 **危惧**《きぐ》**されている** 恐れられている。危ぶまれている。

13 **典型**《てんけい》 同種のものの中で特性を端的に示しているもの。

15 **ダメージ** 損害。痛手。

**教211ページ**

3 **算定**《さんてい》 金額や数量などを計算して定めること。

5 **見積**《みつ》**もらざるを得**《え》**ない** 数字的な予想を出さざるを得ない。

「見積もる」＝前もって計算して出す。目安をつける。

6 **計**《はか》**り知**《し》**れない** 推し量ることができない。想像できない。

7 **確率論**《かくりつろん》**で言うところの** 確率論で言っているその。

「……で言うところの」＝……で言っているその。……でのいわゆる。

8 **相殺**《そうさい》**し合**《あ》**う** 互いに消し合う。

11 **所産**《しょさん》 あることの結果として生み出されたもの。

12 **極小化**《きょくしょうか》**して** きわめて小さくなって。

13 **皮肉**《ひにく》**な結果**《けっか》 期待とは違ったあいにくの結果。ここでは、リスクに対処しようとして行ったことが、逆に新たなリスクを引き起こしてしまうこと。

15 **枯渇**《こかつ》　物が尽きてなくなること。

16 **新**《あら》**たなリスクの源泉**《げんせん》**となる**　新たなリスクが生じるもとになる。

「……の源泉」＝……が生じるもと。

**教212ページ**

**1**　**「リスクそれ自体**《じたい》**が自己準拠的**《じこじゅんきょてき》**にもたらされる」とは、どういうことか。**

**答**　リスクの低減や除去を目ざした決定や選択そのものがリスクの原因となる、というように、あるリスク自体やそのリスクに対処しようとすることがまた新たなリスクを生じさせるということ。

**第三段落　教212ページ3行～213ページ11行**

リスク社会は、古代ギリシア以来の倫理の基本を否定する。倫理の基本は中庸ということにあるが、リスクを回避するためには、中庸の選択は意味をなさず、選択は両極のいずれかでなくてはならない。また、中庸の選択が意味をなさないということは、民主主義的な決定の基盤も切り崩すことになる。多数派の見解が集中する平均・中間が機能しなくなるからである。

**教212ページ**

4 **美徳**《びとく》　美しい徳。道理にかなったよい行い。

5 **回避**《かいひ》　不都合な事態にならないように避けようとすること。

6 **両極**《りょうきょく》　両極端。かけ離れた二つのもの。

7 **抑制**《よくせい》　おさえ止めること。

**教213ページ**

11 **杞憂**《きゆう》　必要のない心配。取り越し苦労。

12 **示唆**《しさ》**する**　それとなく知らせる。ほのめかす。

12 **中途半端**《ちゅうとはんぱ》　どっちつかずで徹底しないこと。

14 **最**《もっと》**も愚**《おろ》**かな選択肢**《せんたくし》　ここでは、対処効果が期待できる両極ではなく、全く効果のない中間の選択肢を採ることをさす。

**2**　**「こうした態勢**《たいせい》**」とは何をさすか。**

**答**　結果がわからなくても、結果に関して明白な確信を持つことができなくても、両極のいずれかを選択しなければならない状態。

5 **次善**《じぜん》**の策**《さく》　最善ではないが、それに次ぐ策。

7 **近似**《きんじ》　非常に似通っていること。

9 **代用品**《だいようひん》　ある物の代わりとして間に合わせに用いる品。

**第四段落　教213ページ12行～215ページ11行**

リスク社会は、「知」と「倫理的・政治的決定」との断絶をあからさまなものにする。そう言えるのは、リスクをめぐる科学的な知の蓄積は、見解間の分散や懸隔を拡張していく傾向があり、真理への漸近であるとみなされた「通説」へと収束していかないからである。この状況下では、政治的・倫理的決断は、科学的な知の裏づけがあるとの幻想を持つことができない。

**教213ページ**

12 **断絶**《だんぜつ》　二つのものの結びつきや関係が切れること。

13 **実践的**《じっせんてき》**な決定**《けってい》　実際に行う決定。

14 **乖離《かいり》**　背き離れていること。

15 **基礎《きそ》づけられない**　根拠を明らかにできない。「基礎づける」は、物事の基礎、根拠を与える。

15 **飛躍《ひやく》**　正常な順序や段階を踏まないで、飛び進むこと。

16 **幻想《げんそう》**　現実にはないことをあるかのように思い描くこと。

**教214ページ**

3 **隠蔽《いんぺい》**　知られては都合の悪いことを覆い隠すこと。

4 **露呈《ろてい》**　隠れていたよくないことが表に現れ出ること。

**3**　**「科学《かがく》に関《かん》して、長《なが》い間《あいだ》、当然《とうぜん》のごとく自明視《じめいし》されてきたある想定《そうてい》」とは、どのようなことか。**

**答**　科学者の間には見解の相違やばらつきがあるが、知見の蓄積と十分な討論を経れば、一つの結論へ収束して通説となり、真理に近づくはずだという考え。

5 **自明視《じめいし》されてきた**　当たり前であると見なされてきた。

7 **仮説《かせつ》**　ある現象を合理的に説明するために仮に立てた説。

8 **知見《ちけん》**　見聞して得た知識。見解。見識。

9 **収束《しゅうそく》**　分裂・混乱していたものが、まとまり収まること。

10 **通説《つうせつ》**　世間一般に通用している説。

12 **漸近《ぜんきん》**　次第に近づくこと。ここでは、科学者共同体の見解が一つの結論へと収束し、通説となるとき、真理へと少しずつ近づくことをさしている。

14 **含意《がんい》**　表面に現れないある意味を含むこと。また、その意味。

14 **推論《すいろん》**　ある事実をもとにして未知の事柄を推し量ること。

**教215ページ**

3 **便益《べんえき》**　便利と利益。都合がよく利益があること。

3 **終焉《しゅうえん》**　物事の終わり。死を迎えること。

3 **破局《はきょく》**　事態が行き詰まって迎える悲劇的な結末。

5 **兆《きざ》し**　物事が起こりそうな気配。徴候。

5 **……どころか**　ある事柄を否定することで、後に述べる事柄を対比的に強調する表現。

6 **発散《はっさん》**　外へ散らばること。違いが大きくなること。

7 **懸隔《けんかく》**　二つの物事がかけ離れていること。ここでは、リスクをめぐる科学的な見解が収束せず、隔たりが大きいことをさしている。

8 **もはや……できない**　今となっては……できない。ある事態が変えられないところまで進んでいること。

10 **裏《うら》づけを持《も》っている**　根拠となるものがある。「裏づけ」＝確実であることを証明できるもの。

**第五段落　教215ページ12行〜218ページ13行**

リスク社会がもたらされた要因として、近代社会が自然を制御することを選んだこと、依拠すべき伝統が崩壊したことがあげられてきた。しかし、リスク社会の本格化は、伝統的な規範や社会的な紐帯《ちゅうたい》が崩壊し、個人の選択の自由が顕揚されるようになった十九世紀ではなく二十世紀末期だ。二十世紀末までは、個人的な選択の前提となる「第三者の審級」における「本質」は空虚であったが、「実存」に関しては、確実であり充実していたのである。諸個人の選択は、第三者の審級に貢献し、参加することだった。

**教215ページ**

15 制御《せいぎょ》する　相手を押さえて自分の思うように統制する。
16 依拠《いきょ》すべき　よりどころとするはずの。

**教216ページ**

3 遭遇《そうぐう》　不意に出会うこと。偶然に巡り会うこと。
4 天罰《てんばつ》　天が下す罰。悪事の報いとして自然に受ける罰。
4 神意《しんい》　神の意志。神の意図。神慮。
8 紐帯《ちゅうたい》　二つのものを固く結びつけるもの。血縁、地縁、利害関係などの社会を形作る結びつき。
9 顕揚《けんよう》　威光や評判などを世間に広め高めること。ここでは、社会的なつながりよりも、個人の選択の自由が尊重されるべきものとして知らしめられたことをさしている。
11 到来《とうらい》　時機や機運が訪れること。
11 立《た》ち入《い》った　深く関わり合った。複雑な。
13 容認《ようにん》されている　よいとして認め許されている。
15 市場経済《しじょうけいざい》　個々の経済主体が所有する財やサービスを市場を通じて売り買いすることで、価格の変動により最適な資源配分がはかられる経済体制。
16 考慮《こうりょ》　物事のいろいろの要素をよく考え合わせること。考えを巡らすこと。

**教217ページ**

1 利潤《りじゅん》　もうけ。利益。
1 極大化《きょくだいか》　可能な限り大きくすること。
3 葛藤《かっとう》　人と人が互いに譲らずに対立して争うこと。相反する欲求などが心の中で対立すること。ここでは、諸個人の利害が対立することをさしている。
4 最適《さいてき》な分配《ぶんぱい》が実現《じつげん》する　諸個人の利害意図を超えて、全体の財産の分配がバランスよく実現するということ。
5 局所的《きょくしょてき》　全体の中の限られた部分に関わるさま。
9 狡知《こうち》　ずる賢い知恵。悪知恵。
9 盲目的《もうもくてき》　情熱や衝動などによって理性を失い、分別・判断がやみくもであるさま。
10 資《し》する　助けとなる。役に立つ。
11 操《あやつ》られている　うまく動かされている。
13 遡《さかのぼ》れば　遠く立ち返れば。ここでは、「まるで理性によって知らぬ間に操られているかのように見える」(二一七・11)ことの原点まで立ち戻れば、ということ。

**教218ページ**

3 既定《きてい》していた　すでに決まっていた。
5 「第三者《だいさんしゃ》の審級《しんきゅう》」　筆者の考えた用語。神や理性のような目に見えないはたらきをするもの。
7 空虚《くうきょ》　実質的な内容や価値がないこと。
12 貢献《こうけん》　ある物事や社会のために役に立つように尽くすこと。

**第六段落　教218ページ14行〜219ページ11行**

第三者の審級が本質だけではなく実存に関して空虚化したとき、リスク社会がやってくる。つまり、第三者の審級が二重の意味で空虚化し、真に撤退した社会こそが、リスク社会である。リスク社会が、近代一般(第三者の審級の本質が空虚になる段階)ではなく、後期近代に対応する所以《ゆえん》は、ここにある。

**教218ページ**

14 **浮上**《ふじょう》 見えていないものが現れ出ること。

16 **喪失**《そうしつ》 失うこと。抽象的な事柄について用いる場合が多い。

**教219ページ**

4 **指摘**《してき》 大事な点や注意すべき点などを具体的に示すこと。

5 **理念的**《りねんてき》**な** ある物事について、どうあるべきかという根本的な考えとしての。

8 **懐疑**《かいぎ》 物事の意味や価値について疑いを抱くこと。

8 **払拭**《ふっしょく》 すっかり拭い去ること。一掃すること。

9 **撤退**《てったい》 陣地や拠点を引き払うこと。

## 手引き

### 学習の手引き

**一** **「それは、外延的には、二十世紀末期以降の後期近代に対応している。」(二〇八・6)とあるが、ここで筆者が「外延的には」と述べていることに注意して、問題提起にあたる段落がどこまでかを指摘してみよう。また、問題提起に対応する結論を述べ始める段落はどこからか、指摘してみよう。**

**考え方** 具体的には、問題提起にあたるのは「リスク社会への転換を促している条件は何か? 近代一般を特徴づける条件に、何が付加されているのか?」(二一〇・7)の部分。結論を述べ始める段落は、この問いかけの答えの部分にあたる。

**解答例** 段落分けは省略(「段落」を参照)

問題提起にあたる段落…第一段落(形式段落の第一段落から第四段落)

結論を述べ始める段落…第五段落。形式段落で言うと、第一四段落。

**二** **「リスク」について、次の三点を説明してみよう。**

1 「リスク」という言葉の定義。

2 リスク社会の「リスク」が持つ二つの特徴。

3 「リスク」がもたらす損害の予想に対する、人々の感覚。

**考え方** 1 「『リスク』という言葉の定義」については、「リスクとは、……」(二〇九・3)という部分に着目。2 「リスク社会の『リスク』が持つ二つの特徴」については、「第一に、……」(二一〇・11)、「第二に、……」(二一一・1)とある部分を参照。3 「損害の予想」については、「それゆえ、損害の予想……」(二一一・7)を参照。

**解答例** 1 何事かを選択したときに、それに伴って生じると認知された、不確実な損害。

2 ・予想され、危惧されているリスクは、しばしば、きわめて大きく、破壊的な結果をもたらす。

・きわめて大きく、破壊的な結果をもたらすリスクが生じ得る確率は、一般に、非常に低いか、あるいは計算不能である。

3 リスクがもたらす損害は、計り知れないほどに大きいが、実際にそれが起こる確率は、きわめて小さいと考えられるので、損害の予想について、人は、互いに相殺し合うような分裂した感覚を持たざるを得ない。

**三**　**「リスク社会」の二つの弊害とその原因は、それぞれどのようなものか、説明してみよう。**

**考え方**　第三段落と第四段落で、リスク社会の弊害について説明しているので、その部分をもとに考えよう。

**解答例**　・弊害…中庸の選択を無意味にし、民主主義的な決定の基盤を切り崩すこと。／原因…民主主義は多様に分散する諸意見の中から、多数派の見解が集中する平均・中間を真理や正義の代用品として用いるが、リスクの対応においては、平均や中間は無意味であるから。

・弊害…「知」と「倫理的・政治的決定」との間の断絶があからさまなものになること。／原因…科学的な知と実践的な決定との間に自然な移行や基礎づけの関係が成り立つには、知見の蓄積と科学者の間の十分な討論を経れば一つの通説へと収束し、真理へ漸近しているという確信が必要である。しかし、リスクをめぐる科学的な知の蓄積が見解の間の分散や懸隔を拡張させ、科学の展開が「真理」への接近を意味しているという幻想を持つことができなくなってしまったから。

**四**　**「見えざる手」の例、「理性の狡知」の例、「カルヴァン派の予定説」の例に共通する「前提」とはどのようなものか、考えてみよう。**

**考え方**　「これらの例では、すべて、あるタイプの『第三者の審級』(見えざる手、理性、予定説の神)が前提にされている。」(二八・5)とあるうちの「第三者の審級」という言葉に着目して考えてみよう。

**解答例**　筆者は、「見えざる手」、「理性の狡知」、「カルヴァン派の予定説」の例に共通して見られる「前提」を、「第三者の審級」と呼んでいる。それは、本質に関しては不確実で原理的に未知であり、それゆえ空虚であるが、実存に関しては確実であり、充実しているものである。

**五**　**筆者の結論を、「第三者の審級」という言葉を用いて説明してみよう。**

**考え方**　結論部にあたる第六段落の内容をもとにまとめよう。

**解答例**　後期近代は、普遍的な真理や正義を知っているはずの理念的な他者である第三者の審級について、「本質」が空虚になっているだけではなく、それまでは信じることのできた「実存」についても確信できず空虚になっている。この二重の意味での空虚化がリスク社会である。

## 活動の手引き

**一**　**「リスク社会」において、人間はどのように物事を選択するだろうか、自分の考えを文章にまとめ、発表し合おう。**

**考え方**　まずは、「予想され、危惧されているリスクは、しばしば、きわめて大きく、破壊的な結果をもたらす」(三〇・11)、「リスクが生じ得る確率は、一般に、非常に低いか、あるいは計算不能である」(三一・1)というリスクの特徴を押さえる。それを前提にして、中庸の選択が無意味化され、「半数前後の者が反対する極端な選択肢を採らなくてはならない」(三三・10)、「政治的あるいは倫理的な決断が、科学的な知による裏づけを持っているとの幻想も持つことができない」(三五・9)というリスク社会での選択の特徴を確認する。それらをふまえて、そのような状況でどう物事を選択するかを考えよう。その際、本文中に出てくる「地球温暖化」など、具体的な例を想定して考えるとよい。

## 言葉の手引き

**一　次のかたかなを漢字に改めよう。**

1　紛争のキョウイにさらされる。
2　大規模な災害がキグされる。
3　燃料がコカツする。
4　消費をヨクセイする。
5　真相をインペイする。
6　挙動をセイギョする。

**解答**　1　脅威　2　危惧　3　枯渇　4　抑制　5　隠蔽　6　制御

**二　次の語の意味を調べてみよう。**

1　位相　2　漸近
3　懸隔　4　紐帯
5　顕揚　6　葛藤

**解答例**　1は教科書三七八ページの「評論キーワード一覧」を参照。2〜6は「語句の解説」を参照。

**三　次の外来語を他の表現に言い換えてみよう。**

1　システム(二〇八・1)
2　モニタリング(二〇九・14)
3　マクロ　ミクロ(二一二・10)
4　セキュリティ(二一三・1)

**解答例**　1　制度。組織。体系。系統。仕組み。
2　監視。観察。調査。
3　マクロ…巨大。巨視的。　ミクロ…微小。極微。微視的。
4　安全。保安。防犯。担保。

**四　本文の中にあるダッシュ(——)で囲まれた箇所について、それぞれ文の中でどのような役割を果たしているか、説明してみよう。**

**考え方**　ダッシュ(——)には、語句の省略や転換などの役割もあるが、本文のように文の途中で語句を囲む場合は、その囲まれた部分が、直前の表現の言い換えや補足説明などをしている場合が多い。本文で該当する箇所を確認し、その前後の文脈を押さえたうえでダッシュがどのような役割を果たしているかを考えよう。

# コスモポリタニズムの可能性

河野哲也《こうのてつや》

教科書P.222～233

## ●学習のねらい

「コスモポリタニズム」の定義や筆者の主張を理解し、グローバル社会に生きる者として問題意識を持つ。

## ●要　旨

コスモポリタニズムとは、すべての人間は人類という一つの共同体に属する市民であり、地球を共同で所有する権利を持つという世界市民法を想定している。地球は自然環境、経済、政治、文明の総体であるが、グローバル化が進む今、私たちが自己中心的で他者に無関心であることが問題となっている。コスモポリタニズムが理念的な立場以上にならないのは、ヘスティア的な安定性が評価され、広い世界を志向するヘルメス的な方向性は不確実さと衰退をもたらすと信じられ、また不公平の感覚があるからだ。しかしヘスティア的な住み方を離れヘルメス的な経験と反省的思考を繰り返し、新たな意味を見いだそうとするのがコスモポリタンとしての生き方だ。

## ●段　落

本文は、内容に従って、四つの段落に分けられる。

一　教P222・1～P222・12　コスモポリタニズムとは何か

二　教P223・1～P225・16　コスモポリタニズムの立場

三　教P225・17～P228・4　コスモポリタニズムの現状

四　教P228・5～P232・8　コスモポリタンの経験と思考

## 段落ごとの大意と語句の解説

**第一段落　教222ページ1行～222ページ12行**

コスモポリタニズムとは、すべての人間は、その民族的・国家的な帰属にかかわらず、人類という一つの共同体に属する市民であるという考え方である。コスモポリタニズムは、すべての人間は地球を共同で所有しているという根源的な権利に応ずる世界市民法を想定したものである。

**教222ページ**

1 **帰属《きぞく》**　物や人が、どこか、あるいは何かに属すること。

3 **志向《しこう》する**　意識や考えがある方向を目ざす。

3 **包括的《ほうかつてき》**　全体を一つにまとめているさま。

**1**　「**コスモポリタニズムは、世界市民法《せかいしみんほう》を想定《そうてい》する**」のはなぜか。

**答**　コスモポリタニズムは、人類を一つの共同体に属する市民であるとする考え方であり、その実践のためには、あらゆる人格に当然与えられる根源的な権利を保障するための倫理的な理念が必要だから。

6 **根源的**《こんげんてき》　ある物事を成立させる大もとであるさま。
8 **理念的**《りねんてき》　物事がどうあるべきかについての根本の考えを表すさま。
8 **同一視**《どういつし》　同じものであるとみなすこと。

**第二段落　教223ページ1行～225ページ16行**
コスモポリタニズムは、個人主義、普遍性、公平性の要素を含み、人は人間の共通性、つまり地球における自然環境、経済、政治、文明の総体を共有する権利を持つとしている。そして並存して生活するためには互いに交際し、忍耐し合うことを必要とする。グローバル化が進む現在、コスモポリタニズムは私たちが道徳的配慮において自己中心的で遠方の他者に無関心であることを問題視し、国家や地域のエゴを批判し、公平性と平等性を希求する。

**教223ページ**

**2**　**「人《ひと》を一人《ひとり》の人間《にんげん》として扱《あつか》う」とは、どういうことか。**

**答**　人は特定の共同体の成員として誕生するが、それ以前に人類という一つの共同体に属する市民であるとして扱うこと。

2 **成員**《せいいん》　団体や組織などを構成する人。メンバー。
5 **関心《かんしん》が払《はら》われるべきだ**　注目されるべきだ。
「関心を払う」＝注意を向けたり興味を持ったりする。

**3**　**「人間《にんげん》としての共通性《きょうつうせい》」とは何か。**

**答**　人間個々人に内在している、人間性という共通の性質ではなく、地球における自然環境、経済、政治、文明の総体を共有している、ということ。つまり、個人を取り巻いているこの一つの世界のこと。

10 **内在**《ないざい》**している**　あるものが、そのものの中におのずから存在している。
14 **個人《こじん》を取《と》り巻《ま》いている**　個人のまわりを取り囲んでいる。
15 **擁護**《ようご》**する**　侵略や危害からかばい守る。
17 **ある特定《とくてい》の共同体**《きょうどうたい》　ここでは、国家や地域、民族などをさす。

**教224ページ**

2 **有限**《ゆうげん》　限りがあること。限度や限界があること。
2 **野放図**《のほうず》　ずうずうしいこと。際限がないこと。ここでは、際限もなく拡散することを表現している。
3 **並存**《へいそん》　二つ以上のものが同時に存在すること。「へいぞん」とも読む。
4 **忍耐**《にんたい》　苦難などをこらえること。
6 **一《ひと》つの世界《せかい》を……優先的《ゆうせんてき》に考慮《こうりょ》されるべき**　一つの世界を共有しているという事実の方が、先んじてよくいろいろ考えられるべき。

**4**　**「コスモポリタニズムは、……問題視《もんだいし》する」のは、なぜか。**

**答**　グローバル化した社会の中では、人間が国境を越えて協働しなければならない諸問題が多数存在するが、自分たちの小さな共同体の利益を優先する地域エゴ、遠くの他者への無関心と非関与が、それら諸問題の解決を妨げており、その現状を打開するには、個々人を平等に扱うことが必要だから。

**教225ページ**

2 **協働《きょうどう》** 同じ目的のために複数が対等の立場で協力して働くこと。
3 **緊迫《きんぱく》した** 情勢が差し迫った。
5 **債務《さいむ》** ある者がある者に対して金銭などを提供する義務。金銭を借りた者が貸し手に対し、返還しなければならない義務。
5 **帳消《ちょうけ》し** 金銭などの貸借関係を消滅させること。
8 **広範《こうはん》** 及ぶ範囲が広いさま。
9 **地域《ちいき》エゴ** 自分たちが属している地域の利益だけを考え、他の地域へ無関心でいること。
10 **一《ひと》つの国内《こくない》でも言《い》える** ここでは、国と国の関係だけでなく、同じ国の中でも、自分が属する地域と他の地域との関係について言える、ということ。
14 **疎遠《そえん》** 遠ざかっていて関係が薄いさま。
15 **自決《じけつ》の能力《のうりょく》** 自らの意志によって自らの進退や態度を決める力。
16 **享受《きょうじゅ》** 受け入れて自分のものとすること。受け入れて、味わい楽しむこと。
16 **希求《ききゅう》** 強く願い求めること。

**第三段落** **教**225ページ17行〜228ページ4行

コスモポリタニズムは、理念的・思想的な立場以上のものでなく、世界秩序として国家という枠組みはいまだに強い。普遍的なもの、世界的なものは好まれず、地域の個性が賞賛され、ヘスティア的な安定性が評価されている。グローバルな世界の開放性が、発展や成長よりも不確実さと衰退をもたらすと思われているからだ。しかし、人生の過程は、本来的に広い世界へと出ていくことであり、より広い世界での経験によって成長し、広い行動と責任を担うことで成熟する。現在、ヘスティア的住み方が不健全な形で賞賛されているとすれば、それは、自分は広い世界へ出ていくヘルメス的住み方に乗り出すことができないのに、他者はヘスティアの領域に乗り込んでくると感じられる不公平感が存在しているからだ。

**教**225ページ

5 **「コスモポリタニズムは、いまだに理念的《りねんてき》・思想的《しそうてき》な立場《たちば》以《い》上《じょう》ではない」のは、なぜか。**

答 世界政府や国際機関が、実行力のある形で世界市民としての権利を保障しているわけではなく、また、グローバルな世界の開放性が発展や成長よりも不確実さと衰退をもたらすと信じられているため地域性を重んじる傾向にあり、国家という枠組みがいまだ強い世界では、コスモポリタニズムは不評で、実践に移そうとされないから。

「立場以上ではない」＝その立場にとどまっている。ここでは、実際的な強い力を持つ枠組みではないということ。

**教**226ページ

2 **世界秩序《せかいちつじょ》** 世界を望ましい状態に保つための順序やきまり。
6 **邪悪《じゃあく》な意思《いし》の代名詞《だいめいし》** 不正で悪い意思を典型的に表しているもの。「代名詞」＝そのものを典型的に表しているもの。
8 **担《にな》った** 引き受けた。
8 **賞賛《しょうさん》され** ほめられ。
9 **保守化《ほしゅか》** 旧来の伝統や考え方を重んじて守っていこうとすること。保身に走ること。

9 **称揚《しょうよう》され**　ほめたたえられ。

15 **抗《こう》して**　抵抗して。逆らって。

17 **衰退《すいたい》**　勢いや活力が弱まること。

**教227ページ**

1 **同一性《どういつせい》**　事物が時や場所を越えてそれ自身に同じであること。

**6** 「垂直性《すいちょくせい》と階層性《かいそうせい》を好《この》む。」とは、どういうことか。

**答** 変化を持ち水平に広がるのではなく、変わらない世界でピラミッド的世界を作り、安定的で上下関係を中心とした序列化された社会を好むということ。

5 **炉端《ろばた》**　ここでは、住み慣れた安逸な場所のたとえ。

7 **成熟《せいじゅく》する**　心や体が十分に成長する。

10 **寡占《かせん》**　少数の者が市場を支配している状態。

14 **基本的人権《きほんてきじんけん》**　人間が人間として持っている基本的な権利。

15 **不健全《ふけんぜん》な形《かたち》**　物事の状態が公正でなく、ゆがんだ形。

**7** 「水平化《すいへいか》された世界《せかい》」とは、どのような世界か。

**答** 限られた世界に閉じ込められず、平等性が確保され、自由に行き来ができる世界。

17 **浸潤《しんじゅん》**　水がしみ込むように、勢力などが広がっていくこと。

**教228ページ**

2 **乗《の》り込《こ》んでくる**　勢い込んで入ってくる。

2 **一方向性《いちほうこうせい》**　動きが一方向に偏っている性質。

3 **脅威《きょうい》**　強い力や勢いでおびやかされて感じる恐ろしさ。

**第四段落　教228ページ5行～232ページ8行**

コスモポリタンになるとはヘスティア的な住み方を離れることで、経験することである。それはヘルメス的な領域を意味し、新しいものに出会って驚くことだ。驚きは思考をもたらす。思考は当たり前に思ってきた慣習やルール、考え方を問い直し、異なった意味、新たな関係性を見いだすもので、常に批判的でもある。コスモポリタニズムは反省的思考から始まり、反省的思考は経験から生まれる。経験とは、異なるもの、新しいもの、意外なものとの出会いである。出会いにより今までの意味の剝奪が起こる。意味を取り戻すために私たちはまた思考するのだ。

**教228ページ**

**8** 「炉端《ろばた》を離《はな》れる」とは、どうすることか。

**答** 特定の共同体の中でそのあり方や習俗をそのまま受け入れて生きることをやめ、外の世界へ出て異なったものや新しいものと出会うこと。

10 **紐帯《ちゅうたい》**　血縁・地縁・利害関係などの、社会を形成する結びつき。

15 **同義《どうぎ》**　同じ意味であること。

**教229ページ**

2 **試行《しこう》**　ためしにやってみること。

4 **循環的行動《じゅんかんてきこうどう》**　一巡りして同じところへ戻る動き。

7 **誘発《ゆうはつ》**　あることが原因となって他のことを引き起こすこと。

11 **文脈《ぶんみゃく》**　ここでは、物事の筋道や背景、の意。

14 **遭遇《そうぐう》**　思いがけず出会うこと。

教230ページ

2 邂逅《かいこう》 思いがけなく出会うこと。巡り会うこと。

5 要請《ようせい》 必要なこととして強く願い求めること。

12 触発《しょくはつ》 刺激を与えて動きを起こさせること。

12 自己《じこ》の分裂《ぶんれつ》 ここでは、移動によって以前と以後の自分に生じる食い違いのこと。

**9** 「考《かんが》えることとコスモポリタニズムの関係《かんけい》」とは何か。

**答** 思考することとは、当たり前に思ってきた慣習やルール、考え方を問い直し、異なった意味、新たな関係性を見いだすことなので、所属していた共同体から孤立するおそれがあるが、それによって外の世界に結びつき、人類という共同体に属するというコスモポリタニズムの実現につながる、という関係。

教231ページ

2 孤立《こりつ》させる 一人だけ他から離れて存在させる。

## 手引き

### 学習の手引き

**一** 本文の構成を、書かれている内容から四つの段落に分け、各段落で何が述べられているか、それぞれ一文でまとめよう。

解答例 段落分け…省略（「段落」を参照）

第一段落…コスモポリタニズムとは、すべての人間は、人類という一つの共同体に属する市民であるという考え方である。

第二段落…コスモポリタニズムは、国家や地域のエゴを批判し、公平性と平等性を希求する立場である。

第三段落…普遍的なものは好まれず、ヘスティア的な安定性が評価され、コスモポリタニズムが不評である原因は、自分は広い世界へ出ていくヘルメス的住み方に乗り出すことができないのに、他者はヘスティアの領域に乗り込んでくるという移動と交通の一方向性に対する不公平感があることである。

第四段落…コスモポリタニズムは、当たり前に思ってきた慣習や

3 埋没《まいぼつ》 うずもれて見えなくなること。

4 唯一無二《ゆいいつむに》 ただ一つだけで、二つとないこと。

**10** 「二《ふた》つ一組《ひとくみ》の利益《りえき》」とは何か。

**答** 他の場所や時代の見知らぬ人に結びつけてくれることと、どんな状態も永続的なものではなく、究極的には根拠地はないのだという人間の条件を受け入れさせてくれること。

8 永続的《えいぞくてき》 ある状態が絶えることなく続くさま。

9 根拠地《こんきょち》 活動の本拠とする地。ここでは、よりどころの意。

11 壮大《そうだい》 規模が大きく立派なさま。

15 当然視《とうぜんし》 それが当たり前であると考える。

15 距離《きょり》を取《と》る 隔てを置く。間合いを取る。

教232ページ

3 剝奪《はくだつ》 剝ぎ取り奪うこと。

6 隔絶《かくぜつ》 かけ離れていること。

ルール、考え方を問い直し、異なった意味、新たな関係性を見いだすというものである。

**二** **コスモポリタニズムの「規範的な主張」(三四・8)が必要とされる理由を説明してみよう。**

**考え方** 「コスモポリタニズムとは、こうした事実の自覚にほかならない。」(三四・5)とある部分に着目して「こうした事実」のさす内容を中心に、第二段落の前半部をもとにまとめよう。

**解答例** 人は、特定の共同体の成員であるという以前に、人類という一つの共同体に属する市民である。有限な地球の上で、人間が並存して生活するためには、互いに交際を申し出て忍耐し合わなければならず、人間は本来誰も地上のある場所にいることについて、他の人より多くの権利を有しているのではない、という事実を自覚する必要があるから。

**三** **「グローバリズムなどは、世界征服を狙う邪悪な意思の代名詞のように扱われている。」(三六・6)とあるが、そのように扱われるのはなぜか、説明してみよう。**

**考え方** 「グローバルな世界の開放性が、発展や成長よりも不確実さと衰退をもたらすと信じられているからである。」(三六・16)、「ひと言でいえば、……自分自身が移動や変化ができないと思われているからであろう。」(三七・17〜三八・4)に着目する。

**解答例** グローバルな世界の開放性が、発展や成長よりも不確実さと衰退をもたらすと信じられており、また、自分がグローバルな世界の側に属することができないにもかかわらず、他者はこちらのヘスティアの領域へ乗り込んでくるということが脅威に感じられるから。

**四** **次の語句を「ヘスティア的住み方」と「ヘルメス的住み方」とに分類し、それぞれの「住み方」の特徴を説明してみよう。**

・普遍的　・保守的　・非限定　・閉鎖的　・同一性
・歴史性　・階層性　・水平性　・能動的　・実験的

**考え方** 「ヘスティア的住み方」とは、定住的な住み方、「ヘルメス的住み方」とは、移動的な住み方のことである。どちらかわかりにくいものについては、それぞれ同じような言葉が本文のどこで用いられていたかを確認し、文脈の中で判断する。

**解答例** ・「ヘスティア的住み方」…保守的、閉鎖的、同一性、歴史性、階層性。本文で「炉端」(三八・6)と言い表されているような、一定のところにとどまるという特徴。
・「ヘルメス的住み方」…普遍的、非限定、水平性、能動的、実験的。「自分の慣れ親しんだ場所から外に出ていき、以前いた場所と今いる場所の二つの地点を結びつける」(三〇・8)というような、コスモポリタン的に移動するという特徴。

**五** **「私たちが世界にはたらきかけていくうちに、……答えようとして考える。」(三九・14〜16)とはどういうことか。「経験」と「思考」という言葉を使って説明してみよう。**

**考え方** 次の「たとえば」で始まる形式段落にある、「経験は、私たちに思考することを要請し、……異なった意味を与えるようになる。」(三〇・5〜7)と、それ以降の、「経験」と「思考」について説明されている部分を整理してまとめる。

**解答例** 異質なものと出会って驚くという経験が、私たちに自分と自分の身近な人々との慣習について思考することを要請し、自分が当たり前に思ってきた慣習やルール、考え方を問い直すという反省的な思考を促すということ。

## 活動の手引き

**一** **グローバル化する社会の中で「コスモポリタン」という自覚をもって生きることには、どのような可能性が秘められているか、各自で考えたことを文章にまとめ発表し合おう。**

考え方 コスモポリタンとは、外に出て経験をする人のことである。経験は思考と対話を誘発し、自分たちの共同体への反省的思考を促すという筆者の主張を押さえたうえで、そのことがどのような変化をもたらすかを考えてみよう。

## 言葉の手引き

**一** **次の同音異義語を漢字に改めよう。**

1 世相をハンエイした事件。／子孫ハンエイを願う。
2 道徳的イギを考察する。／彼の提案にイギを唱える。
3 基本的人権をヨウゴする。／ヨウゴ教諭として勤める。

解答 1 反映・繁栄　2 意義・異議　3 擁護・養護

**二** **次の語の意味を調べてみよう。**

1 帰属(三三・1)
2 野放図(三四・2)
3 帳消し(三五・5)

解答例 省略(「語句の解説」参照)

**三** **本文中の次の表現について、その意味を説明してみよう。**

1 自分の小さなサークル(三六・12)
2 エキセントリックなものと出会う(三六・15)

解答例 1 国家や民族や文化など、自分が帰属している、安定的に住み慣れた狭い世界のこと。
2 自分が今まで見たことがないような、異質なものと出会うこと。

**四** **「世界中が、……かのようだ。家に入って、……かのようだ。自分の小さな……かのようだ。」(三六・10〜13)と、「……かのようだ」を繰り返すことには、どのような表現上の効果があるか。**

解答例 直前の「保守化の度合いを強め、民族的伝統が称揚され、文化的排他主義が共感を集める事態」(三六・9)を複数の比喩を重ねることによって強調する効果や、筆者がその事態の閉鎖性に対して批判的であることを訴える効果。

# 読み比べ
―ジェンダー―

## ジェンダー化された身体の行方

川本《かわもと》玲子《れいこ》

教科書P.236〜240

### ●要旨

私たちの身体は、性別によって社会からあり方が規定され、価値づけられ、ジェンダー化されたものだ。女性は父権制社会の願望や執着による偏った女性像に押し込められ、その身体の正当な所有者としての主体性と権利を否定されてきた。男性もまた労働と競争の場に属するものとされてきて、価値を収入で測られている。こうした中、「男対女」「女の敵は女」といった類型的なジェンダー表象を裏支えする構造的不平等から目をそらさせる社会のあり方を、まずは見極め、見直さなければならない。

### ●段落

本文は、論の展開から四つの段落に分けられる。

一　教P236・1〜P236・13　自分のものではない身体
二　教P236・14〜P238・6　性別による社会的な決めつけ
三　教P238・7〜P239・12　父権制社会で抑圧されてきた女性
四　教P239・13〜P240・15　男性への抑圧と解決への提案

## 段落ごとの大意と語句の解説

第一段落　教236ページ1行〜236ページ13行

身体は、自己を表現し守るが、自分を閉じ込め負の記憶を刻むものでもある。私たちは体を制御の利かない何かだと感じ、持て余しており、怪我や病気、妊娠や老いでそれを実感する。しかし、別の意味で、身体は完全に私たちのものではない。

教236ページ

1　「身体《しんたい》とは何《なに》か。」という問いに、筆者はどのように答えているか。

答　命の運搬手段であり、お仕着せの衣装であり、自己を表現する広告塔、またそれを守り隠す鎧《よろい》でもある。あるいは牢獄《ろうごく》であり、病・事故・暴力の記憶を刻み、その忘却を許さない負の記念碑でもある。

2　お仕着《しき》せ　一方的に与えられたもの。
3　隆起《りゅうき》　ある一部分が高く盛り上がっていること。
3　誇示《こじ》　得意げに見せること。
4　崇《あが》め　非常に尊いものとして敬って。

4 **称賛《しょうさん》** ほめ、たたえること。「賞賛《しょうさん》」とも書く。

5 **随所《ずいしょ》** あちらこちら。

5 **偽装《ぎそう》** 事実を隠すために、他のものや状況をよそおうこと。

6 **私《わたし》たちを閉《と》じ込《こ》め窒息《ちっそく》させる牢獄《ろうごく》** 精神的にも肉体的にも、呼吸ができないほどの苦痛があっても、私たちは身体から逃れられないことの比喩。

6 **病《やまい》や事故《じこ》、暴力《ぼうりょく》の記憶《きおく》を刻《きざ》み、その忘却《ぼうきゃく》を許《ゆる》さない負《ふ》の記念碑《きねんひ》** 身体に病気の後遺症や怪我のあとなどが残るために、過去のよくない出来事がなかったことにならないことの比喩。

「負」＝ここでは、よくないこと、好ましくない状況、否定的であること、の意。

8 **持《も》て余《あま》している** 扱い方や処置に困っている。

8 **制御《せいぎょ》** ここでは、自分の思うように動かすこと、の意。

11 **自分《じぶん》にとって異質《いしつ》な、得体《えたい》の知《し》れない物体《ぶったい》に変《か》わってしまう** 怪我や病気、妊娠や老いによって、自分の身体ではないような、思いどおりにならない身体に変わってしまうということ。

**第二段落 教236ページ14行～238ページ6行**

性別によって社会から「中身」のあり方が規定され、価値づけられることへの違和感は、性別違和という状況にある人でなくても、誰もが感じるものではないか。脳もまたジェンダー化されているという幻想も、人の生は初めから性差により結果が決まっているという考えを生んでいるが、実際には脳は環境と経験により日々形作られているという可塑性を持っている。

**教236ページ**

14 **宿《やど》す** 内に持っている。

15 **あるべきでない身体部位《ボディ・パーツ》** 「性別違和と呼ばれる状況にある人々」の話題なので、性別に特徴的な身体の部位をさしている。

**教237ページ**

2 **身体的性《しんたいてきせい》** 身体の構造による性。

**2** 「たった二種類《にしゅるい》しかないラベル」とは何か。

**答** 男と女という二つの性別。

8 **つかさどり** 支配し。

10 **知見《ちけん》** 物事についての考え方や価値判断。

14 **ロジック** 論理。

14 **空間認知《くうかんにんち》** 空間の広がりを認識するはたらき。大きさ、方向、距離、位置、形などが対象。

14 **システム構築《こうちく》** 物事を行いやすいしくみや環境を作ること。

16 **ジェンダー・ステレオタイプを強化《きょうか》すべく、科学的《かがくてき》データに「読《よ》み込《こ》まれた」もの** 女性は共感、言語、マルチタスクに長《た》け、男性はロジック、空間認知、システム構築が得意だというのは、脳の研究が進む前からあるジェンダー・ステレオタイプに合うように科学的データを解析したものだということ。女性脳、男性脳というものが本当にあるのか疑わしいことを述べている。

「ジェンダー・ステレオタイプ」＝社会に広く浸透している男性、女性のあり方に対する決めつけやイメージ。

18 **ジェンダー化《か》された脳《のう》** 男性脳、女性脳のように、性別によって生まれつき脳のはたらきが異なるという考え方のことをさす。

教238ページ

2 **後天的《こうてんてき》** 生まれたあとに身に備わるさま。

3 **出来《でき》レース** 始める前から結果が決まっている競争や勝負。

**第三段落 教238ページ7行～239ページ12行**

女性の身体は、父権制社会の願望や執着による偏った女性像に押し込められ、切り捨てられて、「生きた消費財」と見なされてきた。「私も《ミー・トゥー》」運動は、女性がその身体の正当な所有者としての主体性と権利を取り戻そうという強い意志表明である。

教238ページ

11 **周縁化《しゅうえんか》された人々《ひとびと》** 中央ではなくその周りに追いやられた人々。存在を軽んじられているような人々をさす。

11 **社会的弱者《しゃかいてきじゃくしゃ》** 社会的に不利な立場の人。高齢者、障害者、子供、女性、貧困層などがなり得る。

12 **投影《とうえい》** あるものや状態を、他のものの上に映し出すこと。

18 **画策《かくさく》** 目的のために、ひそかに計画を立てること。

教239ページ

2 **辱《はずかし》め** 名誉などを傷つけられること。

5 **具現化《ぐげんか》** 具体的な形として表されたもの。

9 **消費財《しょうひざい》** 欲望を満たす財。もとは経済学で経済価値を有する財の一つ。ここでは、女性の身体が性的な欲望を満たすための価値で測られてきたことを述べている。

**第四段落 教239ページ13行～240ページ15行**

男性の身体は労働と競争の場に属するものとされてきたため、男性の価値が収入で測られ、専業主夫が差別される現状がある。女性は低賃金で悪条件の労働に追いやられる一方で、家庭こそがブラックで危険な職場になり得る事実も変わっていない。「男対女」「女の敵は女」といった類型的なジェンダー表象を裏支えする構造的不平等から目をそらさせる社会のあり方を、まずは見極め、見直さねばならない。

教240ページ

11 **家庭《かてい》こそが女性《じょせい》にとって最《もっと》もブラックで危険《きけん》な職場《しょくば》になり得《う》る** 女性が社会の中で働くよりも、家庭で家事や育児をするほうがより過酷な職場となる可能性がある。社会に出て働くと、女性は男性よりも搾取され、低賃金で悪条件となりやすいが、家庭に入ればそれらの問題が解消されるとは限らないことを述べている。「ブラック」＝ここでは、条件や環境が劣悪で、労働者に過重な負担を強いるブラック企業になぞらえ、家庭における労働環境の悪さを表現している。

14 **類型的《るいけいてき》なジェンダー表象《ひょうしょう》を裏支《うらささ》えする構造的《こうぞうてき》不《ふ》平等《びょうどう》から目《め》をそらさせる社会《しゃかい》のあり方《かた》** 型にはまった性別によるあり方の決めつけを裏から支える、構造的な男女の不平等から目をそらさせる社会のあり方。たとえば、男性は仕事、女性は家事という決めつけは、女性は外で働きにくい構造によって支えられている。男女の不平等をなくすにはそうした構造を変える必要があるのに、今は構造的不平等から目をそらさせる社会であると述べ、それが不平等が解消されない理由だと筆者は捉えている。

# ヒトの進化と現代社会

長谷川眞理子《はせがわまりこ》

教科書P.241〜246

## ●要旨

ヒトは他の多くの哺乳類とは違い、多くの人が関わって子育てをする「共同繁殖」の動物だ。日本では子育ては母親がするものという考えがあるが、ヒトの原点から考えるとこの考えは幻想だ。近年、技術の発展により爆発的な環境変化が起きているが、ヒトの進化は追いついていない。よりよい社会の「理想」を実現するには、ヒトという動物が進化してきた過程を知ることは大いに役立つだろう。

## ●段落

本文は、論の展開から四つの段落に分けられる。

一　教P241・1〜P241・14　「理想」のために知るべきヒトの進化
二　教P241・15〜P243・5　哺乳類の雌雄の形質の違い
三　教P243・6〜P245・5　共同繁殖の動物であるヒト
四　教P245・6〜P245・17　環境変化とヒトの進化

## 段落ごとの大意と語句の解説

**第一段落　教241ページ1行〜241ページ14行**

よりよい社会を作ろうと考えるときの基準は、過去の歴史から学んで培った「理想」だが、その「理想」を実現するには、私たちヒトがどんな動物なのかを知るべきだろう。

**教241ページ**

1 **今《いま》のこの社会《しゃかい》が「人間《にんげん》の」所与《しょよ》の社会《しゃかい》であると思《おも》える**　今のこの社会を、人間に与えられたものとして捉えているということ。「ヒト」という生物の一種ではなく、唯一無二の「人間」として特別視していることを示唆している。

「所与」＝他から与えられること。

5 **培《つちか》ってきた**　養い、育ててきた。

5 **「理想《りそう》」**　具体的にどんな社会を「理想」とするのかは述べられていないが、「今のこの社会が、最高によい状態が実現した社会だとは、誰も思っていないだろう」(教241ページ2行)という前提のもと、歴史に学び考え、培ってきた「理想」の社会があるはずだと述べている。このあと「『働く女性のために保育所を』ではなく、『ヒトは共同繁殖の動物なのだから、共同繁殖のネットワークを再構築せよ』と言うべき」(教245ページ1行)と述べているので、「理想」の一つは、子育てのためのよりよい環境が整えられることが想定されていると考えられる。

12 **進化史《しんかし》を知《し》らずに「理想《りそう》」を構築《こうちく》しようとしても、やみくもにあがくだけかもしれない**　「進化で作られたそのままの状態であるのがよいというわけではない」(教241ページ10行)が、進化で作られたそのままの状態を知らなければ、「理想」の実現は難しいと述べている。

「やみくも」＝むやみに何かをするさま。

「あがく」＝現状のよくない状態から逃れようとして必死に努力する、の意。

**第二段落　教241ページ15行〜243ページ5行**

ヒトは哺乳類だが、哺乳類の九十五パーセントは雌が子育てをし、雄はしない。その場合、配偶のチャンスを巡り雄どうしの競争が激しくなるので、雄の「武器」的形質が進化するが、雌にはそのような形質は進化せず、リスクを回避するような性質が進化し、雌雄は異なる存在となる。哺乳類のあとの五パーセントは雄も子育てに関わる。また母親と父親以外の個体も関わる「共同繁殖」の形態を採る動物もいる。

**教242ページ**

1 **授精**《じゅせい》　雄の精子を雌の卵子に結合させること。

2 **コスト**　必要な費用。

9 **形質**《けいしつ》　生物が持っている形態や機能上の特徴。

**第三段落　教243ページ6行〜245ページ5行**

ヒトは「共同繁殖」の動物で、狩猟採集社会でも、農耕・牧畜社会でも、人々はコミュニティ全体で子育てをしてきた。産業革命以降暮らしは様変わりしたが、ヒトの体と脳の奥ではたらく情動は昔のままだ。日本の戦後の経済成長期に広まった「専業主婦」の存在は人類進化史の中で希有《けう》のもので、そもそも人類は、母親が一人で子育てをすることなど無理な動物なのに、そのような幻想がある。ヒトの原点から考えれば、誰もが働きながら、誰もが子育てに関わるネットワークを持つように社会の仕組みを変える発想が必要だ。

**教243ページ**

9 **離乳**《りにゅう》　乳児に母乳やミルク以外の食べ物を与え、徐々に固形食へと移行させること。

11 **まかなう**　処理する。やりくりする。

15 **ヒトが「共同繁殖《きょうどうはんしょく》」の動物《どうぶつ》である証拠《しょうこ》の一つ《ひと》**　他人の子をかわいいと思えなかったり、母親が他人に子を抱かせなかったりすれば、共同で子育てをすることはできない。それらができるというのは、ヒトが共同で子育てをする動物だからなのである。

18 **狩猟採集民**《しゅりょうさいしゅうみん》　野生の動物の狩りをし、野生の木の実などを採って生活する人々。

**教244ページ**

2 **漁労**《ぎょろう》　魚や貝、海藻などの水産物をとること。

3 **貨幣経済**《かへいけいざい》　貨幣を媒介に物の交換が行われる経済の仕組み。

4 **情動**《じょうどう》　急激で一時的な感情。

**1**

**「『専業主婦《せんぎょうしゅふ》』などという存在《そんざい》は、人類進化史《じんるいしんかし》の中《なか》で希有《けう》のものだ。」とあるが、「専業主婦」のどのような点が「希有」であるのか。**

**答**

人類は誰もが働き、共同で子育てをしてきた動物なのに、専業主婦は社会の中で働くことをせず、子育てを家の中で一人でするものと考えられている点。

「希有」＝非常に珍しいこと。

12 **核家族**《かくかぞく》　夫婦とその未婚の子からなる家族。

**教245ページ**

1**ネットワーク**　ここでは、人のつながり、の意。

2**昔《むかし》のようなネットワークが復活《ふっかつ》することは望《のぞ》めない**　狩猟採集社会や農耕・牧畜社会は、働く場所が生活の場所でもあり、共同で子育てをしていたコミュニティのネットワークがあった。産業革命後は都市化、産業化が起こり、会社や学校などができ、働く場所と生活の場所が分かれ、共同で子育てをする場がなくなり、女性が家で子供の面倒を見るものと考えられた。ヒトは母親が一人で子育てをすることはできない動物だとは言っても、産業革命前のような社会に戻るのは難しいと筆者は考えている。

3**誰《だれ》もが働《はたら》きながら、……というように社会《しゃかい》の仕組《しく》みを変《か》えていく発想《はっそう》が必要《ひつよう》**　産業革命前のネットワークを復活させることはできないが、それに代わるような子育てのネットワークを現代社会に合わせて作ることが必要だと述べている。

**第四段落　教245ページ6行～245ページ17行**

近年、技術の発展の速度が上がり、ヒトは地球の環境を劇的に改変し、自身が生み出した「文化的環境」で暮らしている。環境の変化は爆発的だが、ヒトはその変化に追いついて進化していない。よりよい社会を作るためには、ヒトがどんな動物で、どんな環境で進化してきたかを知ることが役に立つだろう。

**教245ページ**

8**推論《すいろん》**　ある事実をもとに、他の事柄を推し量り論じること。

10**指数関数《しすうかんすう》**　$y = a^x$で表される$x$の関数のこと。$x$の値が大きくなれば$y$の値が急激に大きくなる。ここでは技術の発展の速度が急激に速まっていることを示している。

11**文化的環境《ぶんかてきかんきょう》**　芸術や伝統について整備がされているかなどの条件をさすことが多いが、ここでは人工的に生み出された外部の条件をさしていると考えられる。自然の環境ではなく、人工物や人工的に作られたシステムに囲まれていることを意味している。

14**このギャップは、いろいろなところに現《あらわ》れている**　爆発的な環境変化に比べ、ヒトは進化していないので、現代の環境に体と心が追いついていないことをさしている。

「ギャップ」＝ここでは、大きな食い違い、の意。

15**私《わたし》たちがよりよい社会《しゃかい》を作《つく》るために何《なに》をしたらよいのか、……大《おお》いに役《やく》に立《た》つだろうと願《ねが》う**　冒頭の「私たちが『理想』と考える状態を実現するには、私たちがどんな動物なのかを知らねばならないだろう」（教241ページ13行）とほぼ同じ内容。文章の初めと終わりに主張を述べる双括型の文章である。

## 手引き

**活動の手引き**

**一　『ジェンダー化された身体の行方』を読み、次の点について考えてみよう。**

1　「私たちの身体は、完全に自分のものではない」（三八・7）とあるが、このように筆者が主張する理由を、本文に即して説明してみよう。

2 「ジェンダー化された身体」とは、どのようなものか。脚問2で考えたことをふまえながら、説明してみよう。

**考え方** 1 直前に「前述のように」とあるので、前から理由を探す。「私たちは体というものを」(二三六・8)から始まる段落で、体が「制御の利かない」ものだということを説明したあと、段落の最後で、「しかし、それとは別の意味で、私たちの身体は、完全に私たちのものではない。」と述べている。このあとに続く「性別違和と呼ばれる状況に」(二三六・14)から始まる段落に注目しよう。性別による決めつけに違和感を持つことが述べられている。

**解答例** 1 性別により中身のあり方が規定され、価値づけられていて、それに合う存在であるよう期待されるから。

2 社会が期待する男らしさ、女らしさを押しつけられた身体。

## 二

**『ヒトの進化と現代社会』を読み、次の点について考えてみよう。**

1 「本来、ヒトは共同繁殖の動物である」(二四四・11)ことを示す例として、本文ではどのような事柄があげられているか、まとめてみよう。

2 「働く女性のために保育所を」(二四四・16、二四五・1)という発想のどういう点が問題であるのか、説明してみよう。

**考え方** 1 共同繁殖、つまり親以外が子育てに関わっている具体例を探す。

2 「働く女性のために保育所を」という発想は、育児は母親がするものなのに、その母親が育児以外の仕事をするから、母親代わりに子供の面倒を見る保育所が必要だという考えからきている。しかし、そもそもヒトは「『共同繁殖』の動物」(二四三・7)であり、「母親が一人で子育てするなど無理な動物」(二四四・17)なのである。

**解答例** 1 ヒトの子供は成長が遅く手がかかり、すべてを親だけでまかなえないので、多くの人々が子育てに手を貸していることや、他人の子供もかわいいと感じ、母親は他人に赤ん坊を抱かせること。また、狩猟採集社会でも、農耕・牧畜社会でも、人々はずっとコミュニティ全体で子育てをしてきたこと。

2 子育てはコミュニティの全体でするものなのに、女性は家の中にいて一人で子育てするものだという考えに立脚している点。

## 三

**二つの文章は、専門領域の違う二人の研究者が、現代の日本に見られるジェンダーのしくみについて問題提起した文章である。両者を比較して読み、次の点について考えてみよう。**

1 筆者はジェンダーのしくみという観点から、現代の日本社会にどのような問題があると述べているか、それぞれ説明してみよう。

2 筆者は問題解決に向けてどのような主張をしているか、まとめてみよう。

3 両者の主張に対して、自分自身はどのような意見を持ったか、文章にまとめて発表し合おう。

**考え方** 1 『ジェンダー化された身体の行方』…「類型的なジェンダー表象を裏支えする構造的不平等から目をそらさせる社会のあり方」(二四〇・14)が問題だと述べている。「類型的なジェンダー表象」「構造的不平等」が何かを説明しながらまとめる。

『ヒトの進化と現代社会』…具体的に問題としてあげられているの

は、「母親が一人で子育てするなど無理」（二四四・17）ということである。
2　『ジェンダー化された身体の行方』…この文章では、最終形式段落の最後の部分に、それまでにあげた問題点に対して「まずは見極め、見直さねばならないだろう。」（二四〇・15）と述べている。『ヒトの進化と現代社会』…筆者は、ヒトの進化史における子育ての変遷を示したうえで、ヒトが共同繁殖の動物であることを忘れた現代日本の、子育ては母親がするものという考えは幻想だと述べている。そのうえで、「誰もが働きながら、……発想が必要なのだと思われる。」（二四五・3〜5）と、問題解決に向けての考えを示し、「私たちがよりよい社会を作るために何をしたらよいのか、……大いに役に立つだろうと願うものである。」（二四五・15〜17）と述べている。
3　両者の主張は、どちらも女性に家庭内で行うとされる家事や育児が押しつけられている現状を問題視するもので、どちらかに賛同すればどちらかに反対するというものではない。『ジェンダー化された身体の行方』では、身体が表す性別によって本人の意志とは関係なく強要されてしまうことがあり、それは日本社会の構造的な問題でもあるのに、構造的な問題から目をそむけさせる、つまり根本的な解決をさせない現状があることを取り上げている。『ヒトの進化と現代社会』では、ヒトという動物がどんなものであるか、現代社会で忘れられてしまっていることを取り上げ、これからよりよい社会を作るには、産業革命より前の長い時間をかけてヒトが進化してきた環境を参考に、その環境を現代社会に可能な形で再現することが必要だと主張している。性別によって決めつけられたことへの違和感の実体験や、教育、子育てについて見聞きしたことや実体験を交えて、二つの文章を読んで考えたことをまとめるとよい。筆者の主張に賛成するならば、「類型的なジェンダー表象を裏支えする構造的不平等から目をそらさせる社会のあり方こそを、まずは見極め、見直」（二四〇・14）す具体的な方法や、「誰もが働きながら、誰もが子育てに関わるネットワークを持つ」（二四五・3）社会の仕組みとはどんなものか、考えられることを書くのもよい。

**解答例**　1　『ジェンダー化された身体の行方』…男は仕事、女は家事をするものなどといった性別による決めつけによって、女は男に比べ外で働くときに悪条件になりやすいといった構造的不平等があるのに、男と女の対立にしたり、女の敵は女という言説を説いたりして、構造的不平等から目をそらさせる社会のあり方。
『ヒトの進化と現代社会』…ヒトは本来、共同繁殖の動物であるのに、子育ては母親が一人でするものという幻想にとらわれ、誰もが子育てに関われるネットワークが失われていること。
2　『ジェンダー化された身体の行方』…男女の構造的不平等から目をそらさせる社会のあり方を、まずは見極め、見直すべきだ。
『ヒトの進化と現代社会』…子育てを核家族の中に閉じ込めているという現状を変えるには、誰もが働きながら、誰もが子育てに関わるネットワークを持つ、というように社会の仕組みを変えていく発想が必要だ。よりよい社会を作るために何をしたらよいのかを考えるためには、ヒトがどのような動物で、どのような環境で進化してきたのかを知ることは、大いに役立つだろう。

評論（十）

# 目に見える制度と見えない制度

中村《なかむら》雄二郎《ゆうじろう》

教科書P.248〜260

これは共同社会の中で営む生活を暗黙のうちに律する制度である。人間は、意識的・無意識的に合目的な秩序を形作り、それらを仲立ちとして結びつくことによって共同社会を形作っている。

## 学習のねらい

筆者の論展開を支える文章表現上の工夫を理解して主張を捉え、身の回りの制度について考える。

## 要旨

社会生活が順調に行われているとほとんど意識しない法律や制度は、問題が起きると、社会的・物理的な拘束力を持ったものになる。集団における人間相互の関係が間接的で、意思の疎通を欠くようになると、関係を合理化、客観化するために人間の意志のはたらきで設定された法律や制度が必要になる。これが「第二の自然」として私たちに対して一つの環境を形作る、「目に見える制度」である。同様に必要なのは、無意識的に作られた「目に見えない制度」で、共同社会

## 段落

本文は論の展開から、五つの段落に分けられる。

一　教P248・1〜P249・9　序論・法律や制度の存在のしかた
二　教P249・10〜P252・2　本論①・法律や制度が存在する理由
三　教P252・3〜P254・14　本論②・人間の意志と法律や制度
四　教P254・15〜P258・16　本論③・目に見えない制度
五　教P259・1〜P259・4　結論・合目的的な秩序を仲立ちとする共同社会

## 段落ごとの大意と語句の解説

**第一段落　教248ページ1行〜249ページ9行**

社会生活が順調に行われているときは特段意識しない法律や制度だが、問題が起きると、社会的・物理的な拘束力を持ったものになる。この変化は、自然にある物や物質的な製作物とは異なる存在のしかたによるものである。

教248ページ

1　「健康《けんこう》な人間《にんげん》が……意識《いしき》しないように」という比喩には、どのような効果があるか。

**答**　法律や制度を、当たり前にあり、健康であればとくに意識することのない私たちの体という身近なものにたとえる比喩を使うことで、読者の興味を引く効果がある。

4 **不動産《ふどうさん》**　土地及びその定着物とされる建物や立ち木など。
4 **いや応《おう》なしに**　相手に有無を言わせずに。むりやり。
6 **不透明《ふとうめい》な抵抗物《ていこうぶつ》**　ここでは、正体のはっきりとしない抗《あらが》いがたいものを表す。
7 **物理的《ぶつりてき》な拘束力《こうそくりょく》**　時間や重量、空間など、人の自由を奪う力。
8 **存在性《ありかた》**　ここでは、物事の存在している状態のこと。
11 **些細《ささい》**　取るに足らないさま。

**教249ページ**
1 **法秩序《ほうちつじょ》**　種々の法規が構成する統一されたまとまり。
2 **過激《かげき》**　度を越して激しいさま。
2 **国法《こくほう》の侵犯《しんぱん》**　法令や憲法などを侵害すること。

**2**　「変《か》わりない」とあるが、どのような点が「変わりない」のか。

**答**　気にならない透明なものから、無視しがたい不透明な抵抗物、社会的・物理的な拘束力を持ったものへと変化し、その時点で私たちが認識できるようになるという点。

3 **無視《むし》しがたい**　無視することがなかなかできない。

**3**　「さまざまの姿《すがた》」とは、どういうものか。

**答**　「気にならないいわば透明なもの」「無視しがたい不透明な抵抗物」「社会的・物理的な拘束力を持ったもの」（教249ページ3〜4行）など、状況や捉え方によって変化するもの。

7 **固有《こゆう》の**　それだけが持つ独特の。

**第二段落　教249ページ10行〜252ページ2行**
人は集団の中で他人との関係において生きるが、集団が大きく複雑になり、人間によって作り出されたものを仲立ちにしたり社会生活が営まれるとき、人間相互の関係は間接的なものになり、意思の疎通を欠きやすい。それらを調整し統御するために、集団内部での人間相互の関係を合理化し客観化したものが法律や制度である。

**教249ページ**
14 **相《そう》**　物事のありさま。

**教250ページ**
3 **間接的《かんせつてき》**　何かが間に入った状態で物事が行われる状態。
4 **律《りっ》する**　一定の規範によって管理、統制する。
4 **秩序《ちつじょ》が保《たも》たれる**　社会や集団の望ましい状態が保持される。
4 **学術団体《がくじゅつだんたい》**　学問の発展などを目的として、研究者やそれを援助する人々が組織する団体。
5 **成員《メンバー》**　団体や組織などを構成するメンバー。
6 **ならざるを得《え》ない**　やむを得ずなる。
7 **集団生活《しゅうだんせいかつ》を営《いとな》みながら**　大勢の人が共同で生活しながら。
9 **必需品《ひつじゅひん》**　絶対に必要な品。
10 **刻印《こくいん》を押《お》す**　あるものであると決めつける。ここでは、人間が自然物に手を加え、人間のものにするということを表す。
11 **人間化《にんげんか》して**　人間的なものとして捉えて。

12意味《いみ》を帯《お》びるだけではない　意味を含み持つだけではない。
13仲立《なかだ》ち　両者の間に入って事をとりもつこと。
14円滑《えんかつ》　何の支障もなく行われるさま。

**4** 「私《わたし》たち人間相互《にんげんそうご》の関係《かんけい》は直接的《ちょくせつてき》なコミュニケーションではなくなって間接的《かんせつてき》なものにな」るのは、なぜか。

**答** 人間は周囲に存在する自然の物体にはたらきかけ、衣食住の必需品や技術的・文化的なものを作り出してきた。そうした私たちの生活に不可欠な部分となったものの仲立ちなしには、社会生活が円滑に営めなくなるから。

**教251ページ**
1意思《いし》の疎通《そつう》　考えが円滑によく通じること。
1欠《か》きやすくなる　失いやすくなる。
2原野《げんや》　未開拓で人の手が入っていない状態の野原。
3なんらの争《あらそ》いごとも　少しの騒動も。
3開墾《かいこん》　山野を切り開いて田畑にすること。
4土地《とち》の所有権《しょゆうけん》　土地を持つ人の権利。
5所有地《しょゆうち》の境界《きょうかい》　所有している土地の境目。
12統御《とうぎょ》　すべてをまとめて支配すること。
14合理化《ごうりか》　能率を上げるためにむだを省こうとすること。

**教252ページ**
1ほかならない　まさしくそうである。

**第三段落　教252ページ3行〜254ページ14行**
合理化・客観化された社会関係は、人間から独立した客観的な実在、いわば第二の自然として環境を形作り、固有の法則や論理を帯びる。人間の共同の意志により設定、定立されて在る法律や制度は、仮構的《フィクショナル》でありながら現実的《リアル》な力と意味を持つが、人の意志との結びつきが失われると惰性的な性格が強まり表面化して、制度による人間の疎外も生じる。

**教252ページ**
5客《きゃっ》観的《かんてき》な実在《じつざい》　普遍的で妥当な存在。

**5** 「第二《だいに》の自然《しぜん》」は、「第一《だいいち》の自然《しぜん》」とどのように違うか。

**答** 「第二の自然」は、人間の意志のはたらきにより作り出され、人間から独立した客観的な実在として形作られた一つの環境のこと。「第一の自然」は自然的な環境をさし、人間の意志のはたらきの有無にかかわらず存在するが、「第二の自然」は、人間の共同の意志により設定され定立されて存在する。

8対比《たいひ》を際立《きわだ》たせて言《い》えば　二つの物を比べたときの違いをはっきりとさせて論じれば。
15定立《ていりつ》された　肯定的に判断され、定められた。

**教253ページ**
1実定的《じっていてき》な法律《ほうりつ》　実定法のこと。現実に制定され法律。

**6** 法律や制度自身が「社会的《しゃかいてき》な現実《げんじつ》を再組織《さいそしき》し秩序立《ちつじょだ》てている」とは、どういうことか。

**答** 法律や制度そのものが社会に影響を与え、一つの現実的な力となり、新たな制度的現実を作り出して、私たちの社会を整然と組織し直しているということ。
「再組織」＝組み立て直すこと。

「秩序立てている」＝順序や筋道を整然とさせている。

5 **公布《こうふ》し**　成立した法令の内容を国民に広く知らせるために公示し。

5 **施行《しこう》する**　公布された法令が効力を持つようにする。

8 **身柄《みがら》を拘禁《こうきん》**　その人自身の自由を、拘束すること。

10 **仮構的《フィクショナル》**　想像によって作り出されたもののような。

16 **使《つか》いこなそう**　使い方を心得て、充分に活用できるようにしよう。「使いこなす」＝使い方がわかっていて、その特長を生かし、充分に活用する。

**教254ページ**

5 **実定化《じっていか》**　実際に効力を持つような状態。

7 **裏《うら》づけ**　確実なものとするためのもの。

7 **多《おお》かれ少《すく》なかれ**　多かったり少なかったりの差はあっても。

7 **惰性的《だせいてき》**　今まで続いてきた習慣などだけによって物事に取り組むさま。

7 **慣性的《かんせいてき》**　外力がはたらかず、物体がその運動状態を保つさま。

11 **表面化《ひょうめんか》**　隠れていた物事がおもてに出てくること。

**7**　**法律や制度が「私《わたし》たち人間《にんげん》を支配《しはい》してくるようになる」**のは、なぜか。

**答**　法律や制度が実定化されると、惰性的で慣性的な力を持つようになり、それを作った人間の意志から離れて、人間に対する固有の現実的な影響力を持つようになるから。

**第四段落　教254ページ15行～258ページ16行**

こうした目に見える制度と同様に重要なのは、歴史の内で無意識に形成された、生活を暗黙のうちに律している、目に見えない制度である。目に見えない制度であればあるほど、その性格と仕組みを知ることが必要である。無意識的な制度化や無意識による物事の秩序づけは、人間が集団として無意識のうちにある目的にかなった秩序や体系を形作る活動である。

**教254ページ**

15 **典型《てんけい》**　同種のものの中でその特性を最もよく表しているもの。

**教255ページ**

1 **成文化《せいぶんか》**　すでに決まっていることや新たに決められたことを文章として書き表すこと。

4 **慣習《かんしゅう》や習俗《しゅうぞく》**　ある社会で昔から承認されている伝統的な行動様式やならわし。

5 **暗黙《あんもく》のうちに**　明確に示されはしないままに。

8 **法的国家《ほうてきこっか》**　国民の意思による法律によって国政が行われる国家。

9 **結社《けっしゃ》**　複数の人が特定の目的を遂行するために集まり作った団体。

10 **法制化《ほうせいか》されていない**　法律や制度になっていない。

11 **贈与儀礼《ぞうよぎれい》**　贈り物に関する定型化された儀式や行動様式。

11 **出生儀礼《しゅっしょうぎれい》**　誕生に関する定型化された儀式や行動様式。

11 **葬制《そうせい》**　死者と別れる儀式に関する習慣。

11 **祭祀《さいし》**　神や祖先を祭ること。

11 **物忌《ものい》み**　不吉であるとして、特定の物事や行動を避けること。

12 **諸形態《しょけいたい》**　さまざまなありさま。

13 **習《なら》い性《せい》となる**　習慣としていたものが、いつのまにか本当の性質のようになる。

15 **しきたり**　昔からのならわし。

15 **身《み》について**　習慣などが、自分自身のものとなって。
「身につく」＝知識や習慣などが、自分自身のものとなる。
15 **ぎこちなさ**　動作などに不自然なところがあること。

**教256ページ**

2 **好都合《こうつごう》**　条件が合っていて、都合がよいこと。

**8** **制度が目に見えない無意識的なものであればあるほど、「制《せい》度《ど》としての性格《せいかく》と仕組《しく》みとを立《た》ち入《い》って知《し》っておくことが必《ひつ》要《よう》」となるのは、なぜか。**

**答** 目に見えない無意識的な制度は自覚がされにくく、制度と自然とがほとんど見分けがつかないようになることがあるので、それらを意識的に捉えようとしなければ正確に把握できないおそれがあるから。

9 **封建的《ほうけんてき》**　家来が君主に仕えるように、個人の自由を認めないさま。
9 **束縛《そくばく》**　行動の自由を奪うこと。
11 **軛《くびき》を逃《のが》れ**　束縛から自由になり。「軛」は、馬車などで馬をおさえるための木の枠の意味から転じて、自由をおさえ込むもの。ここでは、制約、の意。
13 **家本位《いえほんい》**　家単位の考え方を、判断や行動のもととすること。
13 **推《お》し進《すす》める**　積極的に物事を進ませる。

**教257ページ**

1 **近代的《きんだいてき》**　封建的な考え方から解放されて合理的かつ自由にものを考え、人間性を尊重するような状態。
5 **人間《にんげん》の自然《しぜん》にのっとりながらも**　人間の自然に従いながらも。
「のっとる」＝手本として従う。

6 **文化人類学《ぶんかじんるいがく》**　人類について、文化を中心に研究し考察する学問。

**9** **「近代的《きんだいてき》な恋愛《れんあい》において、感情《かんじょう》や感受性《かんじゅせい》」が「秩序立《ちつじょだ》てられ、制度化《せいどか》され」るとは、どういうことか。**

**答** 近代における恋愛は、感情や感受性といった人間本来の自然な姿にのっとって行われているように見えるが、実際は文化によって形式を与えられているということ。

「感受性」＝外からの刺激や印象などを感じ取るはたらき。

**教258ページ**

2 **与《あた》えずにはおかなかった**　必ず与えた。
「……せずにはおかない」＝自然に……する。必ず……する。
5 **合議《ごうぎ》**　複数の人が集まって相談すること。

**10** **「合目的的《ごうもくてきてき》な無意識《むいしき》のはたらき」とは、どういうことか。**

**答** 無意識のうちに集団の目的に沿った合理的な秩序の形成に協力していこうとする人間の性質のこと。

「合目的」＝ある物事が一定の目的にかなっているさま。
15 **下意識《かいしき》**　意識されてはいないが、思い出す努力により意識となる精神の領域部分。

**第五段落　教259ページ1行～259ページ4行**
人間は、社会で共同生活をする中で、意識的・無意識的に合目的的な秩序を形作り、それらを仲立ちとして結びつくことによって共同社会を形作っている。

## 手引き

### 学習の手引き

**一** **本文の構成について、(1)序論・本論・結論の三つに分け、(2)本論部分を、「目に見える制度」について述べた二つの段落と、「目に見えない制度」について述べた一つの段落とに分けて、要旨をまとめよう。**

**解答例** (1) 省略（「段落」参照）

(2) 「目に見える制度」…第二・三段落。法律や制度などの目に見える制度は、集団内部での人間相互の関係を合理化し客観化したものであり、その現実的な力は、意志による規範の仮構を通して存在する。しかし、人の意志との結びつきが失われると惰性的な性格が強まり、制度による人間の疎外も生じる。

「目に見えない制度」…第四段落。要旨省略（「段落ごとの大意」参照）

**二** **次の1・2は、どのようなことの具体例としてあげられているか、それぞれ説明してみよう。**

1 「交通違反をして警官に捕まったとき」（二四八・10）

2 「男女の愛の形」（二五六・7）

**解答例** 1 ふだんは透明で気にならなかった法律や制度が、独自の存在性《ありかた》を持った抵抗物へ、そして社会的・物理的な拘束力を持ったものへと変化して認識されること。

2 制度から解放された人間の自由な意思であり人間本来の在り方であると考えられているものでも、その背後には、それを秩序立て、形式を与えた、無意識の、目に見えない制度があるということ。

**三** **本文の次の箇所をわかりやすく説明してみよう。**

1 法律といい制度というのは、……ほかならないであろう。（二五一・16〜二五二・2）

2 法律や制度は……それでいて現実的《リアル》な力と意味を持っている。（二五三・10〜11）

3 無意識な規範としての……この目に見えない制度なのだ。（二五五・6〜7）

**解答例** 1 人間が生きる社会の集団が大きく複雑になると相互の関係は間接的なものになり、意思の疎通が図れずもめごとが多くなる。法律や制度は、こうした社会関係を合理化・客観化することで、社会生活を円滑で安定したものにするということ。

2 本文に「法律や制度は規範として客観化されるだけではなくて、社会的な現実を自己の観点から組織して、一つの現実的な力となる」（二五三・5）とある。つまり、法律や制度は人間の意志によって作られた仮構的《フィクショナル》なものではあるが、実際に社会の仕組みを形作る力も持っているということ。

3 国語も感性構造も無意識のうちに形作られ、社会生活の中で自然に身につく。目に見えない制度について、「無意識に作られた」（二五五・4）、「制度と自然とが……見分けがつかない」（二五五・14〜15）とあり、これらは目に見えない制度の一つと言えるということ。

## 活動の手引き

**一 自分の身の回りにある「制度」から一つを選び、その「制度」が作られた目的や果たしている役割などについて説明する文章を書いて、発表し合おう。**

**考え方** 「目に見える制度」については、「交通法規や物権法」(二四九・10)など、「目に見えない制度」については、「贈与儀礼、……芸能や文化の諸形態」(二五五・11〜12)などを参考にする。取り上げた「制度」がどのようにして成立したものか、また、私たち自身や社会とどのような関係にあるのかを、本文の叙述に即して考えよう。

## 言葉の手引き

**一 次の同音異義語を漢字に改めよう。**

1 社会保障制度の改正案をシンギする。
シンギのほどはわからない。

2 キセイの価値観に縛られる。
花火大会のため交通をキセイする。
キセイ品として売られている洋服。

3 昆虫を観察のタイショウとする。
タイショウ的な意見が出る。
左右タイショウの図形を描く。

**解答** 1 審議・真偽　2 既成・規制・既製
3 対象・対照・対称

**二 次の語の反対語をあげてみよう。**

1 現実　2 複雑
3 直接　4 偶然

**解答** 1 理想　2 単純　3 間接　4 必然

**三 次の語句の意味を調べよう。**

1 いや応なしに(二四八・4)
2 多かれ少なかれ(二五四・7)
3 習い性となる(二五五・13)
4 軛を逃れる(二五六・11)

**解答例** 省略(「語句の解説」を参照)

**四 形式段落の初めにある接続詞を抜き出し、そのはたらきを説明してみよう。**

**解答例** ・第三形式段落「そこで」…順接。前文「少し詳しく見てみよう」を受けて、具体的な例をあげている。

・第四形式段落「だが」…逆接。前段では説明していない集団生活内の不都合について述べていこうとしている。

・第七形式段落「ところで」…話題転換。前段で示された法律や制度の役割から人間の意志のはたらきについて話題を転換している。

・第十一形式段落「さて」…話題転換。目に見える制度から、目に見えない制度へと話題を転換している。

・第十二形式段落「すなわち」…説明・補足。前段で示したものについて、具体例をあげながら説明している。

・第十六形式段落「だが」…逆接。前段の例の説明の中から新たな問題を提起している。文脈から見ると話題転換の接続詞が妥当。

# 「である」ことと「する」こと

丸山《まるやま》真男《まさお》

教科書P.262～277

## 学習のねらい

具体例と主張との関係、段落相互の関係を把握し、民主主義社会のあり方について理解を深める。

## 要旨

自由や権利とは、その立場「である」ことに安住しているだけでは守ることはできず、「する」ことによって保持される。しかし、「する」ことがあらゆる領域を席巻するものではなく、血族関係など「である」ことに基づく価値判断のしかたがなくなるわけではない。この二つの原理を想定することによって、社会の現状や本来あるべき姿がわかる。近代は「する」論理・価値に重点が移動しているが、政治の領域では「である」価値が民主化を妨げ、逆に、それ自体に価値を持つ文化の領域には「する」価値が侵入している。深く内に蓄えを存する文化の立場から政治へ発言し行動していくことが、二種の価値の倒錯した現状を再転倒する道を開くものとなり得る。

## 段落

本文は論の展開によって、八つの段落に分けられる。

一 教P262・1～P264・5 行使によって保持される自由・権利
二 教P264・6～P266・5 近代社会の制度を規定する考え方
三 教P266・6～P268・4 「である」道徳からなる社会
四 教P268・5～P271・1 「する」社会・論理への移行
五 教P271・2～P272・5 政治行動における考え方
六 教P272・6～P274・14 「する」と「である」の価値の倒錯
七 教P274・15～P276・5 文化的創造にとっての価値
八 教P276・6～P276・11 価値倒錯を再転倒するための道

## 段落ごとの大意と語句の解説

**第一段落** 教262ページ1行～264ページ5行

民法における「時効」の話や自由についての考えなどの例から、自由や権利というものは、その状態であることに安住しているだけでは守ることはできず、権利を行使し、自由であろうとすることによって守ることができると言える。

**教262ページ**

1 **民法《みんぽう》** 主に国民個人としての生活上の関係を規定した法律。
1 **時効《じこう》** 法律で、定められた期間が過ぎたときに権利の取得・消滅を生じさせる制度。
2 **催促《さいそく》** 早くするようにとせきたてること。
3 **猫《ねこ》ばばを決《き》め込《こ》む** よくないことをして、知らん顔をする。
3 **不心得者《ふこころえもの》** 心がけの悪い人。

4 **不人情**《ふにんじょう》　思いやりのないさま。
5 **権利**《けんり》**の上**《うえ》**に長**《なが》**く眠**《ねむ》**っている者**《もの》　一定の利益を受け取ることができる資格を持っているだけで、それを全く行使しようとしない人。
5 **値**《あたい》**しない**　相当しない。ふさわしくない。
8 **債権者**《さいけんしゃ》　特定の人に対して一定の給付を請求する権利を有する人。
8 **安住**《あんじゅう》　それ以上を望まず、置かれた境遇や地位に満足すること。
9 **喪失**《そうしつ》　なくすこと。
11 **保障**《ほしょう》　置かれた状態や地位が害を受けないように請け合うこと。
12 **不断**《ふだん》　絶え間のないこと。

**教263ページ**

1 **多年**《たねん》**にわたる**　長い年数にまたがっての。

**1** **「自由獲得**《じゆうかくとく》**の歴史的**《れきしてき》**なプロセス」を「将来**《しょうらい》**に向**《む》**かって投射**《とうしゃ》**した」とは、どういうことか。**

**答** 過去の歴史の中でなされた自由獲得の努力を、将来にわたって続けていかなければならない、ということ。

「プロセス」＝過程。
「投射」＝光を当てること。

5 **若干**《じゃっかん》　いくらか。
6 **行使**《こうし》　権力などを実際に使うこと。
8 **威嚇**《いかく》　威力でおどすこと。
8 **空疎**《くうそ》　見せかけだけで、中身のないこと。
9 **掌握**《しょうあく》　支配して、自分の思うままにすること。
10 **血塗**《ちぬ》**られた道程**《どうてい》　流血の事態を含む悲惨な歴史的過程。
12 **擁護**《ようご》　かばって守ること。

**教264ページ**

2 **惰性**《だせい》　ここでは、今までどおりの習慣、の意。
3 **人**《ひと》**に預**《あず》**けてもいい**　人任せでよい。
4 **深々**《ふかぶか》**と寄**《よ》**りかかっていたい気性**《きしょう》　ここでは、自分が現在置かれている居心地のよい状況に安住していたい性格、の意。
4 **甚**《はなは》**だもって**　非常に。

**2** **筆者が「荷厄介**《にやっかい》**な代物**《しろもの》**」という表現を用いた意図は何か。**

**答** 自由や権利を持て余し、かえって負担になり、重荷になるものとして捉える態度に対して、自由や権利は本来は人間を幸福にする喜ばしいもののはずなのにそうなっていないというニュアンスをこめている。

「荷厄介」＝負担に思われるさま。扱いに困るさま。
「代物」＝価値を低めて言うときに用いられる「もの」のこと。

**第二段落　教264ページ6行〜266ページ5行**

自由と同様、民主主義も、不断の民主化により民主主義であり続ける本質を持つ。近代は、先天的な権威、属性からなる「である」論理・価値から、現実的な機能と効用を重んじる「する」論理・価値に重点が移動してきた。この二つの図式から、さまざまな社会的領域での民主化の進展の程度や、制度と思考習慣のギャップなどが測定でき、そのことが、日本の非近代的な面と過近代的な面を反省する手がかりともなる。

**教264ページ**

8 **吟味**《ぎんみ》　内容などを念入りに調べること。

8 **怠《おこた》りがち**　なまけがち。
8 **巣食《すく》う**　ここでは、好ましくない考えが心を占めること。
8 **偏見《へんけん》**　かたよった見方。
9 **痛切《つうせつ》に意識《いしき》し**　強く身にしみて感じ。
10 **「偏向《へんこう》」性《せい》**　ある方にかたよっている考え方の性質。
16 **かろうじて民主主義《みんしゅしゅぎ》であり得《え》る**　ようやくなんとか民主主義であることができる。
「かろうじて」＝ようやくなんとか。

**教265ページ**
1 **内奥《ないおう》**　内部の奥深い所。
6 **属性《ぞくせい》**　そのものがもともと持っている固有の性質。
6 **内在《ないざい》**　そのものの内に持っていること。

**3**　**この形式段落で述べられている事柄を「二《ふた》つの極《きょく》」に分けるとどのようになるか。**

**答**　「二つの極」は、「である」論理・価値と、「する」論理・価値に分けられる。「である」論理・価値には、プディングの中に「属性」として味が内在していると考えること、先天的に通用していた権威、“to be or not to be”の言葉が当てはまる。「する」論理・価値には、プディングを食べて味を検証する行為、現実的な機能と効用を問う精神、“to do or not to do”の言葉が当てはまる。

9 **領域《りょういき》**　関わりのある範囲。ある作用が及ぶ範囲。
9 **権威《けんい》**　優れたものとして、他人を威圧し、従わせる力。
10 **機能《きのう》**　固有に備わっているはたらき。

15 **血族《けつぞく》**　血縁によりつながりのある人々。
17 **謳歌《おうか》**　ここでは、声をそろえてほめたたえること。

**教266ページ**
2 **実質的《じっしつてき》**　実際の内容に関わるさま。

**4**　**「非近代的《ひきんだいてき》」「過近代的《かきんだいてき》」とは、それぞれどのような状態か。**

**答**　「近代」は「する」論理・価値が重視される時代だと捉えることができる。よって、「非近代的」とは、「する」論理・価値を適応すべきところに「である」論理・価値が根を張っている状態であり、「過近代的」とは、必要以上に「する」論理・価値が要求されている状態と言える。

**第三段落　教266ページ6行～268ページ4行**

「である」社会の典型が徳川時代で、そこでは出生や家柄などの要素が決定的な役割を持ち、何をするかよりも、何であるかが重要な価値基準となり、赤の他人の間のモラルは発達しない。しかし、他人どうしの関係を取り結ぶ必要が増大してくると、モラルも「である」道徳だけでは済まなくなる。

**教266ページ**
6 **明瞭《めいりょう》**　はっきりとしているさま。
6 **徳川時代《とくがわじだい》**　江戸時代。士農工商の身分制度が確立されていた時代。
7 **出生《しゅっしょう》**　ある土地、家柄の生まれであること。
8 **家柄《いえがら》**　家の格式。
15 **分《ぶん》**　身のほど。身分。
15 **安《やす》んずる**　満足する。甘んずる。

16 **社会《しゃかい》の秩序維持《ちつじょいじ》** 社会の構成・組織を整然と保ち続けること。
16 **生命的《せいめいてき》な要求《ようきゅう》** 存続するための基盤となる必要条件。
17 **既定《きてい》** すでに決まっていること。

**教267ページ**

5 **識別《しきべつ》** 見分けられること。
7 **見当《けんとう》がつかない** 予想できない。
「見当がつく」＝予想し得る。
10 **軌道《きどう》に乗《の》る** 物事が計画したように順調に進んでいく。
13 **儒教《じゅきょう》** 孔子《こうし》の教えを中心とする中国の伝統的思想。
14 **朋友《ほうゆう》** 友人。
16 **人倫《じんりん》** 儒教における、人と人との間の秩序のこと。

**第四段落 教268ページ5行～271ページ1行**
社会関係が複雑多様になるにしたがい、「『する』こと」の原理に基づく機能集団が生まれ、「である」論理から「する」論理への移行が起こった。移行の速度は領域や、組織の論理、人々のモラルの違いで異なる。一般に、経済の領域では「する社会」組織、「機能」の価値への変化が早いが、政治の世界では「する」論理と「する」価値の浸透が遅れがちだ。

**教268ページ**

6 **突如《とつじょ》** 急に。
8 **素性《すじょう》** 血筋。育ちや経歴。
12 **職能《しょくのう》** 職業の持つ機能。
12 **分化《ぶんか》** もともとの単純なものが複雑に分かれていくこと。
15 **業績《ぎょうせき》** 事業や研究などの成果。

16 **行住坐臥《ぎょうじゅうざが》** 日常の立ち居振る舞い。

**教269ページ**

2 **一変《いっぺん》する** がらりと変わる。
3 **事理《じり》** 物事の道理。

**5** **「職能関係《しょくのうかんけい》がそれだけ『身分《みぶん》』的《てき》になっている」とは、どういうことか。**

**答** 職業上の関係は、仕事を離れた私生活の場ではお互いの人間関係に本来影響しないはずだが、それがついてまわるということ。職能関係(「する」関係)がその人を常に拘束する「身分」としての関係(「である」関係)になっているということ。

10 **落差《らくさ》** 二つのものの間の隔たり。
12 **バリエーション** 物事の変化。
14 **浸透《しんとう》** ここでは、思想などが広く行き渡ること。
17 **株主《かぶぬし》** 株式会社の出資者として株券を所有している人。

**教270ページ**

5 **死活《しかつ》の問題《もんだい》** 存亡に関わる重大な問題。
10 **権力乱用《けんりょくらんよう》** 支配的に持つ強制力をむやみに使うこと。
11 **建《た》て前《まえ》** 表向きの方針や考え。
13 **貢献《こうけん》** 社会に役立つように尽力すること。
13 **コネ** 事をうまく運ぶのに役立つ親しい関係。コネクションの略。

**6** **「どんなにうようよしていることか。」という表現には、筆者のどのような問題意識が表れているか。**

**答** 本来指導者は貢献度や業績で評価され選ばれるべきなのに、長く支配的地位にあったことや過去の功績などの理由で地位を保っている指導者が多いということへの問題意識。

16 **派閥《はばつ》** 縁故や利害によって結びついた排他的集団。

16 **情実《じょうじつ》** 個人的な利害が絡んで公平な取り扱いができないこと。

16 **横行《おうこう》** 頻繁に行われること。主に悪い事柄について使う。

**第五段落** **教271ページ2行〜272ページ5行**

社会行動の区別は「する」論理から言うと機能の区別であって、人間や集団の区別ではない。民主主義は、政治を特定身分の独占から市民にまで解放する運動として発達したものなのであり、非政治的な市民の政治的関心や「政界」以外の領域からの発言、行動により支えられると言える。

**教271ページ**

4 **横断的《おうだんてき》** 異なる分野などを超えたつながりがあるさま。

4 **分布《ぶんぷ》** あちこちに分かれて広くあること。

11 **還元《かんげん》** 物事をもとの状態に戻すこと。

14 **甚《はなは》だしく** ひどく。

15 **専有物《せんゆうぶつ》** ある一つのものだけが所有するもの。

16 **分限《ぶんげん》** 身のほど。可能な限度。

**教272ページ**

2 **従事《じゅうじ》** その仕事に携わること。

5 **過言《かごん》ではない** 言い過ぎではない。

**第六段落** **教272ページ6行〜274ページ14行**

日本の近代の「宿命的」な混乱は、一方で「する」価値が急激に浸透しながら、他方では「である」価値の基盤が強固な点に発している。しかし、この「前近代性」の根強さより厄介なのは、政治のように「する」価値に基づき不断の検証が必要な領域でそれが欠け、学芸や文化のような「する」価値の侵入が反省されようとしている部面で、かえって効用と能率原理が進展していることだ。

**教272ページ**

6 **宿命的《しゅくめいてき》** もともとそう定まっているさま。

7 **強靱《きょうじん》** しなやかで強いさま。

7 **「である」価値《かち》が根《ね》を張《は》り** 「である」の考え方が定着して。「根を張る」＝思想や勢力などが定着し、動かしがたいものになる。

**7** **「セメント化《か》されてきた」とは、どういうことか。**

**答** 「セメント化」は、固まった状態を表す。縛りつけられ、自由に動くことができないようにされてきたという意味。「セメント化」の例には、「する」目的で作られた社会なのに、派閥や年功序列のような「である」価値が重んじられるため、活動の活性化が妨げられることなどがある。

10 **崩壊《ほうかい》** くずれこわれること。

10 **自発的《じはつてき》** 物事を自ら進んで行うさま。

11 **成熟《せいじゅく》** 十分に成長し、発達すること。

13 **大手《おおで》を振《ふ》って** 他者に遠慮せずに、堂々と。

16 **浸潤《しんじゅん》** 水がしみていくように思想などが広がっていくこと。

**教273ページ**

1 **ごった返《がえ》し** 整わず、雑然としていること。

2 **ノイローゼ症状《しょうじょう》** 神経衰弱などの神経症。

**8**　**「この矛盾《むじゅん》」とは、どういうことか。**

**答**　近代的組織や制度において形成された閉鎖的集団の「うち」では「である」の行動様式が通用するが、一歩「そと」に出れば「する」の行動様式をとらなければならない。集団の「うち」では「である」行動様式、その「そと」の他人とは「する」行動様式をとり、一人の人間が振る舞い方を使い分ける必要があるということ。

4 **周知《しゅうち》**　誰もが知っていること。
4 **帰一《きいつ》**　別々の事柄が結果的に一つにまとまること。
5 **弥縫《びほう》**　失敗や欠点を一時的に取り繕うこと。
6 **諸相《しょそう》**　さまざまな姿や様子。
6 **蔓延《まんえん》**　病気や悪いものがはびこること。
7 **怪《あや》しむに足《た》りない**　ごく当然のことだ。
11 **とめどない**　終わることのない。
12 **部面《ぶめん》**　物事をいくつかに分けたうちの一つの部分。
12 **能率原理《のうりつげんり》**　効率についての根本的な法則。
17 **享受権《きょうじゅけん》**　受け入れて楽しむ権利。

**教274ページ**

2 **閑暇《かんか》**　するべきことが何もなくひまなこと。
7 **滔々《とうとう》として**　次から次へとよどむことなく。
7 **卑近《ひきん》**　身近にありふれているさま。
11 **不毛《ふもう》**　何の進歩も成果も得られないさま。
11 **源泉《げんせん》**　物事が起こるもと。
11 **実効的《じっこうてき》**　実際に効力があらわれるさま。
13 **氾濫《はんらん》**　ここでは、好ましくないことが広まること。
13 **防波堤《ぼうはてい》**　ここでは、悪い影響を防ぐもの。

**第七段落**　**教**274ページ15行～276ページ5行

文化とは、それがもたらす結果よりもそれ自体に価値があり、大衆の嗜好《しこう》や多数決では決められないもので、文化的創造においては、単なる前進や不断の忙しさよりも、価値の蓄積が何よりも大事である。

**教275ページ**

1 **しかるべき**　適切な。
5 **軸《じく》を置《お》いて**　価値判断の基準を置いて。重点を置いて。

**9**　**「果実《かじつ》」「花《はな》」は、それぞれ何の比喩か。**

**答**　「果実」は、本文中の「果たすべき機能」「そのもたらす結果」を表し、「する」価値の比喩。「花」は、本文中の「彼があるところ」「あるという自覚を持とうとするところ」「それ自体」を表し、「である」価値の比喩。

7 **嗜好《しこう》**　好んで親しむこと。
16 **寡作《かさく》**　作品の制作数が少ないこと。

**教276ページ**

**10**　**文化的な精神活動では、「休止《きゅうし》とは必《かなら》ずしも怠惰《たいだ》ではない。」と言えるのはなぜか。**

**答**　「休止」は、文化的な精神活動を活発化させ、それによって文化的創造にとっての価値を蓄積させることができるから。

1 **怠惰**《たいだ》 なまけてだらしがないこと。
2 **瞑想**《めいそう》 目を閉じ、静かにして思いをめぐらせること。
2 **静閑**《せいかん》 ひっそりとして静かなさま。
5 **蓄積**《ちくせき》 たくわえること。

**第八段落** **教**276ページ6行～276ページ11行

現代のような「政治化」の時代においては、深く内に蓄積されたものの存する文化の立場から政治へ発言し行動していくことが、「である」価値と「する」価値の倒錯した現状を再転倒する道を開くものとなり得る。

**教**276ページ
9 **倒錯**《とうさく》 規範や正常な状態と逆になること。
10 **居座**《いすわ》**って** 好ましくないものがとどまって。
11 **道が開**《ひら》**かれる** 解決方法が見つかる。

## 手引き

### 学習の手引き

**一 見出しのついた第一～第八段落について**

1 本文の構成を、序論・本論・結論の三段落に分け、さらに本論部分を三つのまとまりに分けよう。
2 各まとまりの中心となる部分を指摘してみよう。

**解答例** 1 序論…第一・二段落。本論…第三～第六段落。結論…第七・第八段落。本論はさらに、本論①(第三段落)、本論②(第四・第五段落)、本論③(第六段落)に分けられる。

2 序論…第八形式段落の部分が中心部。「『である』こと」と「『する』こと」の二つの図式を想定することによって、「民主化」の実質的な進展の程度や、制度と思考習慣とのギャップなどの事柄を測定する一つの基準を得ることができるとともに、現代日本の問題を反省する手がかりにもなり得る、と述べられている。

本論①…第十二形式段落の後半部分が中心部。赤の他人どうしの関係を取り結ぶ必要が増大すると、組織や制度の性格が変わり、モラルも「である」道徳だけでは済まなくなる、と述べられている。

本論②…第十九段落の後半部分が中心部。民主主義は、非政治的な市民の政治的関心によって、また「政界」以外の領域からの政治的発言と行動によって支えられる、と述べられている。

本論③…第二十三形式段落が中心部。「『する』こと」の価値に基づく不断の検証が最も必要なところではそれが著しく欠け、「する」価値の侵入が反省されようとしているような部面では、かえって効用と能率原理が進展している、という問題点をあげている。

結論…第二十七形式段落が中心部。深く内に蓄えられたものへの確信に支えられた文化の立場からする政治への発言と行動によって、「である」価値と「する」価値の倒錯を再転倒する道が開かれる、という筆者の主張を述べている。

**二 第一段落で紹介されている「時効」「日本国憲法に書かれている『自由及び権利』」「アメリカのある社会学者が述べる**

**『自由』」の例に共通するロジックを説明してみよう。**

**考え方**　筆者は、日本国憲法について触れたあと、「そこに先ほどの『時効』について見たものと、著しく共通する精神を読み取ることは、それほど無理でも困難でもないでしょう」(二六三・3)と述べ、「つまり」のあとでどのような点が共通するか説明している。そしてアメリカの社会学者の言葉を引き、「ここにも基本的に同じ発想がある」(二六三・14)と述べ、「私たちの社会が……初めて自由であり得るということなのです」(二六三・15〜二六四・1)と論じている。この文脈を捉え、どのような点が三者に共通しているかを捉える。

**解答例**　権利や自由は、その状態に安住して行使を怠っていると、それを失うことになるため、現実の行使によってしか権利や自由は守られない、という論理。

## 三　「『である』こと」と「『する』こと」について

1　「『である』論理から『する』論理への推移」(二六八・5)はどのように浸透していくのか。「経済の領域」と「政治の領域」とに分けて説明してみよう。

2　「『する』価値と『である』価値との倒錯」(二七二・6)とはどういうことか、説明してみよう。

**考え方**　1　第十五形式段落で、「『する』社会と『する』論理への移行」は、「同じ近代社会といってもさまざまのバリエーションが生まれてくる」と述べ、第十六形式段落で経済の領域について、第十七形式段落で政治の領域について説明されている。

2　第二十形式段落で「日本の近代の『宿命的』な混乱」が説明され、第二十三形式段落ではそれよりも「厄介」な倒錯が説明されている。この二つの内容を指摘する。

**解答例**　1　「経済の領域」…封建的土地所有から「資本」の所有へと変化し、所有と経営の分離が行われ、有能な経営者の取得が最大の問題となる「する」社会へと推移する。「である」組織から「する」組織へ、「属性」の価値から「機能」の価値への変化が最も早く現れ、また最も深く浸透する。

「政治の領域」…政治の領域では、「らしく」道徳の強い日本社会で非政治的な分野の者が口を出すことが控えられ、政治が「政界」の専有物となりがちで、「する」社会への推移に滞りがある。そのため、経済に比べて「する」論理と「する」価値の浸透が遅れがちである。

2　日本の近代では、「する」価値が猛烈な勢いで浸透する一方、「である」価値が根を張り、さらに「する」原理を建て前とする組織が「である」社会のモラルによって縛りつけられてきた、という倒錯がある。また、政治の例に見られるように、「『する』こと」の価値に基づく不断の検証が最も必要なところではそれが著しく欠けているのに、「する」価値が必要性がない面や、その価値の侵入が反省されようとしているような部面では、かえって効用と能率原理が驚くべき速度と規模で進展しているという倒錯もある。

**活動の手引き**

## 一　「『である』価値と『する』価値の倒錯」(二七六・9)について、「前者の否定しがたい意味を持つ部面に後者が蔓延」する例や「後者によって批判されるべきところに前者が居座ってい

る」例を探し、それがどうなれば民主化が進んだ状態だと言えるのか、文章にまとめて発表し合おう。

**考え方** 本文で取り上げられている経済の領域や政治の領域での例や、「『である』価値と『する』価値の倒錯」が甚だしく表れている「大都市の消費文化」(二七三・14)などであげられている例を参考に身の回りの例を探そう。民主化するために必要なことについては、「民主主義的思考とは、定義や結論よりもプロセスを重視すること」(二六四・17)、「民主主義は……政治的発言と行動によって初めて支えられる」(二七二・3〜5)などの部分を参考に考えよう。

## 言葉の手引き

**一** 次の同音異義語を漢字に改めよう。

1
- 大学で経済学のコウギを受ける。
- 責任者にコウギを申し入れる。
- ある言葉をコウギに解釈する。

2
- 二人の意見にはジャッカンの違いがある。
- ジャッカン二十歳にして世界で活躍中だ。

3
- 理論の正しさをケンショウする。
- 功績をケンショウする碑を建立する。
- ケンショウ付きで短歌を募集する。

**解答** 1 講義・抗議・広義　2 若干・弱冠
3 検証・顕彰・懸賞

**二** 次の語句の意味を調べよう。

1 行住坐臥(二六八・16)　2 情実(二七〇・16)
3 弥縫(二七三・5)　4 蔓延(二七三・6)

**解答例** 省略(「語句の解説」を参照)

**三** 次の語句の意味を調べ、それぞれを使って短文を作ろう。

1 軌道に乗る(二六七・10)　2 軸を置く(二七五・5)

**解答例** 意味…省略(「語句の解説」を参照)
短文…1 新しくオープンした店がやっと軌道に乗ってきた。
2 将来の仕事については、社会に貢献できるかどうかに軸を置いて、じっくり考えようと思う。

**四** 本文は、筆者の講演を元に何度かの改稿を経て、『日本の思想』に収められたものである。元が講演であることから生じていると考えられる表現上の特徴をあげてみよう。

**考え方** まず、全体に「です・ます」体で書かれていることがあげられる。また、「相互に何者であるかが判明していれば——また事実そこでは……のですが——」(二六七・7〜9)などのように、話しながら言い換えていると想像できる部分がある。その他、「こういう例でおわかりになりますように」(二六九・7)など、聞き手に呼びかけるような言い回しも見受けられる。また、講演では声の強弱、トーンで強調したり意図を伝えたりできる部分を文章で表現するために、「 」や傍点が多用されている。どのように話されていたのかを想像しながら読んでみよう。

# 漫《まん》罵《ば》

北《きた》村《むら》透《とう》谷《こく》

教科書P.280～285

## ●学習のねらい

明治期の論説文における文語文体に触れ、時代背景をふまえながら筆者が主張する内容を理解する。

## ●要旨

今の時代(明治期)は外部からの刺激による物質的な革命がなされているが、それは革命ではなく外部からものが入ってくる移動であり、それにより日本人の精神は奪われてしまっている。国民の精神は詩人によって文字に表されるが、精神が奪われた今、詩人に国民が求めるのは精神や思想の表現ではなく娯楽作品だ。詩人は自分の詩を国民が求めないことを嘆くのではなく、時代に従って娯楽を評価し、娯楽作品を作るべきだ。今の時代に高尚な詩は評価されない。

## ●段落

本文は、論の展開から三つの段落に分けられる。

一　教P280・1～P280・8　第二橋《だいにばし》(采女《うねめ》橋)から見える風景

二　教P280・9～P283・4　物質的革命による思想なき時代

三　教P283・5～P284・4　詩人への呼びかけ

## 段落ごとの大意と語句の解説

**第一段落　教280ページ1行～280ページ8行**

第二橋から見える風景からは、建物も人の格好も和洋折衷でまとまりがない。今の時代に厳かで格調高い詩歌がないのは、このようにこの国にまとまった文化がないためではないか。

教280ページ

7 **沈厳高調《ちんげんこうちょう》なる詩歌《しいか》なきは之《これ》を以《も》つてにあらずや**　沈厳高調な詩歌がないのは、これ(建物にも人の格好にも和洋が混在していること)のせいではないのか、いやそうだ。

**第二段落　教280ページ9行～283ページ4行**

今、日本に起きている革命は物質的なもので、革命というよりも外部からのさまざまなものの移動といえる。この時代では日本古来の考えは薄くなり、国としてのプライドや国民としての共通の感情などはない。そういった国の精神を奪われた人々は、思想や詩歌は求めず、娯楽作品を楽しむことしかしない。

教282ページ

**1** **「本来《ほんらい》の道義《どうぎ》」「新来《しんらい》の道義《どうぎ》」は、それぞれ何をさすか。**

**答** 「本来の道義」とは、日本古来の考え方のことで、「新来の道義」とは、日本に移動し入ってきた西洋の考えのこと。

「道義」＝人としての正しい道。

1 **本来《ほんらい》の道義《どうぎ》は薄弱《はくじゃく》にして、以《も》つて彼等《かれら》を縛《ばく》するに足《た》らず**　今の日本では日本古来の考え方やそれに基づく行動をするという考えが弱いので、日本人を日本古来の考え方に従わせることができない。

「縛する」＝ここでは、自由にできないよう制約する、の意。

**2** **「彼等《かれら》」とは誰をさすか。**

**答** 当時の日本人。

6 **いづく**　どこ。

9 **晏逸《あんいつ》**　気楽に遊んで暮らすこと。安逸。

10 **遊惰《ゆうだ》**　仕事をしないでぶらぶらしていること。

13 **いづくんぞ高尚《こうしょう》なる思弁《しべん》に耳《みみ》を傾《かたむ》くるの暇《いとま》あらんや**　どうして高尚な思弁に耳を傾ける暇があるだろうか、いやない。

「思弁」＝論理的思考だけで、物事を認識しようとすること。

15 **能《あた》はず**　できない。

16 **娯楽《ごらく》せしむること能《あた》はず**　楽しませることはできない。「しむ」は「……させる」という使役の意を表す。

教283ページ

1 **慰藉《いしゃ》**　なぐさめ、いたわること。

1 **然《しか》らざれば**　そうでないのなら。

**3** **「作詩家《さくしか》」と「詩人《しじん》」の違いは何か。**

**答** 「作詩家」は大げさな言葉や平凡な真理、普通の道義を繰り返す娯楽作品の作者で、「詩人」は精神や思想を表現する高尚優美な芸術作品の作者だということ。

**第三段落　教283ページ5行〜284ページ4行**

詩人は、国民が探偵小説や恋愛話を求め、自分の詩を認めないことを恨んではいけない。詩人も時代に合わせ、頓知《とんち》や雪月花を表現することで満足し、今の時代に評価されているものを、詩人もまた楽しむべきだ。詩は評価されない時代なのだから、詩論を語り、詩歌を歌う者は、帰って店頭に出て働け。

教283ページ

5 **汝《なんじ》**　相手を呼ぶ古い言い方。

6 **勿《なか》れ**　……するな。

6 **艶語《えんご》**　男女の色っぽい話。

6 **情話《じょうわ》**　男女の恋愛に関する話。

10 **須《すべか》らく**　ぜひとも。

**4** **「十七文字《じゅうしちもじ》」「三十一文字《みそひともじ》」は、それぞれ何をさすか。**

**答** 「十七文字」は俳句、「三十一文字」は短歌。

10 **甘《あま》んずべし**　そのまま受け入れるべきだ。

# 手引き

## 学習の手引き

**一** **最初の形式段落で、筆者は何を述べようとしたのか、まとめてみよう。**

**解答例** 日本古来の和の文化と、新しく入った洋の文化が混在し、統一感のないこと。

**二** **「今の時代は物質的の革命に……詩人を求めざるなり。」(二八〇・9〜二八三・4)の部分について、次の点を確認しよう。**

1 「革命にあらず、移動なり。」(二八〇・11)とはどういうことか。「革命」と「移動」がそれぞれ何を意味しているのか明らかにして説明してみよう。

2 「今の時代に創造的思想の欠乏せるは、思想家の罪にあらず、時代の罪なり。」(二八二・12)とあるが、このように筆者が主張する理由をまとめよう。

**解答例** 1 「革命」は、国内で対抗する勢力同士がぶつかることで起きるもので、「移動」は外部の刺激により変化が起きるものと筆者は捉えており、明治期の変化は日本国内で起きた変化ではなく、外国からの刺激により変化し、外国からものが入ってくる「移動」だということ。

2 外部(外国)からものが急激に入ってきているときは、入ってくるものに対応するのに忙しく、高尚な思弁や幽美な想像に耽《ふけ》り、創造的思想に割く時間がないから。

**三** **「汝詩人となれるものよ、……帰れ、帰りて汝が店頭に出《い》でよ。」(二八三・5〜終わり)の部分について、次の点を確認しよう。**

1 「汝」とは誰をさすかを考え、この部分で筆者が最も述べたいことは何か、説明してみよう。

2 最後の一文は何を述べていると思われるか、各自の考えを話し合ってみよう。

**考え方** 1 「汝」は詩人や詩人を目ざす人のことだが、詩人である自分のことも強く意識し、「帰れ」と詩作を否定することで、詩が求められない時代に対する憤りと諦めを述べている。

2 詩人に対し「帰れ」ということで、今の時代に詩が求められていないことを示し、「店頭に出でよ」ということで、詩作をやめ、店に出るような普通の仕事をしろと言っている。

## 活動の手引き

**一** **文章の題名が「漫罵」となっている理由を考え、この文章を書いた筆者の思いを想像して、感想をまとめてみよう。**

**考え方** 「漫罵」とは、ののしること、の意。日本人に対し「国としての誇負《プライド》、いづくにかある。人種としての尊大、いづくにかある。民としての栄誉、いづくにかある」(二八二・6)、「晏逸は彼等の宝なり、遊惰は彼らの糧《かて》なり」(二八二・9)と強く批判している。また、第三段落は詩人への呼びかけとなっており、「怒る勿れ」(二八三・6)、「甘んずべし」(二八三・10)、「帰れ」(二八四・4)と詩人に対し強い口調で述べている。「今の時代に創造的思想の欠乏せるは、思想家の罪にあらず、時代の罪なり。」（二六二・12）と詩を求めない国民も、詩を認められない詩人も擁護し、時代のせいとしている。しかし、「この国民が強ひて汝を探偵の作家とせんとするを怒る勿れ。この国民が汝によりて艶語を聞き、情話を聴かんとするを怪しむ勿れ。この国民が汝を雑誌店上の雑貨となさんとするを恨む勿れ。」（二六三・5）とあることから、筆者は探偵ものや恋愛ものを求められ、取るに足らないものとされることに怒り、怪しみ、恨んでいることがわかる。それは、詩を理解しない国民への怒りでもあり、国民に評価され、かつ自分も満足のいく詩が作れない自分への怒りでもあると考えられる。筆者は自分も含めた詩人に対し「帰れ」と述べているが、本当はどうしたかったのかを想像し、感想をまとめよう。

## 言葉の手引き

**一　次のかたかなを漢字に改めよう。**

1　平和をカツボウする。
2　ユウダイな自然。
3　大声でバトウする。

解答　1　渇望　2　雄大　3　罵倒

**二　次の語の意味を調べよう。**

1　晏逸　遊惰
2　娯楽　慰藉
3　艶語　情話

解答例　省略（「語句の解説」を参照）

**三　「大言壮語」のように、「言」や「語」などの言葉に関する漢字を使った次の四字熟語の意味を調べよう。**

1　片言隻語
2　悪口雑言
3　言語道断
4　巧言令色
5　流言飛語

解答例　1　ちょっとした言葉。　2　さまざまなひどい悪口。
3　言葉にできないほどひどいこと。　4　口先でうまいことを言ったり、うわべだけとりつくろったりすること。　5　根拠のないうわさ。

**四　明治期の文語文の漢文訓読体の特徴として、反語や二重否定を使った表現を抜き出し、どのような意味であるか口語訳してみよう。**

解答例　・「あらずや」（二六〇・8）＝反語。……ではないか、いやそうだ。
・「証せざるものなし」（二六二・3）＝二重否定。証明しないものはない。
・「あらはれ出でんや」（二六二・5）＝反語。あらわれ出てくるだろうか、いや出ない。
・「いづくんぞ……や」（二六二・13〜14）＝反語。どうして……だろうか、いや、ない。
・「ざるべからず」（二六三・2、3、9）＝……二重否定。しなければならない。

# 現代日本の開化

夏目《なつめ》漱石《そうせき》

教科書P.287〜305

## ●学習のねらい

一般の開化と日本の開化との違いを整理しながら筆者の主張を捉え、自分に照らして考えを深める。

## ●要旨

開化とは、好むことに活力を割く積極的な面と義務的な労力を最小限にしようという消極的な面の二つの活力の発現が経路だが、それが進んでいくにつれ生存の苦痛が増えるというパラドックスがある。西洋の開化は内発的なものだが、日本の開化は外発的で不自然な発展を遂げたため、空虚の感を抱く上滑りのものだ。無理に内発的な開化を目ざせば神経衰弱となるという悲観的な結論にならざるを得ず、神経衰弱にならない程度に内発的に変化していくのがよいだろう、などと体裁のよいことを言うしかない。

## ●段落

本文は論の転換によって、六つの段落に分けられる。

一 教P287・1〜P289・8 二つの活力からなる開化
二 教P289・9〜P293・5 開化の産んだ一大パラドックス
三 教P293・6〜P295・14 外発的な現代日本の開化
四 教P295・15〜P298・13 本来あるべき開化の姿
五 教P298・14〜P301・12 皮相、上滑りの開化
六 教P301・13〜P304・7 日本人についての悲観的な結論

## 段落ごとの大意と語句の解説

**第一段落 教287ページ1行〜289ページ8行**

開化は人間活力の発現の経路であり、好むことに勢力を費やそうとする積極的な娯楽の方面と、義務的な労力を節約しようという消極的な器械力利用の方面の二つがある。これら二つの方面が錯綜《さくそう》して、混乱した開化という不可思議な現象ができるのだ。

**教287ページ**

1 **開化**《かいか》 新しい知識が開け、文化・風俗が進歩すること。
1 **活力**《かつりょく》 元気に動き働くための力。
1 **発現**《はつげん》 現れ出ること。
1 **経路**《けいろ》 ここでは、過程、の意。

**1** 「積極的《せっきょくてき》」「消極的《しょうきょくてき》」とは、それぞれどういうことか。

**答** 「積極的」とは、勢力を消耗しようとするさまのこと。好んで疲労を求めるような道楽心を尊重する考え。「消極的」とは、勢力の消耗を防ぐための工夫をさす。義務的な活動に対

して効率のよさを求める考え。
7 **月並《つきな》み**　新しさがなく平凡なさま。
8 **講釈《こうしゃく》**　意味などを説明すること。
9 **勢力《せいりょく》**　ここでは、体力といったエネルギー、の意。
10 **消耗《しょうもう》**　使い、減ること。
11 **食《く》い違《ちが》って**　うまく合わないで。
11 **反《そ》りの合《あ》わない**　相性が合わない。
「反りの(が)合う」＝相性が合う。

### 教288ページ

2 **生息《せいそく》**　生活すること。
2 **実況《じっきょう》**　ありのままの姿。実際の状況。
2 **目撃《もくげき》**　実際に見ること。
4 **積もり積《つ》もって**　積もった上にさらに積もって。
5 **元《もと》をただせば**　根本を調べてはっきりさせれば。
「元をただす」＝物事の根本を調べてはっきりさせる。
5 **面倒《めんどう》**　手間がかかったりして煩わしいこと。
5 **横着心《おうちゃくしん》**　するべきことをわざと怠けようとする気持ち。
6 **便法《べんぽう》**　便利な方法。便宜上とる手段。
7 **道楽心《どうらくしん》**　趣味として楽しむ気持ち。
7 **増長《ぞうちょう》**　程度が甚だしくなること。
8 **好《この》んで**　自分から進んで。
9 **部類《ぶるい》**　種類で分けた一つ一つのグループのこと。
11 **切《き》り詰《つ》められた**　節約された。
13 **瞬時《しゅんじ》**　ほんのわずかな時間。

13 **絶《た》え間《ま》なく**　途切れることなく。
13 **天然《てんねん》**　人為が加わっていないこと。
14 **とめどもなく**　終わることなく。
「とめどもない」＝終わりを迎えることがない。
15 **けしからん**　たいへんよくない。
15 **徳義《とくぎ》**　人として守るべき道徳的な義務。
16 **大局《たいきょく》**　物事の全体のありさま。

### 教289ページ

1 **二六時中《にろくじちゅう》**　一日中。いつも。四六時中。
2 **余儀《よぎ》なくされる**　ここでは、そうせざるを得なくなる、の意。
「余儀ない」＝他の方法がない。
3 **本位《ほんい》**　判断や行動の基本となるもの。
3 **立脚《りっきゃく》**　立場を定めてそこをより所とすること。
4 **致《いた》し方《かた》もない**　しかたがない。
4 **仕儀《しぎ》**　事のなりゆき。とくに、思わしくない結果のこと。
6 **種々《しゅじゅ》**　いろいろなものがあること。
6 **器械《きかい》**　ここでは、人の労力を減らす便利な道具、の意。
7 **千変万化《せんぺんばんか》**　さまざまに変化すること。
7 **錯綜《さくそう》**　物事が複雑に入り組んでいること。それにより混乱すること。
8 **現今《げんこん》**　今現在。
8 **不可思議《ふかしぎ》**　常識では考えが及ばないさま。

### 第二段落　教289ページ9行～293ページ5行

開化は人間本来の傾向に基づくもので、人間が活力により工夫した結果として開化が進んでいくと、生活は以前より楽になっているはずだが、実際苦しみの程度は昔と変わらず、生存競争から生ずる不安や努力に至っては増しているようである。今はどう生きるかという競争になっているのだ。競争が与える心理的苦痛から考えると、生存の苦痛は切なもので、これが二種の活力からなる開化の産んだ一大パラドックスである。

**教289ページ**

**2** **「そういうもの」とはどういうものか。**

**答** できるだけ労力を節約したいという願望からくる種々の発明とか器械力とかいう方面と、できるだけ気ままに勢力を費やしたいという娯楽の方面が錯綜している状態のもの。

9 **一種**《いっしゅ》 ここでは、ある意味で、の意。
13 **吾人**《ごじん》 我々。
14 **懐手**《ふところで》 自分では何もしないこと。
16 **古来**《こらい》 昔から。

**教290ページ**

1 **いやしくも** 仮にも。
1 **上代**《じょうだい》 ここでは、遠い昔のこと。
4 **甚**《はなは》**だ** たいへん。
5 **譲**《ゆず》**らざる** ここでは、負けないほどの、の意。
5 **自覚**《じかく》 自分の状態に対するはっきりとした認識。
7 **奮闘**《ふんとう》 力いっぱい努力すること。
7 **相違**《そうい》**ない** まちがいない。
9 **和**《やわ》**らげられた** 鎮まった。穏やかな状態になった。

**3** **「程度**《ていど》**は違**《ちが》**うが、比例**《ひれい》**に至**《いた》**っては同**《おな》**じ」とは、どういうことか。**

**答** 学問の難易度などの点では異なるが、同程度の者の中で比べられて競争するので、「苦しい」という本質的な点では違いがないこと。

**教291ページ**

1 **やむを得**《え》**ない** しかたがない。
1 **しかのみならず** そればかりでなく。
4 **超越**《ちょうえつ》 そこから離れた境地にあり、問題にしないこと。

**4** **「生**《い》**きるか生**《い》**きるかという競争**《きょうそう》**」とは、どういうことか。**

**答** 命に関わることはないが、生き方の選択肢が複数あり、どのように生きるかで悩むこと。

7 **腐心**《ふしん》 あることをしようとして、心をくだくこと。
8 **渡世**《とせい》 生活するための職業。
9 **家業**《かぎょう》 ここでは、一家の生計を立てるための職業のこと。
9 **別条**《べつじょう》**はない** 変わったことはない。
11 **御者**《ぎょしゃ》 運転手。
16 **節減**《せつげん》 節約。
16 **優勢**《ゆうせい》 勢いなどが他より優れていること。
16 **波瀾**《はらん》 もめごと。激しい変化。

**教292ページ**

1 **低気圧**《ていきあつ》 ここでは、悪い天候、の意。

2 **動揺《どうよう》して**　平静を失って。
3 **波動《はどう》**　波のようなうねる動き。変化が、周囲に次々に伝わっていくこと。
7 **通俗《つうぞく》**　世間一般。
8 **道学者《どうがくしゃ》**　ここでは、道徳にとらわれ、世事人情に疎く、融通の利かない学者、の意。
8 **奢侈《しゃし》**　度を過ぎて贅沢なこと。
9 **訓戒《くんかい》**　教え諭し、いましめること。
11 **趨勢《すうせい》**　ある方へ動く社会全体の流れ。
12 **知恵《ちえ》を絞《しぼ》って**　苦心して考えて。
「知恵を絞る」＝よい考えを出そうと懸命に考える。
16 **存外《ぞんがい》**　思いのほか。
16 **切《せつ》なもの**　身にしみて感じるもの。

**教293ページ**
1 **冠《かむ》らしても**　上につけても。
4 **付加《ふか》**　付け加えること。

**5** **「開化《かいか》の産《う》んだ一大《いちだい》パラドックス」とは、どういうことか。**

**答**　長い間の工夫や知恵による発展で、労力の節減や娯楽の道を得たにもかかわらず、開化により競争が激化したことにより生存の苦痛が変わらないばかりか、むしろ増していること。

**第三段落　教293ページ6行～295ページ14行**

一般的な西洋の開化は内発的に進むものであるが、日本の現代の開化は外発的である。日本の文化は今まで内発的に展開してきたのが、外から西洋文化の力に押され、それに従わねばならず、不自然な発展を余儀なくされている。それは、西洋の開化が、積極的な面でも消極的な面でも数十倍進んでいるため、日本はたどるべき過程を飛び飛びで通過しているからだ。

**教293ページ**
9 **主眼《しゅがん》**　主要な目的。
11 **断《だん》じたい**　はっきりと結論づけたい。
13 **おのずから**　ひとりでに。
16 **行雲流水《こううんりゅうすい》**　空をゆく雲と流れる水のように、物事にこだわらず、なりゆきに任せること。
16 **御維新後《ごいしんご》**　明治維新後。

**教294ページ**
1 **勝手《かって》が違《ちが》います**　事情が異なります。
3 **超然《ちょうぜん》**　物事にとらわれず、平然としているさま。
4 **かぶれた**　影響を受けて、そのように染まった。
5 **一瞥《いちべつ》**　ちらっと見ること。
6 **鎖港排外《さこうはいがい》**　港を閉鎖し、外国の文物などを排すること。江戸時代の鎖国をさしている。
6 **麻酔《ますい》**　ここでは、他国からの刺激を受けないことのたとえ。
7 **有史以来《ゆうしいらい》**　歴史が始まってからこのかた。

**6** **「あのとき」とは、何をさすか。**

**答**　鎖国が解けて、西洋諸国と交渉を持つようになり、西洋文化の刺激を受けるようになったとき。

9 **曲折**《きょくせつ》 曲がりくねること。

10 **衝動**《しょうどう》 外から強い力を受けて心を動かすこと。

**7**

**「自己本位《じこほんい》の能力《のうりょく》」とは、どういうことか。**

**答** 外からの影響を受けず、自身の内部の力で新たな境地を切り開いていく能力ということ。

12 **否応**《いやおう》**なしに** 承知するかしないかも聞かないで。

12 **立**《た》**ちゆかない** ここでは、その状態を保つことができない、の意。

13 **持**《も》**ちこたえている** ある状態を保っている。

15 **向後**《こうご》 これからあと。

**教295ページ**

4 **具備**《ぐび》 必要なものやことを充分備えていること。

6 **粗末**《そまつ》**な** 大雑把な。

7 **図**《はか》**らざる** 思いがけない。

8 **俄然**《がぜん》**として** にわかに。急に。

8 **打**《う》**ってかかった** 激しい勢いで襲った。

「打ってかかる」＝激しい勢いで襲う。攻めかかる。

**8**

**「地道《じみち》に……飛《と》んでゆく」とは、どういう様子をたとえたものか。**

**答** 自分たちの意志で一歩一歩着実にゆっくりと進むのではなく、細部を飛び越え、外部の変化の流れに追いつくために、短期間で無理に発展を遂げようとする様子。

14 **御了解**《ごりょうかい》 ご理解。

## 第四段落 教295ページ15行〜298ページ13行

人間の意識は個人としても集合体としても常に動き、弓形の曲線を描いている。開化も同じく、本来は波動を描いて弧線をつなぎ合わせたように順次に推移するものでなければならないので、開化の推移は内発的であるべきものだ。

**教296ページ**

1 **双方**《そうほう》**ともに** 両者ともに。

5 **明瞭**《めいりょう》 わかりやすく、はっきりとしているさま。

6 **のべつ** ひっきりなしに。

6 **頓着**《とんじゃく》**なく** 深く気にしないで。かまわず。「頓着」は「とんちゃく」とも読む。

14 **難儀**《なんぎ》 苦労すること。

**教297ページ**

2 **行住坐臥**《ぎょうじゅうざが》 つね日ごろ。ふだん。

4 **検**《けみ》**して** 調べて。

7 **消長**《しょうちょう》 勢いが盛んになったり衰えたりすること。

9 **総体**《そうたい》 全体。

11 **推論**《すいろん》 あることを基にして、未知のことを推し量って論じること。

11 **解剖**《かいぼう》 物事を細かく分析すること。

11 **拡張**《かくちょう》 あることを広げて大きくすること。

15 **千差万別**《せんさばんべつ》 それぞれ、さまざまな違いがあること。

**9**

**「甲《こう》の波《なみ》が乙《おつ》の波《なみ》を呼《よ》び出《だ》し、……順次《じゅんじ》に推移《すいい》しなければならない。」とは、どういうことか。**

**答** 開化は、一つの現象の中にあってさらに新しいものを求めることから次の現象が生まれ、そこからまた次の現象が求められるというように、人間の欲求に従った順序でつながって移り変わるものであるということ。

**教298ページ**

4 **筋道《すじみち》がついて**　物事の順序が整って。

4 **脂《あぶら》が乗《の》って**　調子が出てきて。

「脂が乗る」＝調子づいてくる。

8 **我《が》を張《は》る**　自己の考えを押し通す。

9 **咽喉《のど》を絞《しぼ》り**　無理に声を出し。

10 **声《こえ》をからして**　声がかすれるような大声を出して。

「声をからす」＝大声を出すなどして、声をかすれさせる。

**第五段落　教298ページ14行〜301ページ12行**

日本の現代の開化は西洋の潮流によるものなので、日本人は無理に波に乗っているようなものであり、空虚の感を抱かざるを得なくなっている。これは皮相、上滑りの開化であるが、やむを得ないことで、涙をのんで上滑りに滑っていかなければならないのである。

**教298ページ**

14 **大抵《たいてい》**　だいたい。

16 **当面《とうめん》の**　さしあたりの。

**教299ページ**

**10** **「あたかも天狗《てんぐ》にさらわれた男《おとこ》のように、無我夢中《むがむちゅう》で飛《と》びついてゆく」とは、どのような状態をたとえたものか。**

**答**　外部の強烈な圧力によって急激に開化がなされたが、それに取り残されないように、また追いつこうと必死である状態。

「あたかも」＝まるで。

「天狗」＝深い山にいると言われている妖怪。

4 **無我夢中《むがむちゅう》**　何かに心を奪われ、我を忘れること。

6 **飽《あ》いて**　飽きて。いやになって。

6 **いたたまれない**　それ以上我慢できない。

7 **酸《す》いも甘《あま》いも**　世間の複雑な事情や微妙な人情も。

7 **一生面《いちせいめん》**　一つの新たな方面。「いっせいめん」とも読む。

9 **未練《みれん》**　諦めきれない心。

10 **毫《ごう》も**　少しも。

**11** **「借《か》り着《ぎ》をして世間体《せけんてい》を繕《つくろ》っているという感《かん》」「食客《いそうろう》をして気《き》兼《が》ねをしているような気持《きも》ち」とは、どういう心理か。**

**答**　「借り着……という感」は、外部から与えられたものであるのに自分が得たもののように見せて体面を保っていることで生じる不安や後ろめたさ。「食客をして……気持ち」は、外部からもたらされた新たな現象の中で、自力でなく他者から与えられた恩恵を享受している違和感や自信のなさ。

「借り着」＝他人から借りている衣服。

「世間体を繕っている」＝世間に対する体面を外側だけよいように見せている。

11 **潮流《ちょうりゅう》**　時代の傾向。

13 **今《いま》し方《がた》**　ついさっき。

13 **脱却《だっきゃく》**　よくない状態から抜け出ること。

14 **真相《しんそう》**　真実の姿。本当の事情。

14 **わきまえる**　見分ける。心得る。

16 **膳《ぜん》を引《ひ》いて**　食事の載ったお膳を片づけて。

**教300ページ**

2 **空虚《くうきょ》**　むなしいこと。

5 **虚偽《きょぎ》**　真実ではないこと。うそを真実のように見せかけること。

**12**

**「日本人《にほんじん》は、ずいぶん悲惨《ひさん》な国民《こくみん》と言《い》わなければならない。」という表現を用いた意図は何か。**

**答**

外発的な開化の影響により、空虚感や不満と不安の念を抱えざるを得ない日本人の状況について、あわれみを抱きながらも、外発的な開化をあえて受け入れ、続けていかなければならない事実を聴衆の心に響くように強く訴える意図。

9 **下《くだ》せない**　ここでは、つけられない、の意。

14 **心《こころ》得《え》ない**　身につけていない。

16 **主客《しゅかく》**　ここでは、主なる立場と追従する立場のこと。

**教301ページ**

2 **礼式《れいしき》**　礼儀作法。

3 **発酵《はっこう》**　ここでは、次第に熟してできあがっていくこと、の意。

3 **取《と》ってつけたよう**　言葉や態度がわざとらしいさま。

4 **一端《いったん》**　ほんの一部。

4 **些細《ささい》な**　ごく小さな。

**13**

**「皮相《ひそう》、上滑《うわすべ》りの開化《かいか》」とは、どういう開化か。**

**答**

本質を理解しないままに、西洋の開化を表面的になぞる開化。

「皮相」＝物事の表面。うわっつら。

「上滑り」＝本質を見抜かず、考えが浅いこと。

8 **帰着《きちゃく》する**　最終的に落ち着く。

**14**

**「涙《なみだ》をのんで上滑《うわすべ》りに滑《すべ》っていかなければならない」とは、具体的にどのように行動するしかないと言っているのか。**

**答**

取ってつけたようで見苦しくなることを自覚しながらも、その悔しさをこらえてまねをし、外発的な開化を受け入れていくしかない。

「涙をのんで」＝悔しさをこらえて。

**第六段落　教301ページ13行〜304ページ7行**

日本人が地道に内発的な発展を進めれば、体力、脳力を相当に使わざるを得なくなり、その結果神経衰弱になるのは必然だろう。開化が進んでも生存競争の苦しみは軽減されず、そのうえ外発的な上滑りの開化を強いられ、それを受け入れなければ神経衰弱になる。この現状は悲観的ではあるが、神経衰弱にかからない程度に内発的に変化していくことがよいだろうと言うよりしかたがない。

**教301ページ**

13 **背《せ》に負《お》われて**　背中に背負われて。

16 **年期《ねんき》**　あることをするように約束されている期間。

16 **つづめて**　縮めて。短くして。

16 **そしりを免《まぬか》れる**　非難を逃れる。

**教302ページ**

1 **推移《すいい》**　移り変わっていくこと。

2 **ゆゆしき**　とんでもない。恐ろしい。

4 **首肯《しゅこう》**　肯定の気持ちでうなずくこと。
5 **生齧《なまかじ》り**　表面的な知識があるだけで、十分な理解がないこと。
6 **法螺《ほら》を吹《ふ》く**　大げさなことやでまかせを言ったりする。
7 **ことさらに**　わざわざ。
7 **新奇《しんき》を衒《てら》う**　目新しい状態をひけらかす。
8 **虚栄心《きょえいしん》**　見栄《みえ》を張ろうとする心。
10 **旺盛《おうせい》な**　活動力が活発な。
11 **先駆《せんく》**　他に先駆けること。
13 **一敗《いっぱい》**　ここでは、たいへんな失敗のこと。
13 **神経衰弱《しんけいすいじゃく》**　心身の過労により、疲労感などの自覚症状を持つ状態。
13 **気息奄々《きそくえんえん》**　息も絶え絶えで今にも死にそうな状態。
13 **路傍《ろぼう》**　道ばた。
13 **呻吟《しんぎん》**　苦しんでうめくこと。
14 **必然《ひつぜん》**　必ずそうなること。
16 **語弊《ごへい》がある**　言葉の使い方が不適切で、誤解が生じる。

**教303ページ**

4 **たまもの**　恩恵。
5 **勘定《かんじょう》に入《い》れる**　あらかじめ見積もっておく。

9 **気《き》の毒《どく》**　他者の苦しい状況に心を痛める思い。
12 **嘆息《たんそく》する**　ため息をつく。

**15** **筆者が「戦争以後《せんそういご》一等国《いっとうこく》になった」という声を「高慢《こうまん》な」「気楽《きらく》な」と批判するのはなぜか。**

**答**　日本は外発的な開化を進めざるを得ず、内発的な開化を求めれば神経衰弱に陥ってしまうという窮状に気づかず、表面的な開化の状況のみで判断し、得意になっているだけだから。

「一等国」＝世界の中で最上位に位置する国。
「高慢」＝自分は能力などが優れていると思い、人を見下すような気持ちでいるさま。

16 **随所《ずいしょ》**　いたるところ。

**教304ページ**

1 **急場《きゅうば》**　差し迫ってすぐにしなければならない場面。
3 **体裁《ていさい》のよい**　ここでは、世間体のよい、の意。
4 **臆面《おくめん》なく**　気おくれもなく。ずうずうしく。
6 **論拠《ろんきょ》**　議論のより所。
6 **生真面目《きまじめ》**　非常にまじめなこと。
7 **大目《おおめ》に見《み》て**　過失などをとがめずに寛大に扱って。

## 手引き

### 学習の手引き

**一**　**本文を、開化一般の定義を述べた序論、現代日本の開化について述べた本論、筆者の意見を述べた結論の三つの構成に分け、さらに序論を二つ、本論を三つのまとまりに分けよう。**

**解答例**　序論…第一・第二段落。本論…第三〜第五段落。結論…第六段落。各段落の範囲は、「段落」参照。

**二**　**「西洋の開化（すなわち一般の開化）は内発的であって、日本の現代の開化は外発的である」（二九三・11）について**

1　「内発的」「外発的」とはそれぞれどういうことか、整理してみよう。

2　筆者は「現代の日本の開化」(二九三・10)をどのように捉えているか、まとめてみよう。

3　「そういう外発的の開化が、心理的にどんな影響を吾人に与うるか」(二九五・15)について、二九八ページ14行以下からまとめてみよう。

**考え方**　1・2　第三段落に注目する。1については、「それで現代の日本の開化は……」で始まる形式段落を、2については、第三段落のまとめにあたる最後の形式段落を中心にまとめる。その際、本文の比喩表現を抽象的な表現に言い換えたり、「一種特別な」(二九三・8)などの曖昧な表現を具体化させたりする必要がある。

3　外発的な開化により日本人が受ける心理的影響については、「こういう開化の影響を受ける国民は、……抱かなければなりません。」(三〇〇・2～3)、「今言った現代日本が置かれたる特殊の状況によって、……神経衰弱になる」(三〇三・7～9)などの部分を中心に読み取る。

**解答例**　1　「内発的」…内から自然に生まれ出て、それが形になっていくことであり、自己本位の能力を有して自然に起こること。

「外発的」…外からの強い力によって主体性を失い、その圧迫に従わざるを得ない状態になること。

2　現代日本の開化は、それまで内発的に展開してきたものが、明治維新後、西洋諸国と交渉を持つようになり、外からの圧迫に従わざるを得ず、主体性を失って外発的な開化になった。

3　次々と押し寄せる西洋の外発的な開化の波を受け入れなければならず、空虚感と、不満と不安の念を抱かざるを得なくなるが、上滑りを避けようとして内発的な開化に向けて努力をすれば神経衰弱になるという悲観的な影響が出るということ。

## 三

**「苦い真実を臆面なく……大目に見ていただきたいのであります。」(三〇四・4～7)から、筆者のどのような気持ちが読み取れるか、説明してみよう。**

**考え方**　「おわびを申し上げます」「大目に見ていただきたい」というおわびの表現や、「生真面目の意見」という表現に着目して、筆者の気持ちを読み取る。

**解答例**　外発的な開化を受け入れざるを得ず、内発的であろうとすると神経衰弱に陥ってしまうという悲観的な結論のみ示し、それに対する手立てについて満足な答えを持ち合わせていないことに対して、聴衆に対する申し訳なさがある。それにもまして、この開化の裏にある日本人の心理状態を認識してほしい、という気持ちもある。

## 活動の手引き

### 一

**明治四十四年に講演された本文と、明治二十六年に発表された『漫罵』とを比較し、文章の内容と筆者の姿勢の両面から、共通点と相違点を、理由も含めて述べ合ってみよう。**

**考え方**　本文も『漫罵』も、明治維新以後の海外からの文化等の流入を外部からもたらされる激しい変化であるとし、それを受け入れる日本人の精神について述べている点では共通していると言える。同時に、ほぼ同年代の筆者でありながら、約二十年の年月を隔て、それぞれ青年期と初老期に書かれたものであることや、筆者の方向性の違いに着目すると、日本や日本人に対し、北村透谷の怒りと焦り、夏目漱石の悔恨や諦念などが対照的に感じられるかもしれない。いずれにせよ、明治の文明開化の時代への苦悩を述べていることも考え合わせ、共通点と相違点を考えてみよう。

## 言葉の手引き

**一　次の同音異義語を漢字に改めよう。**

1
- 問題解決にフシンする。
- 駐車場に挙動フシンな男がいる。
- 不景気で経営フシンにあえぐ。

2
- 大豆をハッコウさせた食品。
- ハッコウな人生を送る。

**解答**　1　腐心・不審・不振　2　発酵・薄幸

**二　次の四字熟語の意味を調べよう。**

1　行雲流水（二九三・16）
2　無我夢中（二九九・4）
3　気息奄々（三〇二・13）

**解答例**　省略（「語句の解説」を参照）

**三　次の慣用的表現の意味を調べ、それぞれを使って短文を作ってみよう。**

1　反りの（が）合わない（二八七・11）
2　脂が乗る（二九八・4）
3　我を張る（二九八・8）
4　涙をのむ（三〇一・11）

**解答例**　意味…省略（「語句の解説」を参照）

短文…1　私といとこは性格が正反対で、反りが合わない。
2　私が好きなプロ野球選手は、選手歴十年で今年ホームラン王をとり、今まさに脂が乗っている。
3　自分の案を押し通そうと両者が我を張って譲らなかったため、どちらの案も流れてしまった。
4　リレーの選手に選ばれたが、大会直前に足をくじいてしまい、涙をのんで辞退した。

**四　本文は、漱石が行った講演の記録に基づく文章である。聴衆が講演を理解しやすいように施された工夫を指摘してみよう。**

**考え方**　全体的に聴衆に対し親しみやすく、くだけた口調で語りかけるように話すことで、興味・関心を引くために心配りがされている。また、「あたかも天狗にさらわれた男のように、無我夢中で飛びついてゆく」（二九九・3）、「借り着をして世間体を繕っているという感」（二九九・10）など、わかりやすくユーモアのある比喩の多用のほか、第三段落では、それまでに説明した日本の開化について、最後に「つまり、我々が内発的に展開して……打ってかかったのである。」（二九五・6〜8）などのように話の内容を要所要所で端的にまとめ直して、理解しやすいようにしている。その他、「積極的」（二八七・7）と「消極的」（二八七・7）、「日本の開化」（二九三・6）と「西洋の開化」（二九三・11）、「内発的」（二九三・12）と「外発的」（二九三・12）などのように、二つの対立する語句を用いて、話の内容を整理している。これらの例を参考に、工夫されている点を探してみよう。

読み比べ
—イノベーション—

# ローカル鉄道の改革と地域振興

鳥塚《とりづか》 亮《あきら》

教科書P.308〜313

## ●要旨

ローカル鉄道は利用者の減少で存続の危機に直面しているが、これは田舎の町そのものが存続できるかどうかにもつながっていく。人口減少に伴う衰退に歯止めをかけるためには、利用者を増やす「需要の創造」が必要だ。いすみ鉄道は、都会からの観光客の売り上げで経営改善を目指す観光鉄道化に成功し、地域にも活気が戻った。広告塔としてのローカル鉄道の存在は、地元地域にとって大きな可能性であり、ローカル鉄道の改革とは、田舎の町の改革そのものであるのだ。

## ●段落

本文は、論の展開から三つの段落に分けられる。

一 教P308・1〜P309・12 ローカル鉄道と田舎の町の存続の危機

二 教P309・13〜P313・7 ローカル鉄道の改革

三 教P313・8〜P313・18 地域にとってのローカル鉄道の価値

## 段落ごとの大意と語句の解説

第一段落 教308ページ1行〜309ページ12行

ローカル鉄道は利用者の減少で存続の危機に直面し、国は鉄道を廃止し、バスに転換する方針を示している。しかし考えてみると、赤字黒字の議論をするなら田舎の町そのものが存続できなくなり、鉄道の廃止は町の衰退を加速させる。今あるものをどう使って町の衰退を止めるかが問われているのだ。

教308ページ

1 根《ね》ざした　そこに基盤を置いた。

2 危機《きき》に瀕《ひん》して　危機に陥ろうとして。

5 マイカー　自家用車。my + car の和製英語。

6 交通弱者《こうつうじゃくしゃ》　ここでは、自動車中心の社会で、自分では運転ができずに公共交通機関に頼らざるを得ない人、の意。

教309ページ

7 赤字《あかじ》だ黒字《くろじ》だという議論《ぎろん》をするのであれば、ローカル鉄道《てつどう》だけでなく田舎《いなか》の町《まち》そのものが存続《そんぞく》できなくなる時代《じだい》が来《く》る　ローカル鉄道を赤字だから廃止し、黒字だから維持すると考え、その考えで他のことも議論すると、田舎の町も人口が少なく税収が減り赤字なので廃止するということになる時代が来るということ。ローカル鉄道というのは、ほとんどが田舎の町を走っている。

**第二段落　教309ページ13行〜313ページ7行**

人口減少に伴う衰退に歯止めをかけるためには、利用者を増やす「需要の創造」が必要だ。いすみ鉄道は、都会からの観光客の売り上げで経営改善を目指す観光鉄道化を行った。ターゲット別にムーミン列車やディーゼルカー「キハ」の運行を始めたのがそれで、マスコミにも注目され大変な人気となった。また、商工会が朝市を始めるなどして商店街に活気が戻った。

**教309ページ**

15 **「需要《じゅよう》の創造《そうぞう》」**　ここでは、鉄道に乗りたいという欲求をつくり出すこと、の意味で使われている。

「需要」＝ここでは、あるものを買おうとする欲求、の意。

16 **では、どうやって需要《じゅよう》を創造《そうぞう》するのか**　交通手段として「地域の利用者を増やす」（教310ページ1行）ことは難しいので、筆者は「都会から観光客にいらしていただくこと」（教310ページ8行）、つまり観光としての需要を新たに作ろうと考え、ムーミン列車や「キハ」の運行を行った。

**教310ページ**

1 **即効性《そっこうせい》**　すぐに効き目が現れる性質。

11 **公募社長《こうぼしゃちょう》**　一般から広く募集されて就任した社長。

「公募」＝一般から広く募集すること。

14 **重鎮《じゅうちん》**　ある分野で重きをなす人物。

14 **冷《ひ》ややか**　態度が冷たいさま。観光鉄道化を目ざす筆者の経営方針に、地域の権力者は賛成しなかったのである。

16 **税金《ぜいきん》を使《つか》って遊《あそ》びをやる**　ローカル鉄道には自治体からの補助金が出ていることが多い。いすみ鉄道も千葉県やいすみ市などが出資している。

18 **観光立国《かんこうりっこく》**　国の特徴的な自然環境や都市光景、美術館・博物館などを整備し、国内外の観光客を呼び込み、観光客からの収入を、経済を支える基盤の一つにすること。

**教311ページ**

4 **毅然《きぜん》**　しっかりした意志があり、物事に動じないさま。

9 **取《と》り立《た》てて**　特別のものとして取り上げて。

10 **名所旧跡《めいしょきゅうせき》**　景色や史跡、特有の風物などで有名な場所や、歴史上の事件や事物に関する場所。

11 **戦略《せんりゃく》**　ここでは、組織などの運営についての、将来を見通した方策、の意。

12 **ノウハウ**　専門的な技術やその知識。物事のやり方。

13 **ターゲット**　ここでは、ある商品を販売する対象、の意。

14 **的《まと》を絞《しぼ》り**　対象を限定し。

16 **殺到《さっとう》**　多くの人や物が一つのところに一斉に押し寄せること。

17 **スタンプラリー**　決められた駅や名所などのスタンプを集めながら、一定コースを巡る催し。

**教312ページ**

2 **ディーゼルカー**　ディーゼル機関を動力にする鉄道車両。ディーゼル機関とは、シリンダー内の空気を高温にし、そこへ重油や軽油を噴射して着火、燃焼させてエネルギーを得る内燃機関。第二次大戦後に普及し、現在も一部の路線で運転されている。

13 **商工会《しょうこうかい》** 地域で事業を営む商工業者の集まり。

**教313ページ**

**1** **「ローカル鉄道《てつどう》を目的《もくてき》とする観光《かんこう》から、地域歩《ちいきある》きを目的《もくてき》とする観光《かんこう》へと変《か》わっていった」とは、どういうことか。**

**答** ムーミン列車や、「キハ」を運行していたときは、ローカル鉄道に乗ることが目的の観光だったが、地域の人が鉄道の利用者を相手にしたビジネスを始めることで、鉄道の走る地域を歩くことを目的とする観光へと変わり、地域の活性化につながったということ。

**第三段落 教313ページ8行～313ページ18行**

ローカル鉄道は地域にとっての交通手段ではあるが、それだけでは存続は難しい。今の時代、全国の田舎の町の共通テーマは、どうやって都会の人に町を知ってもらい、特産品を買ってもらうかだ。広告塔としてのローカル鉄道があるのは、地元地域にとって大きな可能性があるということである。ローカル鉄道を改革することは、田舎の町の改革そのものである。

**教313ページ**

9 **疲弊《ひへい》** ここでは、経済状態などが悪化し、活力がなくなること、の意。

13 **広告塔《こうこくとう》** ここでは、地域の宣伝の役割を担うもの、の意。

13 **今《いま》の時代《じだい》、全国《ぜんこく》の田舎《いなか》の町《まち》の共通《きょうつう》のテーマは、……地域《ちいき》の特産品《とくさんひん》が売《う》れるようになるか** 田舎の町は人口が減少しているので、その地域の人たちだけで町を活性化するのは難しく、人の多い都会から観光客として人を呼び、その人たちに特産品を買うなどしてもらうことで田舎の町を活性化させることが全国の田舎の町の共通の課題だと、筆者は考えている。

16 **都会《とかい》に向《む》けた広告塔《こうこくとう》としてのローカル鉄道《てつどう》があるということは、地元地域《じもとちいき》にとっては大《おお》きな可能性《かのうせい》があるということ** 「ローカル鉄道は都会人が常に注目する観光コンテンツであり、ローカル鉄道が何か情報発信するとテレビや雑誌がすぐにやってくる」(教313ページ11行)と筆者は考えているので、ローカル鉄道を活用すれば、都会の人を観光客として呼べる可能性があると主張している。

17 **ローカル鉄道《てつどう》の改革《かいかく》とは、つまりは田舎《いなか》の町《まち》の改革《かいかく》そのもの** ローカル鉄道を観光鉄道化するなどして利用者を増やす改革をするということは、地元地域にとって、町の観光客が増え、町が活性化するための改革につながるということ。筆者は第一段落で、国はローカル鉄道をぜいたく品と考え、補助金を出さず、利用者が減っているのであれば廃止する方針でいるが、そのことについて「ローカル鉄道を取り巻くこの構造は、よく考えてみるとローカル鉄道だけの問題ではなくて、もしかしたら存続の危機にあるのは、ローカル鉄道と同様に田舎の町そのものではないのか」(教309ページ5行)と述べている。ローカル鉄道を廃止するか存続するかは、そのまま田舎の町が存続できるかどうかにつながっていると筆者は考えているので、ローカル鉄道の改革は田舎の町の改革だと述べているのだ。

# 重装備農業からの脱却

藤原辰史《ふじはらたつし》

教科書P.314～322

## 要旨

蒸気機関が発明されて以降、石炭や石油を使う重装備の大規模農業が発展してきた。この流れを止めることは不可能に思えるが、農業は太陽、水、土があれば営めるという原点から考えると、化石資源への依存を減らし地球環境問題を解決するために、自給自足の軽装備の農業に転換することが理想だ。現実的には、パートタイム農業を優遇する法整備などによって、小規模軽装備農業を推し進めることは可能である。思考を硬直化させる重装備をやめ、オルタナティブな道を考える軽やかさが必要だ。

## 段落

本文は、小見出しによって五つの段落に分けられる。

一 教P314・1～P314・10 農業の重装備の影響
二 教P314・11～P316・7 蒸気機関と農業――石炭
三 教P316・8～P318・3 内燃機関と農業――石油
四 教P318・4～P320・5 ポスト石油時代の農業
五 教P320・6～P321・18 軽装備の思想

## 段落ごとの大意と語句の解説

**第一段落 教314ページ1行～314ページ10行**

農薬の重装備化は、日本の生態系を変えている。宍道湖《しんじこ》ではワカサギやウナギが激減した。こうした農業の重装備化の歴史を振り返り、軽装備化の不可能性と、可能性を考えたい。

**教314ページ**

1 「農薬《のうやく》」の重装備《じゅうそうび》 農薬を多量に使うことをさしている。

**第二段落 教314ページ11行～316ページ7行**

人類エネルギー史の主役は、蒸気機関の発明により、畜力から蒸気機関に移った。蒸気機関は重装備社会の初期の代表である。蒸気機関の燃料の石炭は植物の死骸が何千万年もかけて分解され石化したもので、エネルギー革命と言われる割には、植物の光合成の力を借りたエネルギーを使っていたにすぎない。

**教314ページ**

12 **畜力《ちくりょく》** 家畜の労働力。
12 **牽引力《けんいんりょく》** 引っ張る力。

**教315ページ**

1 **製粉《せいふん》** 穀物をひき、粉にすること。
5 **重装備社会《じゅうそうびしゃかい》** ここでは、自然のものではなく人工的なものを中心に使う社会のことをさしていると考えられる。
6 **紡績工場《ぼうせきこうじょう》** 動植物などの繊維を処理、加工して糸にする工場。

**教316ページ**

**1 動態保存《どうたいほぞん》**　使われなくなった機械などを、使用が可能な状態で保存しておくこと。

**6 大仰《おおぎょう》**　おおげさなさま。

**第三段落　教316ページ8行〜318ページ3行**

コンパクトで動力の大きい内燃機関は、自動車や飛行機に積まれることで飛躍的に性能が向上し、広く使われるようになった。その燃料は石油で、農業も石油なしには営めなくなった。石油は農業機械の燃料以外にも促成栽培用の暖房の燃料、肥料袋の原料、化学肥料や農薬の原料として用いられている。石油依存型農業は二十世紀農業の別名といえる。その石油もまたプランクトンなどの死骸が何千万年もかけて分解されたものである。

**教317ページ**

**1**　「私《わたし》たちはもっと自覚的《じかくてき》にならなくてはならない」のはなぜか。

**答**　トラクターが多いということは、それだけ石油を使った農業を日本が率先して進めているということであり、石油の使用は何千万年かけて作られたエネルギーを消費していて、地球環境にも悪影響を与えるものだから。

**第四段落　教318ページ4行〜320ページ5行**

農業は重装備によって化石燃料に強く依存する産業になった。重装備農業には、大きな資本、企業、重機が必要であり、資金の少ない農民に借金を強いることになる。しかし、農業に必要な太陽、水、土は地球に住む万人にとって無償であったはずだ。地球温暖化、海水面上昇の影響も叫ばれており、自分の食べる分だけを自分で耕すという軽装備の農業への転換は、合理的かつ安全で、地球環境問題の解決にもつながる。

**教318ページ**

**2**　「未来《みらい》の資源《しげん》を拝借《はいしゃく》する」とは、どういうことか。

**答**　何千万年もかけてできた資源を今現在の時点で使い切ってしまい、枯渇させてしまうことは、将来の世代が使うであろう分を奪ってしまうことになるということ。

**8 灌漑《かんがい》**　農作物を作るのに必要な水を、水路を用いるなどして供給し、耕作地を潤すこと。

**第五段落　教320ページ6行〜321ページ18行**

国民がみなパートタイム農民になることを現実的に目ざすのは難しい。だが、「次善策」として、異常気象の最大の被害国である日本が、パートタイム農業を優遇する法整備を行うなどして、小規模軽装備農業の先端を走ることを望むのは可能だ。重装備は人間の臆病さの現れで、思考を硬直化させる。重い鎧《よろい》を脱ぎ捨てたとき、思考もまた軽やかに羽ばたき始める。

**教320ページ**

**3**　「舌打《したう》ちしながら粛々《しゅくしゅく》と受《う》け止《と》める」とは、どうすることか。

**答**　自分が食べる分だけの農業をしてあとは好きなことをするという暮らしが環境問題を起こさず、出生率も増え、土地も活用できて魅力的なのにと、今そうなっていないことを残念に思いながらも、それができていない現状を受け入れること。

## 手引き

### 活動の手引き

**一　『ローカル鉄道の改革と地域振興』を読み、次の点を整理しよう。**

1　「ムーミン列車」と「キハ」の運行は、それぞれどのような新しい需要を創造したか、説明しよう。

2　筆者が導入した改革により、ローカル鉄道そのものと鉄道が走る地域はどのように変化したか。脚問1をふまえ、「需要」という語を用いて説明しよう。

**解答例**　1　「ムーミン列車」は、ムーミンファンの女性がいすみ鉄道の走る田園風景を「ムーミン谷」に見立てて自然と触れ合うという需要を、「キハ」の運行は、鉄道ファンがいすみ鉄道の沿線風景を「昭和の原風景」として見るという需要を創造した。

2　ローカル鉄道は、交通手段としての利用だけではなく、鉄道に乗るという観光の需要を創造するものへと変化し、地域では観光客を相手にビジネスをするという変化が起こり、地域に活気が戻った。

**二　『重装備農業からの脱却』を読み、次の点を整理しよう。**

1　「農業の軽装備化の不可能性と、あわよくば可能性」(三一四・9)とはどういうものか。「不可能性」「可能性」それぞれについて、本文中の語句を用いて説明しよう。

2　「裏庭で自分が食べる分だけの農業をして、……魅力的だと思わなくなったりした事実」(三二〇・11～13)とは、どういうことか。「エネルギー」という語を用いて、過去から現在までの流れに即して説明しよう。

**解答例**　1　農業の軽装備化の不可能性とは、農業に使われるエネルギーの主役が畜力から石炭、石油へと変わっていき、二十世紀の農業は石油依存型農業となり、大規模な農作が進んだ現在の重装備を捨てるのは難しく、さらに今後はパワースーツやドローンが導入され、農業の全自動化が最終目標とされ、重装備化が進むと考えられるというもの。可能性とは、大規模農業をやめ、各自が自分の食べる分を農作するという軽装備の農業に転換できれば、石油が使われることで進んでいる環境問題を解決できると言えるというもの。

2　農業のためのエネルギーが畜力から石炭、石油という重装備に変わることにより大規模生産が可能となり、農業が自給自足のための仕事からいわゆる「産業」に変化した。これにより自分で耕作しなくても、売買で「食べていける」人が増え、仕事としての農業を選ばない人が多数派になってしまった事実があること。

**三　二つの文章は、いずれも企業・産業のシステムを改革するための改善策を提示している。両者を読み比べ、次の点を整理しよう。**

1　二つの文章に共通する、現代の企業や産業のあり方の問題点とは何か、説明してみよう。

2　それぞれの文章において、筆者の主張に対する反論がどこに書かれているかを指摘し、その反論に対する反論が、それぞれどのような現状を根拠としているか、説明してみよう。

3　それぞれの文章が提示する解決策によって、これからの地域や産業のあり方がどのように変わると考えられるか、話し合ってみよう。

**考え方**　1　『ローカル鉄道の改革と地域振興』では、「ローカル鉄道は、大量輸送でも高速輸送でもありませんから、鉄道である必要がないわけで、『バスで十分だ』というのが国の考え方です。だから、基本的にはローカル鉄道には補助金を出さない」(三〇八・14)、「赤字だ黒字だという議論をするのであれば、ローカル鉄道だけでなく田舎の町そのものが存続できなくなる時代が来る」(三〇九・7)と、大量性も高速性もない、赤字のローカル鉄道を廃止するということに筆者は問題を感じている。『重装備農業からの脱却』では、「重装備農業は、たしかに膨大な量の農作物を膨大な人間に供給したが、未来の資源を拝借する以上、世代倫理的な罪は重い。」(三一八・6)、「そもそも農業は、ガシャガシャ音を立てる中世の騎士のように重装備でなければならないのか。重装備は資金の少ない農民に借金を強いていないか。そのメーカーによる全自動借金製造機となってはいないか。」(三一八・15)、「重装備とは、人間の臆病さの現れである。しかも、方向転換をしにくくし、思考を硬直化させる。」(三二一・16)と、大きなエネルギーと機械を使い、農民に借金まで負わせる農業の重装備化を非難している。これらから、どちらも経済効率や目先の利益ばかり重視する現代の企業や産業のあり方を問題視していると言える。

2　『ローカル鉄道の改革と地域振興』…筆者の主張は、「私は、都会から観光客にいらしていただくことで……観光客の売り上げで、平日の地域の足を維持しようと考えたのです。」(三一〇・8〜10)、「今の時代、全国の田舎の町の共通のテーマは、どうやって都会の人たちに自分たちの町を知っていただき、……ローカル鉄道があるということは、地元地域にとっては大きな可能性がある」(三一三・13〜17)とあるように、ローカル鉄道を廃止せず、上手に使って都会から来る観光客を自分たちの町に呼び、地域を活性化させようというものである。これに対する反論と、その反論への筆者の反論を探す。

『重装備農業からの脱却』…筆者の主張は、「自分が食べるだけの軽装備の農業を営んで体を鍛え、農閑期に仕事をしたり、自分の読書や音楽などの趣味に時間を割いたりする」(三二〇・3)社会の実現である。これを実現するのに障害となっているのは何だと述べられているのかを探し、その障害となっていることをどう回避すればよいと反論しているのかを探す。

3　『ローカル鉄道の改革と地域振興』が提示する解決策は、ローカル鉄道を使って、田舎の町を都会の人にアピールするということである。いすみ鉄道の「ムーミン列車」や「キハ」の運行は、「風景という『素材』を提供することで、人それぞれが自分なりの楽しみ方ができるという、『人、モノ、金』のどれもないローカル鉄道や田舎の町にとって無理のない戦略」(三二二・5)であった。特別なことをするのではなく、今あるものを活用するアイデアで人気を呼んだのだ。そして、「ローカル鉄道を目的とする観光から、地域歩きを目的とする観光へと変わっていった」（三三・6）のは、ローカル鉄道が人気になったときに「地域の皆さんが、……観光客相手に、いろいろなビジネスを展開」（三二・11～12）したからである。今あるものが都会の人にとってどんな価値を持っているかを田舎の町の人々が考え、アピールしていくことが成功のきっかけとなったと言える。いすみ鉄道と同様のことをしようとすれば、赤字ならば廃止と考えるのではなく、今あるローカル鉄道を生かすために、自分たちの田舎の町の魅力について、地元の人が改めて考える必要があると言える。それをふまえ、筆者の提示する解決策を実行した場合、どんな変化が地域や産業に起きるか考えてみよう。

『重装備農業からの脱却』が提示する解決策は、各自が軽装備農業をすることである。そうすると、大規模農家がなくなり、現在の会社員のような働き方はできなくなり、都会に密集して生活するのも難しくなる。農業以外の産業がどうなるのかも考えてみよう。また「特定の品種を攻撃する病害虫やウイルスが広まる、穀倉地帯の天候不順で穀物生産量が急減する、放射性物質による汚染で土壌が使えなくなる」（三九・16）といった食料に関わる危機に対する、各自の軽装備農業のメリット、デメリットを考えるのもよい。デメリットについて、どんな対策が取れるかも考えられると、筆者の提示する解決策を実現した場合、農業や社会がどうなるかを、より具体的にイメージできるだろう。

**解答例**　1　経済効率や利益を生むことだけが重視され、人の暮らしや地球環境が軽視されがちである点。

2　『ローカル鉄道の改革と地域振興』…反論は「ところが、当時の田舎の町では観光鉄道などを考える人はいませんでした。……『観光なんて遊びだろう。おまえは税金を使って遊びをやるというのか？』」（三〇・13～16）にある。それに対し、「今でこそ国をあげて観光立国を表明して、地域外から、あるいは外国からの観光客を招くことで、地域経済が活性化するということは常識中の常識」（三〇・18）、「観光客というのはお財布の中に一万円札を何枚も入れてやってくる」（三一・6）という現状を根拠に、「観光というのは立派な産業」（三一・8）であると反論している。

『重装備農業からの脱却』…反論は「国民がみなパートタイム農民になる法律ができれば、食料自給率の問題と環境問題はかなりの部分解決できるが、……基本的人権の侵害になってしまう」（三〇・8～10）にある。それに対し、現状の重装備農業が依存する化石燃料が原因と考えられる「異常気象の最大の被害国として日本」（三〇・17）が選ばれたこと、重装備化が「農家の借金を増やし、……行政や農家の思考力を減退させている」（三一・11～12）こと、日本が「資源の少ない国」（三一・14）であることという現状を根拠に、「次善策」として「パートタイム農業を強制するのではなく、優遇する法整備は可能である」（三二・5）と反論している。

実用文 (二)

# 日本の雇用形態に関わる文章と資料を読み比べる

教科書P.324～327

## ● 学習のねらい

非正規雇用に関する文章と資料から必要な情報を読み取り、複数の情報を関連づけて問題点をまとめる。

## ● 読むポイント

資料と文章を読み比べる場合、文章の根拠に資料が使われていることが多い。資料のどの部分が文章の根拠となっているか考えながら読もう。

## 語句の解説

**教324ページ**

2 **是正《ぜせい》**　悪いところや不都合な箇所を改め、正すこと。

【資料A】

5 **司書《ししょ》**　図書館で資料の選択、発注、分類、貸し出し、返却をしたり、利用者に案内をしたりする専門的事務を扱う職。

6 **司書資格《ししょしかく》**　図書館法に規定される資格。

9 **社会教育統計《しゃかいきょういくとうけい》**　文部科学省が社会教育行政に必要な社会教育に関する基本的事項を明らかにすることを目的に行っている調査。

9 **非正規職員《ひせいきしょくいん》**　正規職員ではない職員。パート、アルバイト、非常勤職員、嘱託職員、派遣社員、契約社員など。正規職員はフルタイムで雇用期間を定めずに働き、年齢とともに給与が上がる場合が多い。

10 **待遇《たいぐう》**　ここでは、給与や勤務時間など、勤労者に対する取り扱い。

**教325ページ**

3 **司書補《ししょほ》**　司書の専門的職務を助ける事務を扱う職。

11 **除籍《じょせき》**　ここでは、図書館の目録から本を除くこと、の意。

11 **基幹業務《きかんぎょうむ》**　おおもと、中心となる業務。

20 **最低賃金《さいていちんぎん》**　法律に基づき決められる賃金の最低基準額。

**教326ページ**

2 **通信制大学《つうしんせいだいがく》**　主に自宅学習によって学ぶ大学。

【資料B】

**嘱託《しょくたく》**　ここでは、正式の雇用関係や任命ではなく、ある業務を行うことを依頼すること、の意。

**教327ページ**

**督促《とくそく》**　ここでは、約束の履行を促すこと、の意。

活動の手引き

一　【資料B】をもとにして、空欄A～Cに入る数値をそれぞれ答えよう。

考え方　空欄を含む形式段落では研修に関して述べられているので【資料B】のうちの「5.研修参加」から数値を読み取る。Aは「日常的OJT」の経験がない人の割合を示す数値が入るので、「なし」とある91を全体の547(452+91+4の和)で割り、100をかけた数が入る。【資料A】で%の数値を示す場合、小数第一位まで示されているので、それにならうのがよい。Bは「勤務先からの派遣研修」が「あり」の178を全体の数で割って数値を出す。Cは「自主研修」の「あり」の131を全体の数で割って数値を出す。

解答　A　十六・六　B　三二・五　C　二三・九

二　【資料B】の「4.勤務年数」の、「通算勤務年数」のグラフと「同一館勤務年数」のグラフから、どのようなことが指摘できるか、考えてみよう。

考え方　「通算勤務年数」と「同一館勤務年数」は、「10年以上20年未満」で人数が逆転している。これは、一〇年以上公共図書館に勤めているが、館を変えているということである。この部分が特徴的なグラフなので、ここからいえることをまとめる。「一年以内で館を変える人は、変えない人よりも少ない」のようなことも読み取れるが、このグラフの特徴的な部分とはいえず、あまり重要ではない。グラフによって示されている重要な事柄を探して答えよう。

解答例　勤務年数一〇年を超える非正規雇用職員は、同一館に勤め続けなくとも、公共図書館の仕事を続けている人が多い。

三　【資料A】と【資料B】の両方をふまえて、公共図書館における非正規雇用職員に関する問題点を書き出し、とくに問題と思う点を指摘して、自分の考えをまとめてみよう。

考え方　【資料A】は【資料B】のグラフから考えられる内容がまとめられた文章なので、【資料A】に書かれている内容のうち、問題点と思うものを抜き出し、【資料B】からいえることと食い違いがないか、抜けがないか確認する。あげた問題点のうちから、自分がとくに問題と思う点を選び、なぜとくに問題だと思うのか、解決にはどうすればよいのかをまとめる。各問題点が関連している場合もあるので、問題点を一つにしぼらず、全体として、どんなことが問題なのかをまとめてもよい。

解答例　問題点は以下のものが考えられる。

・図書館に勤務してから資格を取る人が多いのに、社会人向けに司書資格取得講座を実施する大学が減っている点。
・女性に偏っている点。
・図書館に勤務している人のうち、司書資格のある人が半数程度である点。
・有期契約の場合は雇用契約期間が一年以内がほとんどであったり、非常勤や臨時職員であったり、雇用が不安定な点。
・基幹業務まで非正規図書館員が担っている点。
・研修を受けていない人がいる点。
・勤務先が研修を受けさせない点。
・給与が少ない点。

# 生徒会に提出する提案書の内容を検討する

教科書P.328～332

## ●学習のねらい

与えられた資料と会話文を関連づけながら、課題に即して必要な情報を読み取り、活用する。

## ●読むポイント

会話文の中から、提案書案のどこをどのように直すと決まったのかを読み取り、実際に自分で提案書を作成していこう。

## 語句の解説

**教328ページ**

【資料A】

**時事問題**《じじもんだい》　そのときに起きている社会問題。

**収益金**《しゅうえききん》　事業などによって得た利益。

**概要**《がいよう》　全体の要点をまとめたもの。

**教329ページ**

【会話文】

7 **推量**《すいりょう》　物事の状態、程度や他の人の考えなどをおしはかること。

7 **公的**《こうてき》　おおやけのものであるさま。　対　私的

11 **国連**《こくれん》**の世界食糧計画**《せかいしょくりょうけいかく》　世界の飢餓に苦しむ人を助け、緊急時に食糧支援を行い、世界の国々が栄養状態を改善し、危機を乗り越える力を築けるようにする主要な人道機関。国連食糧農業機関、国際農業開発基金と協力し、食糧支援や飢餓の原因解決のために取り組むNGOと連携し、活動している。

19 **配膳**《はいぜん》　食事を客などに配ること。料理などを食卓に出すこと。

**教330ページ**

【資料B】

**会則**《かいそく》　会についてのきまり。

**評議会**《ひょうぎかい》　意見を出し合い、相談する機関。

**公示**《こうじ》　おおやけの機関が、一般の人に知らせるために発表すること。

**議決**《ぎけつ》　相談し、決定すること。

**会計**《かいけい》　ここでは、金銭の収支や物品の増減などの財産の変動や損益の変動を記録、計算、整理し、報告する行い、の意。

**決算**《けっさん》　ここでは、金銭や物品の出し入れの完結した会計年度の収入、支出について予算と実績を対比して作成する確定的計算、の意。

**同好会**《どうこうかい》　ここでは、学校内で公認のクラブ活動に対し、同じ趣味の人たちが個人的に集まって活動する会、の意。

**執行部**《しっこうぶ》　団体の中で、議決事項を行うなど、実際の運営を行う機関。

**会計監査委員**《かいけいかんさいいん》　ここでは、生徒会の会計資料が適正か確認する委員、の意。

「監査」＝監督、検査すること。

**互選**《ごせん》　ここでは、関係者の中からある役職に就く人を互いに選挙して選ぶこと、の意。

**教331ページ**
【資料C】

**活動の手引き**

**一** **傍線部①について、Bさんが「今年から収益金の寄付を行うのは難しい」と考えたのはなぜか。【資料B】の生徒会会則の条項をふまえて説明してみよう。**

**考え方** 「今年から収益金の寄付を行う」ことに関連する記述を生徒会会則から探す。第14条の「第3項　定例総会では、次の事項を議決する。ア・会計予算案・決算の承認」とある部分が「収益金の寄付」に関連する。また第14条「第1項　定例総会は、毎年前期(5月)に1回開かれる」とあるので、会計予算案は5月に決定していることになる。【資料A】の提案書案に「9月10日」とあるので、提案書を作成している時期にはすでに今年の予算案は決定しているということになる。

**解答例** 生徒会会則では、会計予算案は五月に行われる定例総会で承認されるものとあるので、九月に提案書を提出してもすでに会計予算案は決まっているから。

**二** **空欄1に当てはまる表現を、【資料A】の提案書案から抜き出そう。**

**考え方** 空欄1の前に「推量の表現の」とあるので、提案書案から推量の表現を探す。

**解答** かもしれない(。)

**三** **空欄2に当てはまる文言を、【資料C】をふまえて十五字以内で答えよう。その際、アンケート(1)~(3)のどの結果が根拠となったか、併せて説明してみよう。**

**考え方** 「八割近くの生徒」が「思っていた」(三九・13)といえる事柄を【資料C】から探す。(2)の「全くそう思わない」と「ほとんどそう思わない」を足すと三二〇人で、四〇一人全体の七九・八%となり、八割と言えるので、この結果を表す言葉が入る。

**解答例** 貧困や飢餓は身近な問題ではない
根拠…Cさんの発言の「八割近くの生徒」に、(2)の「全くそう思わない」と「ほとんどそう思わない」を足した七九・八%が当てはまるので、貧困や飢餓を身近な問題だと思っていない人のことをさしていると考えられるから。

**四** **空欄3に当てはまる内容を、【資料D】をふまえて十字以内で答えよう。**

**考え方** 空欄3の前に「Kさんが希望している」とある。【資料D】の項目のうち、Kさんの希望が書かれているのは「安定した寄付収入が欲しい」「平日の夕方に学習支援だけでも行いたい」の二つである。このうち、空欄3の前の発言で話題になっているのは学習支援のほうなので、空欄の前後に合うように十字以内で学習支援についてまとめる。

**解答例** 平日の夕方の学習支援

**五** **Aさんは他の部員たちとのやりとりをふまえて、「文化祭の収益金寄付の提案」を「たんぽぽこども食堂への支援の提案」**

**飢餓**《きが》　食べるものがなくて飢えること。
**紛争**《ふんそう》　何らかの争いや対立。

に改め、「1　たんぽぽこども食堂の現状」、「2　たんぽぽこども食堂の課題」、「3　支援の提案内容」、「4　スケジュール」という構成で、提案書を書き直すことにした。

1　「1　たんぽぽこども食堂の現状」を、次の条件1～3を満たすように書いてみよう。
条件1　【資料D】をふまえ、二文構成で、八十字以上、百字以内で書くこと。（句読点や括弧等の記号は文字数に含める）
条件2　一文目は、たんぽぽこども食堂が受けている支援について述べること。
条件3　二文目は、たんぽぽこども食堂の活動内容と利用状況について述べること。

2　「2　たんぽぽこども食堂の課題」を、箇条書きで二点、【資料D】をふまえてそれぞれ十字以内で書いてみよう。（句読点や括弧等の記号は文字数に含める）

3　「3　支援の提案内容」と「4　スケジュール」を、ここまでの学習内容をふまえてそれぞれまとめてみよう。

考え方　1　【資料D】のうち、一文目に関連する項目は「寄付金と中道商店街や地元企業からの食料支援で運営。」で、二文目に関連する項目は「月2回、土曜日の昼に食堂として運営。持ち帰りも可能。」「1回あたり、小・中学生を中心に30人程度が利用。」である。これを条件に合うようにまとめる。

2　【資料D】のうち、課題といえるものは「安定した寄付収入が欲しい（月によっては寄付収入が0円のときもある）。」「配膳や学習支援のボランティアが不足。」「平日の夕方に学習支援だけでも行いたい。」の三つである。このうち、あとの二つはボランティアがいないために配膳が滞っていたり、学習支援ができなかったりするということなので、「ボランティア不足」としてまとめられる。前の一つも十字以内にまとめる。

3　「3　支援の提案内容」は2でまとめた課題に対応するものになる。文化祭の収益金の毎年の寄付と、学習支援のボランティアを生徒から募集し行うことである。このことを端的にまとめる。「4　スケジュール」については、寄付は「活動の手引き」㈠で考えたとおり、今年から行うのは難しいので、来年の定例総会で提案し、来年から実施することとする。ボランティアの募集は定例総会を待つ必要はないので、実施が可能な時期を考えてまとめる。

解答例　1　たんぽぽこども食堂は現在、寄付金と中道商店街や地元企業からの食料支援によって運営されている。月に2回、土曜日の昼に食堂として運営しており、1回あたり小・中学生を中心に30人程度が利用している。

2　・寄付収入の不足。・ボランティア不足。

3　「3　支援の提案内容」…北川高校から二つの支援を提案する。①　文化祭の収益金から一定額を毎年寄付すること。②　平日夕方の学習支援ボランティアを生徒から募集し、学習支援を行うこと。
「4　スケジュール」…①の寄付は来年度の定例総会で提案し、承認されれば、来年度から毎年実施する。②のボランティアは今年10月に生徒の募集をし、たんぽぽこども食堂運営担当者と相談のうえ、できるだけ早く実施する。

レポートを書く

# 言語活動　資料を集めて情報を整理する

教科書P.334〜337

## 語句の解説

**教334ページ**

上3 **少子化問題**《しょうしかもんだい》 出生率の低下に伴って子供の数が減少し、将来の人口が長期的に減少することが危惧されている問題。

下4 **フィールド・ワーク** 野外など研究室の外で行う調査や研究。

下11 **蔵書目録**《ぞうしょもくろく》**(OPAC)** 所蔵されている書物の情報を電子化し、整理して並べたもの。OPACは、Online Public Access Catalogの略で、オンライン蔵書目録のこと。

下14 **ウェブサイト** インターネット上で公開されているページのまとまり。

下16 **URL** ウェブサイトの場所を表すアドレス。

**教335ページ**

上3 **内閣府**《ないかくふ》 国の行政機関の一つ。首相と内閣官房を支え、重要政策に関する企画・調整を行う。

上3 **厚生労働省**《こうせいろうどうしょう》 国の行政機関の一つ。社会福祉、社会保障、公衆衛生、労働条件などの行政事務を担当する。

上4 **白書**《はくしょ》 政府の各省庁が、行政活動の現状を明らかにし、将来の対策・展望などを国民に知らせるための調査報告書。

## 活動の手引き

**一** **【資料6】と【資料7】は、この資料群の中でどのようなグループに関連づけられるか、考えてみよう。**

**考え方** それぞれの資料が何を示しているかを読み取る。【資料6】からは、理想子供数・予定子供数・完結出生児数ともに減少傾向にあることがわかる。また、理想子供数と完結出生児数に差があり、出産の希望を実現する環境が整備されていない現状がうかがえる。【資料7】は、結婚をする際の障害になるものとして、男女ともに「結婚資金」が最も多くあげられていることが読み取れる。また、とくに女性で、「職業や仕事上の問題」を障害にあげる人が増えていることもわかる。これらの結果から、それぞれの資料がどのようなグループに関連しているか考える。

**二** **【資料1】から【資料7】の最新データを、インターネットや図書館などで調べて、集めてみよう。**

**考え方** いずれも公的機関が発表した資料であるため、インターネットで入手できるものである。各資料に出典が明記されているので、その出典をインターネットで検索にかけるとよい。提示されている資料より新しいものがないかどうか調べてみよう。

# 言語活動 得られた情報を分析して報告するテーマを絞り込む

教科書P.338〜341

## 語句の解説

**教338ページ**

下4 **考察《こうさつ》** 物事を明らかにするために、よく調べたり考えたりすること。

下17 **取捨選択《しゅしゃせんたく》** よいものや必要なものを選び取り、悪いものや不要なものを捨てること。

**教339ページ**

上12 **統合《とうごう》** 二つ以上のものを、まとめ合わせて一つにすること。

下7 **原動力《げんどうりょく》** 活動や活力のもととなる力。

下18 **逸脱《いつだつ》** 本筋からそれて外れること。

**教340ページ**

上20 **提言《ていげん》** 自分の考えや意見を出すこと。

**教341ページ**

下10 **反証《はんしょう》** 相手の主張や推論が正しくないことを証拠によって示すこと。

## 活動の手引き

**一 【資料7】は、十八歳から三十四歳までの未婚者が、「一年以内に結婚するとしたら何か障害となることがあるか」という質問に答えた資料である。これを見て、疑問に思うことを書き出そう。**

考え方 【資料7】は、男女ともに、「結婚資金」が結婚の障害となっているケースが多いという実態を明らかにしている。また、男女で比較すると、「職業や仕事上の問題」や「親の承諾」を結婚の障害としてあげている割合が、男性よりも女性の方が多いという実態も読み取れる。ここから、「なぜ結婚資金が結婚の障害になっているのか」「具体的にどれくらいの結婚資金が必要なのか」「女性が多くあげている職業や仕事上の問題とは具体的にどういうことなのか」などの疑問が出てくるだろう。好奇心や批判的思考を意識し、個人的な疑問ではなく、社会的・普遍的な考察につなげられそうな疑問をあげてみよう。

**二 右で書き出した疑問は、右の「少子化問題の原因は何か」という大きな問いとどのように関連づけられるか、考えてみよう。**

考え方 「結婚資金」の問題については、結婚資金が用意できるまで結婚できないということであり、少子化問題の原因の一つとしてあげている「未婚化」や「晩婚化」の原因となっている可能性が考えられる。したがって、「なぜ結婚資金が結婚の障害になっているのか」という疑問を掘り下げて考察することで、「未婚化」や「晩婚化」が改善され、少子化問題の解決につながっていく。このように、書き出した疑問について、一つ一つ検討していこう。また、関連づけられないものについては、修正や変更を加えるか、削除する必要がある。

## 言語活動　構成を考えてレポートを書く

教科書P.342〜347

### 語句の解説

**教342ページ**

上2 **アウトライン**　物事のあらまし。概要。大要。

下3 **抽出**《ちゅうしゅつ》　全体の中から、一部を抜き出すこと。

**教343ページ**

下4 **概観**《がいかん》　全体を大まかに見ること。大体のありさま。

**教344ページ**

下9 **詳述**《しょうじゅつ》　くわしく述べること。

下16 **論旨**《ろんし》　論文や議論の要旨。

**教345ページ**

上2 **歯止**《はど》**め**　事態の行き過ぎや悪化を抑えとどめるもの。

下4 **重**《おも》**きが置**《お》**かれる**　重要なこととして扱われる。

下5 **背伸**《せの》**び**　実力以上のことをしようとすること。

下11 **視野**《しや》**に入**《い》**れて**　検討を行う際に、ある物事も考慮して。

「視野」＝思慮や判断などが及ぶ範囲。

### 活動の手引き

**一**　**【資料7】**（↓P.337）を用いて、次ページの「レポートの例」の「**4.未婚化の原因**」と「**5.まとめ**」を書き直してみよう。

**考え方**　未婚化の原因として、**【資料7】**を活用する。**【資料7】**からは、結婚の障害として「結婚資金」をあげる人の割合が、男女ともに高いという実態がわかった。つまり、結婚をしたくても資金が用意できず結婚できない、というケースが多く、これが未婚化の原因の一つになっていると考えられる。このことを、「4.未婚化の原因」の中で⑴としてタイトルをつけてまとめよう。また、「⑵解決の可能性について」の部分で、その解決案を考え、具体的に述べるとよい。例えば、国や自治体からの結婚資金の補助や、少額で済む結婚式の提案、若いうちからの貯蓄の推奨など、いろいろ考えられるだろう。提案内容によっては、新たな資料を探して組み込む作業も必要となってくる。最後に、「5.まとめ」で、「社会が若者たちの交際・結婚を支援する場を作ることが大切だと考える」という部分を、4で修正した内容に合わせて変更を加えてまとめる。

## 言語活動　書いたレポートを評価・分析して修正する

教科書P.348〜350

### 語句の解説

**教348ページ**

下10 **副詞**《ふくし》**の呼応**《こおう》　ある副詞に対応して、あとに特定の語句や表現がくる関係。「決して……(ない)」「おそらく……(だろう)」「なぜ……(か)」「まるで……(ようだ)」など。

下11**自動詞《じどうし》と他動詞《たどうし》**　「自動詞」は、目的語を必要とせず、それだけで主語の動作や作用を表しきれる動詞で、「流れる」「消える」など。一方、「他動詞」は、ほかへの動作や作用を表し、目的語を必要とする動詞で、「流す」「消す」など。

下12**ら抜《ぬ》き・い抜《ぬ》き・さ入れ・れ足《た》す言葉《ことば》**　「ら抜き」は、「食べられる」が「食べれる」になるなど、本来必要な助動詞の一部「ら」が脱落した状態。「い抜き」は、「話している」が「話してる」になるなど、補助動詞の一部「い」が脱落した状態。「さ入れ」は、「読ませていただく」を「読まさせていただく」とするなど、不要な「さ」が入っている状態。「れ足す」は、「行ける」を「行けれる」とするなど、不要な「れ」が入っている状態。

下14**敬体《けいたい》と常体《じょうたい》**　「敬体」は、文末に「です・ます」を用いた丁寧な文体。「常体」は、文末に「だ・である」を用いた文体。

**教349ページ**

上20**言及《げんきゅう》**　話がある事柄にまで言い及ぶこと。

**教350ページ**

上1**独創的《どくそうてき》**　模倣によらず、独自の考えで物事を生み出すさま。

## 活動の手引き

**一**　**5と6の評価例をふまえ、資料を集め直して、「レポートの例」の修正案を考えてみよう。**

**考え方**　5の評価例では、「せっかく晩婚化の実態も調査しているので、晩婚化の原因や対策についても言及できると、なおよい」(三四九・上18)という指摘を受けている。したがって、「4.未婚化の原因」のあとに、「5.晩婚化の原因」を入れるなどの修正が考えられる。すると、そのための資料も必要になってくるので、「資料を集めて情報を整理する」の内容に立ち返って情報を集めよう。6の評価例では、「『20代・30代の男女に向けて、交際から結婚に至るまでの場所や機会を、外部からはたらきかけて作る』という提案は、やや具体性に欠ける」(三五〇・上6)ため、「ほかの資料を用いて、どのような方法が考えられるかを、もう少し詳しく考察したほうがよい」(三五〇・上8)という指摘を受けている。どのように外部からはたらきかければよいか、具体例が提示できるような資料を集めるとよい。調べた内容と具体例を、「4.未婚化の原因」の「(2)解決の可能性について」の中で詳しく述べるように修正しよう。

**二**　**「資料を集めて情報を整理する」からここまでの学習で得た知識をもとにして、実際に自分でレポートを書き、相互評価したうえで修正してみよう。**

**考え方**　手順としては、資料を集めて情報を整理し、その情報を分析して報告するテーマを絞り込む、テーマが決まったら構成を考えて、実際にレポートを書くという流れになる。書き終わったら、評価項目1～6に従って評価し合い、指摘があった点については修正を行う。

小論文を書く

# 言語活動 課題の文章を読んで情報を整理する

教科書P.352〜357

## 語句の解説

**教352ページ**

6 **助長**《じょちょう》 よくない傾向をさらに著しくしてしまうこと。

7 **烙印**《らくいん》**を押**《お》**された** 消し去ることのできない汚名を受けた。
「烙印」＝火で焼いて物に押し当て、しるしをつけるための金属製の印。

7 **仮想空間**《かそうくうかん》 コンピュータネットワーク上に構築され、物質的には存在しない情報空間。

7 **掃**《は》**き溜**《だ》**め** ここでは、雑多な人や物が集まっている場所のこと。

8 **マイノリティ** 少数派。
対 マジョリティ

8 **おどろおどろしい** ここでは、不気味で恐ろしい、の意。

10 **三日坊主**《みっかぼうず》 飽きやすく、何をしても長続きしないこと。また、そのような人。

11 **滞納**《たいのう》 納めなくてはならない金銭や物品を、定められた期間内に納めないこと。

**教353ページ**

5 **類型化**《るいけいか》 性質や特徴が似ているものを集め、その共通点を取り出してまとめること。

6 **信憑性**《しんぴょうせい》 情報や証言などの信用できる度合い。

8 **経済的合理性**《けいざいてきごうりせい》 経済的な価値基準に従って論理的に判断した場合に、利益があると考えられる性質。

12 **異議**《いぎ》 異なる意見。

12 **潜在的**《せんざいてき》 外からは見えない状態で、内に潜んで存在する様子。

14 **概括的**《がいかつてき》 大まかにまとめた様子。

14 **自律的**《じりつてき》 外部からの支配や制御を排除し、自分の立てた規範に従って自らを規制しながら行動する様子。

**教356ページ**

上7 **情報化**《じょうほうか》 情報に物やエネルギーと同等の価値が置かれ、それらを中心として機能している状態。

**教357ページ**

7 **IT革命**《かくめい》 情報技術の発展によって、社会や生活が変革すること。
「IT」＝情報技術(Information technology)。

8 **インパクト** 衝撃。強い影響。

9 **デジタル・カルチャー** デジタル技術があることによって成立した映画、ゲームなどの文化。

10 **多岐《たき》にわたる**　物事が多方面の話題や分野に及んでいること。
12 **模索《もさく》**　手さぐりで探すこと。
12 **新奇性《しんきせい》**　目新しくて珍しい様子。
13 **オリジナリティ**　独創性。
14 **太刀打《たちう》ちできない**　まともに張り合って勝負できないこと。
14 **ホワイトカラー**　（白い襟のワイシャツを着ていることから）事務系の労働者。
17 **迎合《げいごう》**　自分の考えを曲げてでも、他人の意見に同調すること。

**活動①**　**左に示した段落を、課題文と対応させてみよう。**

**考え方**　[1]～[4]段落の内容が、課題文のどの文章と対応しているか、確認してみよう。まず、[1]段落は、課題文の第一形式段落の内容にあたり、「ＡＩの確率的な評価・判断」について、「新たな被差別集団を生み出す可能性がある」という問題提起がなされている。[2]段落の内容は、課題文の第二・三形式段落に書かれている。[1]段落で提起した問題の根拠となる内容を、具体的に説明している。[3]・[4]段落は、それぞれ課題文の第四・五形式段落にあたり、[2]段落の結果起こり得ることについて述べている。[3]段落では、「アルゴリズムに基づく新たな差別」が生まれるという結果が、[4]段落では、「主体的で自律的な生き方を妨げられる」という結果が、「ＡＩの確率的な評価・判断」の危険性として説明されている。各段落の内容とその関係を押さえることで、筆者の主張が見えてくるだろう。

**活動②**　**課題文の筆者の主張（主題）をまとめてみよう。**

**考え方**　筆者が最も主張したい内容は、[1]段落にある「ＡＩの確率的な評価・判断」が「新たな被差別集団を生み出す可能性がある」ということである。その結果として、私たちの「主体的で自律的な生き方を妨げられる」可能性があると述べている。このことをふまえて、短くまとめよう。

**解答例**　ビッグデータに基づいてＡＩが行う、確率的判断による人物評価は、今後新たなタイプの偏見、差別を生み出す危険性がある。

**活動の手引き**

**一**　**次の文章（省略）を読んで論の展開を把握し、百字以内で要約文を作成しよう。**

**考え方**　まず、それぞれの形式段落の内容を見ていく。

・第一形式段落…今の社会で考えるべきこと
　システムが人間の「上司」のようにふるまっているような今の時代に、人間がやるべきことは何か、考え続ける体力をつけていくことが必要だ。

・第二形式段落…多岐にわたる未来のイメージ
　未来では、デジタル・カルチャーの中で生きてきた私たちの世代の常識でさえ、通用しなくなる。

・第三形式段落…「次の世界」に向けて必要なこと
　コンピュータには不得意で、人間がやるべきことは、「新奇性」や「オリジナリティ」を持つ仕事である。真の課題は、どのようにして人とシステムのよいところを組み合わせるかということであり、コンピュータを用いたシステムとの〝文化交流〟が必要なのだ。

以上のような流れで、論が展開されている。第一・二形式段落では、今の社会の現状と近い未来の社会の予測を、文章の導入として用いている。そして、筆者の主張は、第三形式段落に書かれているので、そこを中心にまとめよう。筆者は、人とシステムのよいところを組み合わせて共存していく道を主張しているのである。

# 言語活動　得られた情報を分析して自分の考えを決める

教科書P.358〜361

## 語句の解説

**教358ページ**

上14 **一貫《いっかん》**　一つの考え方や方法を貫き通すこと。

上16 **賛否《さんぴ》**　賛成と不賛成。

下5 **警鐘《けいしょう》を鳴《な》らして**　事態が悪い方向へ向かおうとしていることを指摘して。

「警鐘」＝危険を知らせて警戒を促すための鐘。

**教359ページ**

下15 **多角的《たかくてき》**　多方面にわたる様子。

下10 **裏付《うらづ》け**　確かであることを他の面から証明すること。

**教360ページ**

上2 **適否《てきひ》**　適するか適さないか。

上3 **寄与《きよ》**　社会や人のために力を尽くして役立つこと。

上9 **人道《じんどう》**　人として守るべき道。

上12 **本質《ほんしつ》**　物事を成り立たせている根本的な性質や要素。

下9 **感情的《かんじょうてき》**　理性を失って感情をあらわにする様子。

対 **理性的**

下19 **アピール**　主張などを人々や世論に広く訴えること。

**教361ページ**

上2 **見極《みきわ》める**　物事の真偽や価値を検討して判定する。

上6 **蓄積《ちくせき》**　たくわえてたまったもの。

**活動①**

**今回の課題の場合、どのような「立場」が考えられるだろうか。思いつくものをあげてみよう。**

**考え方**　今回の課題は、「AI（人工知能）による人物評価のあり方」について自分の考えを述べることである。課題文の「ビッグデータに基づいてAIが行う、確率的判断による人物評価は、今後新たなタイプの偏見を生み出す危険性がある」という主張をふまえて、「AIによる人物評価」の未来像についての自分の考えを述べる必要がある。よって、

①AIによる人物評価を行うべきである。（課題文と異なる意見）

②AIによる人物評価は行うべきではない。（課題文と同じ意見）

③AIによる人物評価と人間による人物評価を組み合わせるべきである。（①と②を折衷した意見）

の三方向の観点からの意見が考えられる。

①〜③とはっきりと言い切れなくても、①寄りの意見（AIの導入には賛成だが、慎重にすべきなど）、②寄りの意見（AIによる人

物評価は行うべきではないがしかたないなど)も考えられるだろう。いずれにしても、その主張を支える根拠を明らかにし、説得力を持たせる必要がある。具体例、社会的事例、科学的データなどで十分根拠を示すことができるか、最初から最後まで同じ意見を一貫して述べることができるか、独創性のある考えが示せるかなどを検討したうえで、自分の立場を決定しよう。

活動② 今回の小論文で、次の主張と根拠(省略)の組み合わせを用いることの適否を、各自の判断で評価してみよう。

考え方 それぞれの主張と根拠の組み合わせを見ていく。

アは、主張と根拠のつながりに妥当性はあり、根拠も具体例をあげていてわかりやすく読み手に受け入れられる内容である。しかし、主張が、自分の自由な意見を述べているだけで、課題文の内容が全く反映されていない。

イは、根拠は課題文の内容もふまえており、読み手にも受け入れられるものだが、主張とのつながりが薄い。「個人の本質を捉えた評価とはいえない」ことで、「人道に背く」とまではいえないだろう。

ウは、主張と根拠のつながりに妥当性があり、根拠も読み手に受け入れられる説得力を持っている。また、内容も課題文をふまえたものになっている。

エは、根拠の「開発者にも理解できない判断基準に従うしかなくなる」という部分が、読み手によっては納得されない可能性がある。また、AIの未来の予測がつきにくいという主張は、課題文のAIの危険性について述べている筆者の考えともずれている。

オは、根拠の「進化の方向を変えることなど誰にもできない」という内容は、何の裏付けもなく読み手を納得させることはできないだろう。そのため、AIを「受け入れるしかない」という主張も説得力のないものとなっている。

以上の考察をふまえ、それぞれの組み合わせが今回の小論文に適しているか否か判断する。

## 活動の手引き

一 ここまでの学習で得た知識をもとにして、三五二ページの課題に対する自分の主張とその根拠をまとめてみよう。

考え方 まずは、「AIによる人物評価のあり方」について、自分の主張を述べるという設問の指示に対応する自分の意見を決める。活動①であげた中から、自分の考えと合致するものを選んでもよい。ただし、今回は課題文型の小論文なので、課題文の内容をふまえた主張になっているかは必ず確認しよう。

自分の主張が決まったら、それを支える根拠を考える。課題文で、「AIによる人物評価」の内容と、そのリスクについても述べられているので、「AIによる人物評価は行うべきではない」という主張をする場合は、その根拠は課題文の中から取り出すこともできる。ただ、そのまま筆者の主張をなぞるのではなく、自分なりの考えを含んだ独創性のあるものを考えよう。その際、自分の中に何の材料もないと独創性のある考えは示せないので、日頃から社会で話題になっている事柄は、興味を持って見聞きし、ストックしておくとよいだろう。また、逆に「AIによる人物評価を行うべきである」という主張をする場合は、筆者の主張を覆す根拠を示す必要がある。

まとめ終わったら、活動②で見たように、自分の主張が課題文の内容をふまえているか、根拠は読み手に受け入れられる内容か、主張と根拠のつながりに妥当性があるかなどをチェックし、今回の小論文に適しているかどうか確認しよう。

## 言語活動　構成を考えて小論文を書く

教科書P.362〜365

### 語句の解説

**教 362ページ**

**上2 率直《そっちょく》**　飾ったり隠したりせず、ありのままであること。

**上14 兼《か》ねる**　一つのものが、二つ以上の機能や性質を持つ。

**下7 論証《ろんしょう》**　事の正否を、納得する証拠をあげて明らかにすること。

**下7 要領《ようりょう》を得《え》ない**　どこが大事なのか、はっきりしない。
「要領」＝とくに大事なところ。

**教 364ページ**

**上1 不登校《ふとうこう》**　児童・生徒などがさまざまな要因で登校できないでいる状態。

**上7 千差万別《せんさばんべつ》**　いろいろな種類があり、それぞれに違いがあること。

**上9 直観的《ちょっかんてき》**　判断・推理などによらず、感覚によって物事の本質を瞬時に捉える様子。

**教 365ページ**

【誤用例】

**スマートフォン**　音声通話のほかに、ネットワーク機能・デジタルカメラによる撮影・スケジュール管理など、パソコンと同等の機能を備えた携帯電話。スマホ。

**共有《きょうゆう》**　二人以上の人が一つのものを共同で持つこと。

### 活動の手引き

**一　ここまでの学習で得た知識をもとにして、三五二ページの課題に答える形で実際に小論文を書いてみよう。**

**考え方**　「得られた情報を分析して自分の考えを決める」では、課題に対する自分の主張とその根拠を考えた。その主張と根拠を小論文としてまとめるために、まずは構成を考えよう。文章構成の型には、頭括型、双括型、尾括型の三種類があるが、今回は与えられた課題に意見を述べるので、最初と最後に主張を述べ、本論部で主張の根拠を説明する双括型が書きやすいだろう。また、字数の指定もあり、なるべく八百字に近づける必要があるので、頭括型のような二段構成よりも、三段構成のほうがまとめやすいだろう。

構成が決まったら、次は本論部の内容を考える。本論部では、序論で提示した主張の根拠を述べればよいのだが、この内容を充実させることで小論文の仕上がりに差が出てくる。自分の経験や、新聞・書物などから得た知識を生かして、内容をふくらませよう。内容によっては、本論部はいくつかの段落に分けて書くとよい。

構成と内容が決まったら、実際に小論文を書いていく。いきなり八百字を書くのが難しい場合は、下書きや構成メモを書いてもよい。原稿用紙に書く場合には、書き出しや段落ごとに一マス下げる、句読点などは行頭に置かない、などの注意すべきルールがいくつかあるので確認しておこう。

## 言語活動　書いた小論文を評価・分析して修正する

教科書P.366～370

**活動の手引き**

**一　実際に書いた小論文を相互評価し、自分の気づきと併せて他人からの指摘も参考にして、小論文を修正してみよう。**

**考え方**　小論文を書き終えたら、推敲《すいこう》することが大切である。長い文章では、書いているときには気がつかなかった、文のねじれがあったり、不適切・不正確な表現が使用されていたりする場合がある。誤字・脱字はないか、文末の文体が統一されているか、話し言葉を使用していないか、指定字数より極端に少なくないか、などチェックする項目は大体決まっているので、事前に書き出してまとめておくとよい。表記・表現面でのミスは、見直すことで簡単に見つけられるものなので、必ず修正しよう。

　また、内容面については、自分では気づけない部分もあるので、他人からの意見も参考にしたい。与えられた課題に対応した主張・根拠になっているか、文章内で自分の考えがぶれていないか、説明の重複や不足でわかりにくい文章になっていないか、課題文の中で参照している部分は適切か、文章全体を通して自然な流れになっているか、など多岐にわたるうえに、課題文によっても観点が異なってくるので、臨機応変に考えて改善しよう。

**語句の解説**

**教366ページ**

上3 **有益**《ゆうえき》　利益があること。

上5 **依存**《いそん》　他のものに頼って存在、生活していること。

下14 **適宜**《てきぎ》　その場の状況に適している様子。

**教367ページ**

上8 **対峙**《たいじ》　向かい合って立つこと。

上8 **熱量**《ねつりょう》　ここでは、熱意や情熱の意。

上9 **偶発的**《ぐうはつてき》　偶然に発生する様子。

上13 **相補的**《そうほてき》　お互いに補い合う様子。

下1 **唐突**《とうとつ》　前ぶれもなく突然始めること。

**教368ページ**

上6 **有用**《ゆうよう》　役に立つこと。

**教370ページ**

上2 **文**《ぶん》**のねじれ**　一文の中で、主語と述語が対応していない状態のこと。「私の夢は、医者になりたいです。」(正しくは、「私の夢は、医者になることです。」)など。

下8 **首尾一貫**《しゅびいっかん》　考え方や態度などが、初めから終わりまで変わらず、筋が通っていること。

下14 **俗語**《ぞくご》　世間で日常的に使われる話し言葉。